AF362099

HEREDEROS del *AMOR*

HEREDEROS del AMOR

FRANCISCO BELLVER PAVIA

Para la elaboración de este libro, se ha utilizado papel de bosques sostenibles.

Título: *Herederos del amor*
© 2020, Francisco Bellver Pavia
fbellverpavia@gmail.com
www.franciscobellver.com

De la maquetación y portada: 2021, Romeo Ediciones

Primera edición: junio de 2021

Colabora Ayuntamiento de Benimantell.

Impreso en España

ISBN-13: 978-84-18740-11-4

Cuando el destino irrumpe en tu vida
Como halo inesperado y arrasador,
Busca consuelo en vez de traición.
Nunca se sabe si el azar suscita
La buena nueva entre nubarrones escondida.

PRELIMINAR

Mi nombre es Lucrecia Orduña Solbes, soy la única hija del matrimonio entre dos personas que, como tantos otros, se amaron a su manera. Sus nombres: Cristian y Merche, a los que adoré siempre, a pesar de que apenas tengo recuerdos de mi madre. Tengo veintidós años y me apetece escribir, recordarles, porque sus vivencias merecen la pena.

Vivimos en un mundo inmerso en preceptos, tópicos, normas, leyes, dogmas y obligaciones que, según mi entender, pueden interrumpir el comportamiento de la mayoría de las personas que nos consideramos civilizadas, por la constante regeneración de edictos que añadimos a la ya de por sí difícil convivencia en un sistema repleto de rutinas, prohibiciones y deberes, olvidando con demasiada frecuencia a nuestra propia persona, a nuestros primitivos valores, nuestras necesidades orgánicas y fisiológicas como ser humano.

He vivido casi toda mi vida en una hermosa ciudad, Alicante, pero tengo repleta la memoria de recuerdos de mi infancia, muy entrañables por cierto.

Creo que todos mis antepasados merecen una atención especial, puesto que proceden de diferentes cunas. La línea paterna de pueblecitos de interior alicantino: Guadalest, Benifato, Monrabal; mientras que la familia de mi madre fue muy arraigada al interior de Valencia, en la comarca de La Vall d´Albaida, concretamente en Vallferrer, donde viví algunos años junto a mis abuelos (emigrantes en su juventud), los que no pude disfrutar cuanto hubiese querido.

Quiero, de esta manera, rendir homenaje a todos ellos. Me considero una joven entusiasta y progresista que necesita reforzar su origen, darlo a conocer. Siento como una necesidad relatar momentos agradables, pero también la parte oscura, esa que solemos apartar porque está mal vista.

Hace poco me matriculé en la Universidad, y lo que más admiro de ella es la libertad para enjuiciar los temas que allí nos ofrecen algunos catedráticos. Libertad, que gran palabra.

Siempre me ha gustado cuestionar y razonar sobre temas de candente actualidad: amor, matrimonio, sexualidad, amistad, adolescencia, fidelidad… porque creo que cada uno de nosotros lo interpretamos de manera diferente, dándole excesiva o escasa relevancia, según nuestro alrededor, según la importancia que nuestra familia y educadores nos fomentaron desde la infancia, que es quizás la etapa más importante de nuestra vida: cuando crecemos, tomamos contacto con la realidad y desarrollamos nuestra personalidad.

Reconozco que me encanta observar, y he logrado saber escuchar siempre a mis interlocutores. Me gusta ser escuchada y por eso aprendí a atender a cualquiera que de buena fe me comparta sus inquietudes, sus dudas, o simplemente sus ilusiones. No me gusta discriminar a las personas por sus recursos, raza o posición social. Soy de las que piensan que se aprende más de los tropiezos que de los éxitos. Pienso que nuestros mayores son una estupenda enciclopedia. ¡Lástima que no la sepamos aprovechar!

Cuando acabé el Bachillerato, mi orientador me aconsejó mi continuidad en materia de sicología, dadas mis excelentes notas y cierta aptitud que él descubría. Pero decidí estudiar periodismo, pensando que no me veía encerrada en una consulta clínica ni en un despacho absorbiendo los problemas que todos tenemos; en cambio ocupándome de la información y los medios de comunicación, vería satisfechas mis ganas de viajar e investigar y vivir en contacto con la naturaleza.

En este, mi cuarto año se carrera, tengo que presentar un trabajo final. No lo dudé, escribí lo que a continuación os muestro. Como siempre, compararé la nota del profesor con la que vosotros me otorguéis una vez leído el texto. Para mí, la verdadera calificación será la nota media entre la que tú me pongas y la universitaria. Será nuestro secreto.

P.D.

Confío en vuestra generosidad. Voy a haceros partícipes de mi decisión para continuar estudiando, y dependiendo de vuestro criterio retomaré una de tantas ramas que nos ofrece el periodismo, todas ellas apasionantes.

En consideración a las diferentes
maneras de entender nuestra sociedad,
solo tan dispares ante los ojos inquisidores de sus
secuaces pero semejantes e idénticas
en lo esencial de su contenido.

¡Qué gran regalo, la vida!

PRIMERA PARTE
ADOLESCENCIA Y JUVENTUD

1

Merche se encontraba cansada, aburrida de permanecer tanto tiempo en la misma posición. Su estado de ánimo se venía abajo irremediablemente. Solo hallaba distracción y cierto alivio cuando recordaba lo que durante el esplendor de su vida la había mantenido activa, motivada y sintiéndose una mujer dichosa, orgullosa de su trabajo, así como del camino que había escogido en la vida.

En este momento entró en la habitación a paso decidido, Cristian, su esposo, que durante el tiempo que duraba la convalecencia de su mujer intentaba no separarse demasiado de su lado. Él, más que nadie, conocía su temperamento y temía que en un momento de ira, Merche cometiese alguna locura.

—Cariño, hoy hace un día estupendo. He pensado que vamos a hacer caso a don Serafín empezando a cambiarte de postura. —Sin duda conocía la intención de su compañero siempre empeñado en que volviera a deambular.

—¡Pero no seas incrédulo Cristian —le contestó Merche—. Sabes de sobra que es imposible que mi columna aguante si quiera unos minutos el peso de mi cuerpo.

El marido procuró apartar el rostro para que ella no advirtiese que las palabras de ánimo que le quería transmitir no coincidían con el semblante que su cara ofrecía.

Cristian era consciente de la gravedad del estado de su esposa, pero no debía dejarse hundir y optaba por distraerla y animarla para que su estado no empeorara.

Se limitó a correr las cortinas y levantando la persiana de la habitación logró que el tenue resplandor de aquella mañana de primavera ayudara a mejorar el estado de ánimo de la paciente. Después se entretuvo ojeando la perspectiva que ofrecía el paisaje desde aquel punto. Estaban situados en un enclave privilegiado, en la comarca de la Marina, en la provincia de Alicante y a los pies de la sierra de Aitana. Hacía relativamente poco que habían decidido trasladar su residencia hasta aquellas latitudes cansados del agobio de la costa, de las multitudes, de las aglomeraciones de gente que, ociosa, excede al punto de molestar cuando queriendo pecar de cumplidos llega el punto de no saber distinguir cuando las personas desean estar en intimidad o simplemente les apetece quedar a sus anchas, sin tener que repetir a diario las dolencias y los pormenores que ocurren.

Merche y Cristian eran jóvenes todavía. Ninguno de los dos había cumplido cuarenta años.

Verdaderamente se sentían aliviados de mudarse hasta aquella casa, que gracias a ello recobraba vida, pues pertenecía a la familia de Cristian desde hacía varias generaciones. Pero tal era el arraigo que sentían todos sus antecesores que a ninguno se le pasó por la mente deshacerse de aquella casa que había sido de sus abuelos y que generación tras generación asumían y que conservaban como lugar de ocio o simplemente como lugar de reunión familiar, a la vez que a todos les evadía de la rutinaria y monótona vida que llevaban en los distintos lugares donde residían tras haber emigrado hacía años los últimos moradores.

Cristian se acercaba hacia la cama y trató de invertir la posición de Merche con la ayuda del mando electrónico que permanecía colgado de una de las barandillas de la cama ortopédica donde descansaba Merche. Aquella monótona situación la iba sumiendo en una depresión nerviosa de la que no veía la salida. Poco a poco se iba convenciendo de que a pesar de los esfuerzos su cuerpo se negaba a seguir luchando.

Él tenía esperanza de que volviera a ser la mujer que había sido. En cambio, la valiente siempre había sido ella; la que siempre tenía inquietudes, la que removía cielo y tierra con tal de conseguir su propósito. Él siempre lo reconoció pero ahora le tocaba ser el fuerte, el valiente, el animado, cuando realmente no lo era. Besó a Merche en la mejilla, como lo hacía a diario desde hacía meses. Bueno realmente desde hacía apenas un mes, ya que los dos anteriores habían sido de verdadera angustia: hospital, UVI, diferentes salas, quirófanos… un auténtico suplicio.

El anterior mes de octubre el matrimonio había decidido tomarse unas cortas pero merecidas vacaciones. Habían salido temprano desde Alicante en dirección a Zaragoza. Allí tenían reservada una habitación en el hotel "Ribagorza" algo alejado de la capital pero que les permitiría en poco tiempo desplazarse a la urbe del Pilar, visitar parajes de la vecina Huesca, y como no, practicar senderismo algunos días conociendo algunos enclaves muy conocidos del inicio del Camino de Santiago, el cual llevaban años proponiéndose realizar, pero posponiéndolo año tras año por motivos de trabajo que los dos, involuntariamente, iban alejando. Ese año retomaron aquella conversación que casi desde que se conocieron, tenían en mente: realizar el Camino de Santiago.

Ninguno de los dos era devoto, pero sabían lo célebre que llegaba a ser aquella ruta a nivel mundial, y en cambio sin saber cómo, se enteraban de noticias acaecidas en el famoso camino que ellos adivinaron atractivo hacía años y curiosamente los medios de comunicación se habían encargado de contarles todo cuanto ellos querían descubrir en persona.

No tenían hijos pequeños que sirvieran de pretexto para haber tardado tanto en vivir aquella experiencia, si exceptuamos un embarazo y posterior aborto que tuvo lugar en los primeros años de matrimonio.

Ilusionados y con el equipaje necesario se dirigieron por la autopista, bordeando el Mediterráneo hasta Sagunto, donde variaron de dirección hacia Aragón.

Disfrutaban del viaje como dos jóvenes enamorados que lo eran, gozando animados de tenerse mutuamente ya que el destino parecía estar empeñado en no concederles descendencia, al menos, por el momento. Pero lejos de obsesionarse, Merche era una mujer que se sobreponía a todo cuanto de negativo pudiese rondar por la mente del matrimonio. Su carácter emprendedor, realista, culto y alegre hacía que fuese ella la que alentase a Cristian cuando la pareja conversaba sobre la posible frustrada maternidad, cuando la mayoría de mujeres en su mismo estado debían ser consoladas por el varón, que supuestamente era el menos afectado en estas situaciones.

Pero Merche no pensaba así. Había sido educada en una familia modesta, y su creciente afición a los estudios hizo que su formación crease una persona razonable, detallista, práctica y eficiente.

Cuando acabó los estudios superiores en Callosa (Alicante) se decidió por estudiar filosofía. Allí empezó a formarse realmente la mujer que era ahora.

Iban pasando por los aularios diferentes catedráticos que para nada la dejaban indiferente. Aquellos eficientes profesores impartían las clases de manera muy diferente a lo que ella conocía del instituto. Además el trato que existía entre profesor y alumno inducia a sentirse apto, a obligarse a ser autosuficiente. Desde la mayoría de edad, los padres habían dejado la obligación de tener que contactar con los tutores de sus hijos. Esto favoreció mucho al carácter de Merche; su autoestima subía como la pólvora; era muy responsable y como tal actuaba. Sus padres tenían plena confianza depositada en su única hija, de la que se sentían orgullosos. Estos se sentían felices de poder ofrecer a su hija la educación que ellos no tuvieron.

En la universidad no solo aprendía materias de los distintos temarios que conformaban una asignatura, o sea los llamados "créditos", como empezaban a llamarse las asignaturas sino que se enseñaba a pensar y a decidir. Eso no le importaba, lo que era importante era la manera de impartir las clases. Allí dependía del alumno y solo de él, el aprendizaje y el avance en el estudio.

Pronto Merche advirtió que aquel era su mundo. Allí se sentí feliz, conocía gente a la que prestaba la misma atención a pesar de los diferentes enfoques que daban a las materias. Dedujo fácilmente que la sociedad actual viene arrastrando ciertos mecanismos que no son demasiado eficaces ni recomendables, pero indudablemente son los que prevalecen generación tras generación. En su interior se decía:

"Estamos educados a no pensar y a que se nos impongan una serie de dogmas que no conducen a que el ser humano elija cual es el mejor, lo que más le conviene, o simplemente el que más le gusta. De esta manera no tenemos un pensamiento libre, sino adquirido como consecuencia de unas bases o principios que desde siglos se ha petrificado y todos damos como verdaderos y establecidos".

Ella deducía que educado el ser humano de esta manera y sin que pueda elegir, es obvio que se le priva de un pensamiento libre encaminándole a un sistema de vida que podemos llamar capitalismo, cuyo origen se remonta al siglo XV aproximadamente, en el que tuvo gran auge por las circunstancias de la época en que se consiguieron grandes progresos: época en que las naciones o reinos tenían dos grandes misiones: luchar por el poder y por la adquisición de riquezas. Datan de entonces las grandes batallas que conformaron la mayoría de países que conocemos como Europa; y como no, las grandes hazañas que desde siempre tuvieron los países volcados al mar, tales como España, Portugal, Inglaterra o Italia, que aprovechando su situación estratégica, se lanzaban al mar en busca de nuevos mundos de los que apoderarse.

Ahí —pensaba Merche— dio comienzo el mundo que hoy conocemos basado en el capitalismo. Y los avances culturales no han hecho más que hacernos esclavos del sistema para ser un instrumento más. El fin de la educación actual tiene como objetivo construir seres productores y consumidores del sistema capitalista, para que no se derrumbe, obligándonos, consciente o inconscientemente a ser un objeto más en la cadena que empieza por la necesidad de un trabajo para subsistir el individuo, pero que a la vez necesita del sistema productor, y aparejado lleva la constante evolución a necesitar seres consumidores de los mismos productos, los cuales obligatoriamente son necesarios para que la cadena no cese, que continúe. Somos dependientes del sistema que se impuso hace mucho.

Estos ideales se los tomaba ella muy a pecho desde el inicio de los estudios en la facultad y sentía la obligación de expresarlos cada vez que la ocasión lo requería.

Ella, al igual que sus amigas, vivía en un mundo tal como se nos muestra desde la infancia, con sus intenciones preestablecidas, la familia como pilar fundamental; los distintos organismos que la rodean: municipios, autoridades, escuelas, distintas clases sociales, gente acaudalada frente a una mayoría obreros, con las escuelas equidistantes y repartidas entre los núcleos urbanos, y como no, la Iglesia, con su recia construcción sobresaliendo desde siglos por encima de cualquier edificio contiguo por novedoso que este sea.

Y había crecido así, dando todo esto establecido como necesario, pero ahora empezaba a darse cuenta de que todo, en general iba avanzando, evolucionando. En cambio le llamaba la atención las costumbres de la Iglesia donde apenas se habían modificado desde siglos atrás, y si lo hacían era en el sentido inverso al que los mismos clérigos argumentaban.

Merche sentía curiosidad, que no repulsa, al comparar los ideales primitivos de la Iglesia Católica en la cual ella había sido educada, al ver que sus fundamentos se basaban en el amor al semejante, la ayuda al necesitado, a una vida de precarias necesidades en la que se destacaba las virtudes del ser humano como obediencia, compasión, ayuda y en la que quedaba clarísimo que llevar una vida de paz, amor y fraternidad nos conduciría sin duda a la vida eterna.

No obstante resultaba fácil ver que aquella Iglesia creada para hacer el bien y por la cual Jesús fue su máximo exponente, dejándose crucificar, había evolucionado en edificios enormes, vistosos y de un valor incalculable. En cambio, desde un principio se impuso a sus representantes la prohibición de casarse o mantener relaciones con personas del otro sexo, sin explicar el porqué. Tampoco encontraba Merche justificación a que ninguna mujer pudiese ejercer como miembro de la jerarquía eclesiástica; como máximo podía pertenecer a alguna de las órdenes religiosas, y que nadie sabía explicar a ciencia cierta el motivo. Era este tema uno de los que gustaba abordar cuando en la facultad salía a colación y le encantaba escuchar las diferentes argumentaciones que cada cual emitía.

Ella no tenía nada en contra de ninguna organización establecida, pero le gustaba llegar al fondo cuando eran debatidos algunos de los principios que desde siempre se habían presentado sin meditar demasiado en su conveniencia teniendo en cuenta lo rápido que se está progresando y en consecuencia lo pronto que van quedando obsoletos algunos de los avances de la tecnología y la ciencia, y en cambio algunas instituciones quedan petrificadas y ancladas en el pasado quizás porque no se le cuestiona adecuadamente.

Con el avance y el paso de los años Merche estaba convencida de la necesidad de una enseñanza libre, orientada según la percepción y aptitud de cada individuo. Pensaba que el ser humano debía hacer en vida lo que se es, consciente de lo que no puede ni quiere llegar a ser , corrigiéndose de sus errores, con ayuda, por supuesto, de orientadores para potenciar la vida, a explorarla y sacar el máximo rendimiento de los valores de cada uno. Esto derrumbaría al actual sistema —pensaba a veces ella— porque nos conduciría a ser menos productores y a la vez menos consumidores. Creía que debíamos progresar de otro modo. Estaba convencida de que por mucho que nos intenten afianzar, no hay otra vida como la que poseemos. "No debemos esperar a tener todo para disfrutar la vida, sino que ya tenemos la vida para disfrutarlo todo" era uno de sus lemas favoritos.

El progreso lo creía conveniente pero diferente al que nos han acostumbrado. Lo importante es vivir porque la vida no solo es un derecho que tenemos al nacer, sino que también adjunto, tenemos la obligación de vivirla. Esto era para ella relevante, y quizás lo más importante; lo que, en una palabra, resume todo el argumento expresado. La vida es el referente supremo.

En varias asignaturas disfrutaba Merche escuchando cuando en la época remota de la cultura griega, anterior incluso a la romana, el referente supremo era el hombre. Posteriormente, en la Edad Media, la cultura evolucionó hasta la convicción de que el referente supremo era Dios. En cambio, en la época actual ha pasado a ser el dinero el principal elemento sobre el que se organiza el mundo y la civilización existente.

Se ha ido apartando y olvidando la conciencia de la Humanidad, o sea no tenemos demasiado presente que ante todo somos humanos. Nuestros medios de comunicación nos recuerdan a diario que seguimos matando y este es un mal síntoma, que lejos de arrinconarlo, sigue vigente desgraciadamente. El amor fraternal es un concepto en el que pocos nos centramos para intentar lograr un mundo mejor.

Ella se consideraba una defensora del Humanismo, demostrando su convicción cada vez que las conversaciones familiares o de amigos salía alguna chispa que lograba encender aquel fuego apaciguador que la joven venía gestando desde hacía tiempo.

Sus padres, a pesar de pertenecer a otra generación, escuchaban boquiabiertos las argumentaciones que les trasmitía su hija. La idolatraban pero además les hacía ver que hablaba con propiedad, con conocimiento de causa y de esta manera esperaban con ansias el final de cada curso, cuando llegaba el momento de reflejar en papel el éxito de su hija a lo largo del curso. En esta etapa universitaria fue cuando Cristian y Merche se conocieron y no fue precisamente por la convergencia de ideales por lo que el destino se encargó de poner en idéntico camino.

Cristian estudiaba tercer año de psicología cuando conoció a Merche, pero ya tenía licenciatura de Bellas Artes. Cierto día él impartía una conferencia en el aula de la Facultad de Filosofía, en periodo de prácticas, dado que el catedrático vio la soltura que el alumno tenía en muchas de las áreas de aquella facultad, común en ambas.

Merche se fijó en aquel muchacho que a pesar de su edad sabía mantener con armonía y templanza el interés de aquellos alumnos casi de su misma edad, durante las dos horas que duró la conferencia.

El aulario acogía a más de cien estudiantes y su interlocutor supo ganarse desde el principio su respeto, dándoles la palabra cuando intuía que empezaba a hostigar aquel largo monólogo y los espectadores daban el menor síntoma de cansancio.

Sabía intercalar muy bien sus frases, involucrando a aquel centenar de personas, incitándoles a tomar apuntes, a que preguntasen sin temor cuando alguna frase no fuese entendida. Merche no fue una de las que levantaron el brazo para pedir la palabra durante la conferencia y no era precisamente porque entendía al pie de la letra todo lo que Cristian Orduña Gilabert iba desglosando aquella mañana. A ella curiosamente le había llamado la atención la soltura con la que aquel joven desconocido trasmitía a sus compañeros como el mejor de los catedráticos.

—Se ha preparado muy bien el tema —pensaba en su interior.

Pero sin darse cuenta pasó de fijarse en el mensaje de aquel e involuntariamente cesó de tomar apuntes para que su mente se limitara a examinar la manera de hablar, la de gesticular… y hasta la de moverse encima de la tarima donde se encontraba. Empezaba a vislumbrar al varón en lugar del profesor.

Ella hasta la fecha tenía su cuadrilla de amigos y amigas con los que había tonteado, como cualquier joven, pero durante el tiempo que permaneció en su presencia, su mente se había fijado en el hombre y no en el estudiante de psicología que estaba conferenciando.

Las dos horas le parecieron minutos cuando advirtió que la entonación de Orduña presagiaba el final de la clase. Él era un joven bien parecido, moreno con el cutis blanco contrastando aún más su fisionomía. Era alto, su timbre de voz le causó interés y, cómo no, su rostro era en apariencia simpático, a la vez sabía guardar la compostura cuando debía impartir en solitario durante dos horas y reservarse cierta sonrisa cautivadora que Merche adivinó y que sabía administrar para incitar a los alumnos a preguntar y a intervenir, haciendo muy amena la clase.

Merche tenía veintiún años y a pesar de creerse con experiencia a la par que los estudios y la vida le habían ayudado, ese día empezó a darse cuenta de que ella rebosaba de ideales, pero había algo que todavía no había afluido al exterior de su persona. Ese algo era la atracción que había notado, que su cuerpo transmitía a su mente y que daba señales de eclosión; jamás se había ruborizado ante ningún chico y ahora se apercibía que su ser quería buscar a aquella persona que realmente le gustaba tanto.

Siendo ella como era de aplicada en el sentido de la vida, librepensadora, amiga de entablar conversaciones sobre cualquier tema humanístico, se daba cuenta de que todavía le quedaba algo que aprender. Era la atracción hacia otra persona de diferente sexo.

Llegó a convencerse de que hasta ese momento no se había sentido plenamente atraída por un hombre. A sus veintiún años reconocía que difícilmente sería capaz de sentir tal atracción por hombre alguno.

La clase acabó y como siempre salieron por grupos los alumnos del aulario. Ella solía acompañarse de sus dos mejores amigas de la universidad: Noemí y Zaira.

Se ocuparon en tomar un refresco en el cercano bar del campus universitario, mientras dejaban transcurrir el tiempo que faltaba para volver a ocupar el aula y escuchar a la pesada profesora de psicología clínica. Noemí y Zaira no intuían lo que le acababa de suceder a su íntima amiga Merche.

Cristian entró acompañado de algunos compañeros de carrera en aquel lugar de recreo y Merche no pudo evitar mirarle de nuevo hasta que fue precisa su marcha hacia el aula. No tenía duda, se había enamorado.

Las tres amigas compartían piso en la ciudad, cerca de la zona universitaria.

Esa noche Merche pretextó a sus compañeras encontrarse cansada y se fue pronto a su habitación. El día había sido normal, a excepción del flechazo que ella había sentido mientras escuchaba a Cristian. Tanto fue así que estaba convencida de que también a él le había sucedido lo mismo.

Su pensamiento había ido muy lejos, no en balde su principal motivación en el estudio era precisamente abordar en el pensamiento, dejar libertad a las ideas respetando la conducta pero dejando en primerísimo lugar los valores y los sentimientos del ser humano. Todo el día había notado, con algo de timidez, que su cuerpo había sufrido un éxtasis. Esta sensación era la primera vez que no la había podido reprimir; a lo largo de la jornada, al ir al aseo notó que su organismo había humedecido sus braguitas, sentía pudor, rareza y placer, pero no podía adivinar cuál de las tres palabras era la adecuada para definir lo ocurrido.

Cuando entró por fin en la habitación empezó a desvestirse como siempre y una vez se quitó el suéter se sentó en la cama, dejando que cuerpo y pensamiento se uniesen. Notó una seguridad y una paz como pocas veces. Cerró los ojos y su visión oculta era para aquel joven que había irrumpido de pronto en su vida, y por el cual sentía algo desconocido hasta ahora pero muy agradable.

Sus amigas íntimas salían con chicos y se contaban mutuamente algunas de sus intimidades. Ella, por no quedar menospreciada solía inventarse algunas escenas eróticas que refería a sus amigas cuando veía que se quedaba falta de argumentos amorosos, mientras aquellas siempre tenían aventuras nuevas que contarse, incluso con otro chico diferente al que tenían por pareja reciente.

En el interior de Merche surgía una duda, una incógnita al hablar de temas amorosos o sexuales. Estaba convencida de que por muy ingeniosas que fuesen tanto Zaira como Noemí a la hora de contar sus aventuras, habían hecho el amor con varios chicos. Los detalles no importaban, pero lo que sí que le inquietaba alguna vez es si ella sería diferente a las demás. Era virgen. No había alcanzado relaciones íntimas plenas con ningún chico. Jamás se había masturbado. A ella no le preocupaba aquella ausencia en su persona, pero le inquietaba lo que podían pensar de ella si aquellas llegaran a conocer la verdad. Pero gracias a su formación sabía que cada ser es un mundo y cada individuo se puede sentir feliz de manera totalmente diferente al del otro.

Pero ese día parecía que su cuerpo se había revelado y había prevalecido un sentimiento que había aclarado las dudas que pudiese tener. La primavera estaba dando signos de luminiscencia, tanto en el termómetro instalado cerca de la universidad, como en el de su interior.

Se quitó los zapatos y casi de puntillas se acercó al aparato de música que estaba contiguo a la cabecera de su cama. Lo conectó y buscó en él la música que en ese momento le apetecía escuchar.

La habitación permanecía en penumbra y ahora que la música, aunque con poco volumen, empezaba a sonar dejó de percibir los estridentes sonidos que sus compañeras producían, el televisor, alguna carcajada provocada entre ambas chicas que alegremente conversaban mientras cenaban, como de costumbre.

Al escuchar la música, Merche empezó a desvestirse dispuesta a meterse en la cama después. Hacía días que no precisaban del aire acondicionado debido al rápido aumento de las temperaturas que en los últimos días de marzo suele producirse en la zona de Alicante.

Merche era una guapa alicantina a la que no le faltaban pretendientes. Actualmente su cabello castaño lucía mechones rubios ondulados como la mayoría de las jóvenes. Era una persona jovial que de repente se sentía tocada por las flechas del amor.

Se aflojó el cinturón que sujetaba los vaqueros que Merche solía llevar y de una manera diferente bajó la cremallera antes de disponerse a bajarse la prenda y colocarla en el cercano perchero, donde había dejado el suéter.

Nunca había experimentado aquella sensación al intentar bajar los vaqueros tan ajustados a sus nalgas y a su sexo. Se relajó unos instantes mientras seguía sonando la música y cuando volvió de colocar los pantalones, quedó su vista fija en el espejo de su habitación. Realmente tenía unas piernas bonitas, bronceadas debido a su cutis moreno, sin duda heredado de la mezcla de antepasados que vivieron en aquellas tierras. Adivinó que sin duda excitarían al joven que había conocido ese día, sin miedo a equivocarse. Giró levemente sobre sus pies procurando mostrarse a sí misma de perfil y evidenció su atractivo trasero, sintiendo los mismos deseos: ofrecérselos al atractivo Cristian Orduña.

A continuación se acostó apagando la pequeña lámpara que había quedado encendida. Quedó un momento indecisa antes de colocarse el pijama habitual que guardaba bajo la almohada. No le parecía acorde aquella prenda con el pensamiento que la evadía en aquel momento. Cuando pasado un momento se cambió su prenda más íntima, notó nuevamente los efectos de las fantasías que, ocasionalmente, invadían su mente aquel día. Había llegado al orgasmo sin pretenderlo.

Ella que defendía tanto los valores primitivos y liberales de las personas, se daba cuenta de que había reprimido sin querer, el principal efluvio de deleite del que podía gozar. Había querido omitir un sentimiento innato del ser humano y eso no concordaba con la lucha por los ideales que desde siempre creía defender.

2

Aquel día había sido para ella el inicio de una etapa para su organismo. Tardó a quedarse dormida y su subconsciente le conducía nuevamente hasta aquel seductor joven que aún sin contacto físico y solo con el poder de la mente, le había provocado un enorme placer.

—Esto —pensaba ella— es una prueba más del poder psicológico que tenemos las personas y que algunos desarrollamos solo un 10%, según los entendidos.

Se propuso que tenía que conocer personalmente a Cristian. Lo contrario sería la mayor frustración que podía cometer. Se sentía en el deber de conocerle y a partir de entonces ya vería que camino sería el elegido.

Y con la satisfacción de ver cumplido su deseo se quedó dormida sin haberse puesto aquel pijama que desde niña siempre se colocaba hasta que el calor le hacía prescindir de él. Esa noche se acarició suavemente sus torneadas piernas y, de reojo veía sus tersos pechos sintiéndose orgullosa de poseer un cuerpo que, al igual que ese día le había demostrado ser capaz de proporcionarle placer, estaba segura de que la haría enloquecer cuando llegado el momento se fundiera con el varón deseado.

Al día siguiente, Merche fue la primera en levantarse y tal era la ilusión que la envolvía que se puso a preparar el desayuno de las tres amigas.

—¡Es hora de levantarse! —les decía desde la cocina, tarareando la canción que emitía la radio en aquel momento.

Al poco rato se le acercó Zaira, que con el rostro congestionado aún por el sueño le dio los buenos días. En el justo momento que las dos se sentaban en la pequeña mesa de la cocina, abrió Noemí su habitación y notando la satisfacción que tenía el rostro de Merche, no pudo evitar decirle:

—Vaya, el día promete; prefiero verte así, activa en lugar de que te acompañes de los apuntes de filosofía que siempre tienes en mano —dijo.

—¿Qué mosca te ha picado hoy? —continuó Noemí.

Merche permaneció sonriente dudando si debía contar lo sucedido. Por fin habló.

—Ayer. Mejor di que fue ayer, ¿sabéis?

Y las dos amigas cesaron por un momento y miraron fijamente a Merche a los ojos.

—Creo que he conocido a mi príncipe azul —dijo con una sonrisa que resaltaba su atractiva mirada.

—¿Qué? —dijeron casi al unísono las dos amigas, mirándose perplejas.

Pero Merche no estaba dispuesta a dar más pistas sobre el joven que solo conocía a medias.

Al poco rato, después de utilizar los dos aseos que disponía el piso, salieron con ropa informal las tres jóvenes, dirigiéndose cada una a su clase, pues solo coincidían en algunas materias. Merche tenía clase a segunda hora, pero pensaba aprovechar ese tiempo en averiguar cuánto pudiese acerca de Cristian. Cerca ya de la entrada de la facultad veía como la mayoría del alumnado se dirigía a su aula, y subiendo los escasos peldaños que daban acceso a la misma, vio al final del pasillo a Inmaculada Casanova, su tutora, que conversaba con una alumna. Se apresuró y al ir acercándose a ellos notó por sus gestos que se despedían. Aceleró el paso y antes de que llegase a la escalera principal del edificio la llamó. Inmaculada se volvió y esperó a que la joven se acercase.

—Buenos días —saludó a su tutora. ¿Tiene un momento?

—Si dime —contestó Inmaculada.

—Es referente al tema 14 de Sociología y difiero sobre la argumentación y del cuestionario.

—No te preocupes Merche —dijo la tutora—. Anótame en un borrador todas las dudas y en cuanto pueda te las contesto, ¿de acuerdo?

Pero ella quería retenerla para pedirle información sobre la persona que le había llegado al corazón.

—También quisiera entrevistarme con Cristian Orduña Gilabert, el profesor que impartió ayer la conferencia.

—¡Ah! … —sonrió la tutora al escuchar de su alumno preferido "profesor"—. Todavía no es profesor, está cursando tercer curso de psicología.

Con esto era suficiente, no prestó atención a lo que la tutora le dijo acerca de la materia principal de su crédito.

Ella había anotado en la primera línea donde había empezado a tener apuntes, su nombre completo. Era una mujer muy organizada y cuando algún catedrático era sustituido siempre anotaba las señas del suplente. Era una norma que tenía desde que entró a la universidad.

Fue directamente a secretaría y preguntó por él y quedó enterada de los créditos que componían el curso que realizaba Cristian. La secretaria no tuvo el menor reparo en advertir que la mayoría de los alumnos de tercero estaban realizando prácticas, pues estaban en el segundo cuatrimestre.

En ese momento no se le ocurrió más que preguntar las señas del alumno, alegando que le había impartido varias conferencias en el salón de actos de la Facultad de Filosofía y quería entrevistarle para elaborar el trabajo de final de carrera. Salió de secretaría satisfecha de haber conseguido el domicilio del joven, así como que dentro de dos semanas impartiría una nueva conferencia en la Facultad de Humanidades.

—No. No puedo esperar tanto —pensó.

Tenía que ingeniárselas para encontrarle y provocar aquella inventada entrevista y conocerle.

A lo largo de las clases de aquel día entabló conversación con diferentes compañeros y por casualidad oyó que un tal Lluis Vallverdú conocía personalmente a Cristian. No necesitaba más. Buscó el momento adecuado para preguntarle a Lluis donde podía encontrar al suplente, que les había impartido la conferencia el día anterior. Necesitaba hacerle una entrevista para incluirla en el trabajo de final de carrera.

Lluis sacó del bolsillo su agenda y buscó en la lista de contactos. Ella anotó en el suyo los nueve dígitos del contacto, repitiéndolos para no confundir ninguno.

El día había pasado relativamente rápido, enfrascada como estaba buscando noticias del atractivo joven. Pero creyó oportuno esperar al atardecer para marcar el número de Cristian.

—¡Dígame! —fue la primera palabra que escuchó desde el otro extremo de la línea telefónica...

—Buenas tardes, soy Merche Solbes Martí. Soy una alumna de cuarto de filosofía. —su corazón latía aceleradamente pero trataba de mostrarse acertada y concisa, dejando aparte el verdadero motivo de la llamada.

—Encantado —contestó él, mientras ella le daba tiempo de organizar sus palabras.

Cristian escuchó una voz femenina que le atrajo, como tantas otras, pero tal era su profesionalidad que solo se centró en lo que aquella joven necesitaba.

—Ayer acudí a la conferencia que nos presentó en el salón de la Facultad.

—Sí, si... —contestaba alternativamente queriendo allanar el camino para que la joven se expresara a su manera.

—Estamos haciendo el trabajo individual para la licenciatura y en mi organigrama incluyo una entrevista para intercambiar opiniones sobre el humanismo y en concreto sobre bellas artes, y creo que usted me puede ayudar —le dijo, tratando de dar veracidad a sus palabras—.

Cristian escuchaba atentamente el argumento de aquella joven.

—No tengo ningún problema en concederte esa entrevista.

Quedó un momento pensativo para recordar las anotaciones de su agenda. De repente creyó conveniente que para él sería mejor el fin de semana, pues también debía acudir a los centros donde realizaba alternativamente las jornadas de prácticas.

Merche esperaba impaciente saber el día que podría conocerle.

—Supongo que todavía estas asistiendo a clase.

—Si claro, hasta mayo.

—¿Qué te parece el fin de semana?

—Perfecto —contestó ella.

—¿Te parece bien este sábado por la tarde, sobre las cinco?

—De acuerdo.

Solo quedaba pendiente acordar el lugar. Creyó oportuno proponer a la joven su domicilio, puesto que ella era la interesada.

—Yo vivo en la calle Maestro Bretón nº29, 4º, 16. Cerca de la estación, no sé si conoces la zona.

—No se preocupe, conozco bastante la ciudad. Allí estaré a la hora acordada. Disculpe las molestias.

—No hay de qué; estaré encantado de recibirla.

Cuando Merche guardó en el bolsillo de sus vaqueros la anotación del teléfono que le había permitido contactar con él y cerró los ojos, ilusionada.

— ¡Por fin! —dijo en voz alta que no pudo reprimir.

Era jueves y los días que quedaban para conocerle le parecían eternos. Alicante ahora le parecía la mejor ciudad del mundo. A pesar de vivir durante meses emancipada de sus padres, solía volver al pueblo cada dos fines de semana, y precisamente este era el que sus padres la esperaban.

Optó por avisarles de que el trabajo de final de carrera la retendría algunos fines de semana que debía dedicar en cuerpo y alma al estudio. Tenía previsto continuar con el máster antes de implicarse en el mundo laboral. Ahora que tenía las dudas despejadas sentía cierto temor al presentarse en el domicilio de Cristian.

¿Y si estaba casado, o tenía pareja? ¿Viviría solo? ¿Le engañarían las apariencias y aprovecharía el momento para intentar pasarse con ella? Ahora se daba cuenta de su atrevimiento. Seguramente iba demasiado aprisa. Pero la superaba la savia nueva que la incipiente primavera aceleraba en el interior de su cuerpo, ocultándole cualquier obstáculo.

Este último pensamiento lo descartó enseguida. No creía capaz a aquel interlocutor de psicología intentar aprovechar la ocasión. Además era ella la que había acudido a él, por tanto la iniciativa debería llevarla ella.

Y así lo hizo. Se armó de valor, se centró en la entrevista y preparó un guión que anotó en su cuaderno. Buscó en su habitación un micro magnetófono que no recordaba donde estaría. Pero salió del paso con uno que le dejó Zaira que solía utilizarlo con más frecuencia.

Después de comer se dedicó a elegir la ropa que debía colocarse para causar buena sensación a su entrevistado. Sacó de su armario algunas blusas, pero le parecieron demasiado formales para el momento. Sin apreciarlo estaba armando cierto revuelo en su habitación, cosa nada habitual en ella. No tenía reparo de ser observada porque sus dos compañeras habían regresado a sus casas el día anterior, al igual que lo hubiese hecho ella si no se hubiese enamorado locamente. Se relajó cuanto quiso imaginando más la impresión que podría causar que el aparente motivo de su visita. Pensó en ello y decidió acudir de la misma manera que iba a diario a la universidad.

Buscó sus vaqueros raídos y descoloridos justamente por las partes que el sastre o modista habían aprovechado para realzar la figura femenina. Se colocó un suéter de manga corta, acorde con el calor y el radiante sol que invadía la ciudad.

Momentos antes de las cinco sonó el timbre en el apartamento que ocupaba Cristian. Este sonido le despertó del leve sueño que le había contagiado el sofá que frente al televisor le ayudaba a relajarse.

Recordó enseguida que sería la chica que le había llamado por teléfono hacía unos días. Se recompuso, fue hacia el audífono que había situado junto a la puerta y preguntando por la rutina quien era, apretó el pulsador de apertura a la vez que colgaba el aparato. Aprovechó para entrar en el aseo y dejar su rostro presentable.

Hacía dos años que Cristian vivía en aquel apartamento. Había sido compartido por otro estudiante que le acompañó casi un año, pero aquel se había marchado y ya no supo más de él. — ¡Mejor! —pensó él entonces. Aquel compañero era un buen individuo pero sus tendencias homosexuales favorecían que con demasiada frecuencia llegasen al apartamento chicos que le incomodaban en los estudios de las dos carreras que Cristian había logrado superar en el mismo curso. Cristian era una persona sencilla, intelectual hasta el límite y responsable y aunque respetaba las tendencias sentimentales de su compañero, llegaban a fastidiarle, pero jamás discutió por esos motivos, limitándose a ser discreto y llevar la convivencia de la mejor manera posible.

De pequeño tuvo un trauma que le dejó huella durante muchos años. Vivía en Parcent, un pequeño pueblo del interior de Alicante, aunque no demasiado lejos de la concurrida Denia y de la original Javea.

Era hijo único de un matrimonio en el que sus padres procedían de diversas posiciones sociales. Su madre, Sonia, era más diez años más joven que su padre, Juan Orduña, cuya familia era de Guadalest, donde antiguamente sus progenitores habían poseído el escudo de armas, además de incalculables posesiones, casas blasonadas y sobretodo muchos súbditos. Pero toda aquella hidalguía quedaba atrás cuando Juan Orduña conoció a Sonia.

Sonia era vecina de Beniardá; quedó huérfana de madre y ella y su padre decidieron trasladarse a la vivienda de los abuelos paternos en el vecino pueblo de Benifato. Allí, su padre, sabiendo bien asistida por los suyos a la pequeña Sonia, entabló relaciones con una viuda de Monrabal (municipios todos equidistantes). Sonia creció sin el cariño de madre y solo tenía el refugio de sus abuelos, que ciertamente no tardaron en enfermar y marchar demasiado pronto al otro mundo.

Entonces Sonia ya tenía diecisiete años y no tuvo más opción que integrarse al hogar que vivía su padre en compañía de aquella mujer con la que su padre, Felipe, se había vuelto a casar, y con quien vivía el único hijo de la madrastra de Sonia. Víctor era su nombre.

Allí permaneció varios años, conviviendo los cuatro como si verdaderamente formasen una familia cuando la realidad era muy diferente. Su padre la quería como hija que era, pero vivían en una casa propiedad de su madrastra en Monrabal y esta demostraba desde siempre predilección por su hijo Víctor, fruto de su anterior matrimonio, que ya rondaba los veinte años.

En esta precaria situación, la casa de los abuelos de Benifato, verdadero hogar de Sonia, tuvieron que venderla a instancias de sus tíos (hermanos de su padre, con los que apenas se relacionaba) y también incitado por Matilde, la madrastra y esposa de su padre.

De esta manera su padre quedaba sumiso y a merced de su esposa económicamente, de lo cual el joven Víctor era consciente. Ya no tenía propiedades y además habían invertido en las de Matilde lo obtenido de la venta. Sonia era una jovencita agradable y no tardó su hermanastro en buscar la ocasión de encontrarla sola para intimidarla. Vivían bajo el mismo techo y quiso reblandecer la atracción que sentía por aquella joven recién venida, a la que había visto solamente en contadas ocasiones.

A ella le convenía mostrarse agradable y de esa manera hacer más llevadera la necesaria convivencia en aquella casa. Los escasos medios económicos de los que disponía los colmaba con creces el carácter empatizante que poseía y la hacían una persona agradable a pesar de que los años de la infancia no habían sido demasiado halagüeños.

Supo encajar bien cada etapa que le tocaba vivir sin el apoyo fundamental de unos padres que velaran por su seguridad, al igual que lo hacían los de sus amigas y de lo que ella era plenamente consciente.

3

Víctor se consideraba dueño y señor de la casa donde ahora había acudido una jovencita hermosa por la que enseguida sintió atracción. Sonia recién llegada se mostraba retraída durante un tiempo, pues notaba cierto distanciamiento entre ella y Matilde.

Aunque el carácter compasivo de Felipe trató de demostrar que eran una verdadera familia, lo cierto es que madre e hijo son los que realmente tomaron las decisiones importantes en aquella casa. Monrabal no era lugar desconocido para ella, pues en vida de sus abuelos paternos solía desplazarse desde el vecino Benifato, aunque prefería retirarse temprano, volviendo antes de anochecer a casa de los abuelos que pernoctar con la nueva familia de su padre. Ambos municipios poseen características comunes, pero ella se sentía en su casa al llegar al entrañable Benifato, con sus angostas callejuelas serpenteando hasta conseguir axiomático nivel, donde las edificaciones parecen reñirse por aparecer en primera línea en sus intrínsecas travesías que desembocan en la plaza de la iglesia, lugar siempre concurrido por la mayoría de niños que, aconsejados por sus madres, evitaban perderse en el extenso paisaje forestal que rodea la parte norte del municipio. Allí la quietud era predominante solo vulnerada por el jolgorio vespertino de los pequeños, ajenos a la naturaleza implícita en el lugar, con maravillosas vistas a la Aitana, donde la fragante brisa mediterránea aparece sobretodo en las centrales horas del día, refrescando milagrosamente incluso en los meses de estío, cruzando entre montañas, en dirección sudeste que parece estar canalizada desde la vecina Benidorm, aportando excedentes armonías de Altea, adentrándose por los florecientes campos de Polop y La Nucia.

Víctor había finalizado inesperadamente los estudios por no mostrar empeño alguno en superarse, aunque sus capacidades se lo permitiesen, y desde hacía relativamente poco se dedicaba a restablecer de nuevo los cultivos en las parcelas que él había heredado de su difunto padre. Era mayor de edad, y aunque su madre conservaba parte del usufructo de la herencia de su marido, Víctor era el verdadero heredero. Esto fortalecía el carácter del joven, que además de creerse bien parecido, aparentaba buenos modales a la vista de los vecinos. Pero no podía considerar a Sonia como de su sangre y solía invitarla a pasear, en los atardeceres agradables junto a las primeras estribaciones de la Sierra de Aitana.

Monrabal, debido a que se encuentra atravesada por la carretera de Alcoy, ofrece un aspecto diferente al de las localidades limítrofes, ya que la mayoría de viandantes aprovechan para hacer una pausa en el camino, descansando en alguna de sus Ventas, solariegas casas que desde antaño son consideradas verdaderas hosterías donde se ofrecen a los transeúntes la mayoría de mercaderías y utillajes de la zona. Este peculiar encuentro provocó una influencia importante en muchos aspectos ya que el pueblo ofrecía sus productos artesanos y también era informado de noticias que los cansados viajeros aportaban tanto de la costa como del interior desde Alcoy o Xátiva. Además, Monrabal conserva sus peculiares calles como la del *Barranc o Trencacames* que personalizan indiscutiblemente el municipio que alrededor del apuesto campanario se apiña aprovechando al máximo el espacio, como deseando estar presente siempre en los acontecimientos importantes que allí se producen u observando el pequeño mercado de los viernes al que acuden la mayoría de vecinos. Sin duda el municipio aparece emplazado en dos sectores. El antiguo que parece buscar las aguas transparentes de rio Guadalest, y la elevada que sin duda ha crecido acompañada del tránsito de la vía de Alcoy al mar y que desde lo alto contempla el valle y a la vecina Beniardá, de espaldas a la Aitana que sin duda la protege de los aires fríos del norte.

Muy cerca del pueblo, Víctor le enseñaba a Sonia la "Font del Molí", en donde emergían tres caños de agua fresquísima. Allí se inclinó Sonia para refrescarse y Víctor no pudo resistir la tentación de ver con qué cuidado la joven apartaba su pelo hacia el lado opuesto al que estaba el caño en el que se disponía a beber. Ella le vio de reojo pero no dio importancia. La tarde era calurosa y Víctor también se acercó a la fuente, pero sin apartar la mirada de la joven, aprovechó para impulsar con su mano un poco del agua que quedaba estancada en el fondo de la balsa que formaba el líquido al caer.

—¿Pero qué haces Víctor? Me has puesto empapada.

La joven había recibido la frescura de aquella fuente y el agua había empapado la parte superior del pecho, que ahora descubría la belleza y las proporciones de sus senos, que entre risas y bromas habían excitado al joven. Sonia trató de secarse pero era inútil.

Víctor se acercó disculpándose. La tarde caía y el sol de poniente quedaba oculto por la cercana sierra.

—Perdona Sonia, no era mi intención molestarte.

Ella continuaba preocupada por el aspecto que podía ofrecer al llegar a casa. Intuitivamente Víctor sacó un pañuelo del bolsillo y trató de secar su barbilla y parte de su cuello. Pero ella levantó la mirada hacia el joven mostrando cierto enfado. Él no podía contenerse:

—Cuando te enfadas estás más hermosa.

Ella tomó su pañuelo y lo introdujo en su pecho para intentar ocultar su mirada, este le apartó el pelo con una mano y con otra tocó ligeramente su barbilla.

—¡Eres preciosa!

—¡No, Víctor no! —dijo ella.

Y al mismo tiempo apartaba el húmedo pelo de la joven aprovechando para acercarse. Sonia ofrecía resistencia pero Víctor la besó por primera vez. Sus labios se oponían pero la insistencia del joven provocó que ella fuese cediendo al deseo de su compañero. Se dejó llevar por la furia del joven notando un enorme placer al fundirse las dos bocas, de cuyo interior parecía emerger una fuerza libidinosa que le evitaba separase de él.

Víctor ahora la sujetaba con las dos manos sobre la cintura de la joven, que poco a poco recorrían algunos entresijos e intimidades de la joven. Cuando la mano del joven logró traspasar sus prendas y poco a poco se dirigía hacia sus partes más íntimas, Sonia se separó:

—¿Qué haces Víctor? ¡No!

Y tratando de recomponerse echó a correr en dirección al pueblo. Víctor la siguió y no tardó en alcanzarla.

—¡Sonia no temas!

—¡Déjame, quiero irme!

Fue tal la seriedad con que dijo estas palabras que Víctor quedó un momento pensativo dejando que la muchacha siguiera su camino. Estaba tan convencido de su superioridad frente a la chica que no pudo evitar una que una leve sonrisa asomara por la comisura de su boca. Pero esto solo fue el principio.

Tras varios días en que la joven le esquivaba, lograron los dos jóvenes entablar conversación. En la mente de Sonia solo existía el temor a la reacción de Matilde al enterarse de las intenciones de su hijo. Sabía que ello podría traer consecuencias en la relación con su padre. Pero pasaban los días y nadie en casa daba muestras de conocer nada de las imaginaciones de Sonia.

Cuando quedaba sola, pensaba que, dejando aparte los prejuicios, le había gustado aquel beso, saberse querida y aquellas caricias nuevas para ella. Pasó el tiempo y los dos jóvenes se involucraron en la aventura del amor y del sexo. Víctor, siendo mayor y conocedor del peligro, buscó los medios para satisfacer sus deseos carnales, evitando posibles consecuencias en la joven. Sin duda su experiencia jugaba de nuevo a su favor sintiéndose nuevamente superior.

La pareja vivió un tiempo muy enamorada y todo parecía hermoso a la resignada y carente de cariño de Sonia que creía haber encontrado el amor de su vida. Víctor por su parte no se preocupaba más que del presente y de saborear las delicias y los juegos del amor que le proporcionaba su amante. Se sabía protegido de su madre y en caso de desaprobación siempre recaería la culpa en la muchacha, que tan acostumbrada estaba ya a cargar con las consecuencias del malhumor de aquella cuando salían mal sus cuentas.

Aquella relación, que nadie aparentaba conocer, era sabida y consentida por sus padres y ese fue el motivo de que Sonia se afianzase en su sentimiento y se atreviese a plantear a Víctor que había llegado el momento de formalizar la situación, y grande fue la sorpresa y la decepción de la joven cuando escuchó de boca de su amante que no era intención comprometerse con ella de momento. Ella no quiso escuchar más.

—Entonces yo soy tu querida ¿eso es lo que sientes por mí?

—No te pongas así. Lo nuestro es maravilloso. Yo te quiero y no puedo vivir sin ti.

—¿Tu? Tú no puedes vivir sin desahogarte conmigo. Te limitas a poseerme y no supongo nada más para ti. Yo no estoy dispuesta a ser tu ramera. ¿Entendido? ¡No volverás a tocarme!

Y haciendo un chasquido con su mano en la boca dijo:

—¡Te lo juro!

Y así fue. Tan grande fue el desengaño de aquel que consideraba su primer amor que su vida a partir de entonces tomó un nuevo rumbo.

Empezó a relacionarse con las amigas de su infancia y con ellas volvió a divertirse como correspondía a una joven que estaba a punto de cumplir veinte años. Sus amigas de infancia le sirvieron de gran apoyo para superar el nuevo bache que le presentaba la vida, en ellas volcó toda su confianza y con ellas se planteó cambiar su rutina.

Al poco tiempo y debido al auge del turismo en la zona, Sonia empezó a buscarse trabajo y se alojó en un hostal de la carretera en donde trabajaba en tareas de restauración, atendiendo tareas de cocina si era menester. Allí tenía más cerca sus amistades y su medio de vida; permanecía cerca pero separada de aquella casa. Pronto conoció a la perfección el pintoresco pueblo de Castell de Guadalest, enclavado en la ladera de un montículo, cercano a la carretera que une aquellos pueblos con Callosa de Sarriá, cabeza de partido.

Le encantó la peculiaridad del pueblo que permanece aislado le la circulación y que solo se accede mediante un sendero rocoso que anuncia precaución y seguridad a la vez, mostrando su particular empedrado de calles adyacentes a numerosas cuevas que sin duda habrían servido de refugio a los habitantes en épocas remotas. De nuevo sorprende allí sus maravillosas vistas al valle del rio que lleva su mismo nombre, su elevada situación hace incomparable la ubicación, pero sobre todo llamó la atención de la joven algunas solariegas casas palacio, pertenecientes a la familia Orduña y de lo que, curiosamente, los vecinos rehuían hablar. Sus empinadas calles tienen como recompensa la caricia de la brisa que por doquier se respira y el regalo que sus parajes ofrecen a la vista.

Sonia presentaba ahora un aspecto diferente; sus facciones eran ya las de una mujer en la plenitud de su hermosura, si bien es verdad que aparentaba algunos años más. Era alta, morena y su mirada de ojos claros no dejaba a nadie indiferente. Tenía elegancia en el andar, pero en el terreno sentimental se presentaba inabordable cuando jóvenes del lugar se acercaban a ella y alguno quería profundizar algo más en su amistad. No quería comprometerse a causa de la herida que le había provocado Víctor, el que, a pesar de saberla cerca, desistió de visitar.

Mantenía el contacto con su padre, sabiendo su complicidad, pero no lo culpaba de nada. Realmente ella y solo ella había propiciado aquella situación. Creyó por algunos años que los hombres se acercaban a ella atraídos por su físico, dejando de lado el terreno sentimental, algo a lo que ella no estaba dispuesta.

Así pasaron algunos años, reprimiéndose los deseos normales en una joven como ella. Esa es la huella que tardó años en cicatrizar. Tiempo habrá de conocer el desenlace de sus particulares vivencias.

Siendo lugar de paso el Hostal donde vivía y trabajaba, conoció a mucha gente. Hizo grandes amistades en las que apoyaba su existencia: "Cualquier cosa menos complacer los instintos del varón" —pensaba.

Pero es una gran verdad que el tiempo todo lo cura, y prueba de ello es que llegó a congeniar con un asiduo cliente del vecino Guadalest, Juan Orduña era su nombre. Éste era un terrateniente de la zona al que no se le conocían relaciones con mujer alguna.

La señora Encarna, dueña del restaurante y amante de leyendas y tradiciones, puso al día a Sonia, que encantada la escuchaba cuando refería la historia popular:

"Cuentan los viejos del lugar que en 1644 hubo en la comarca un terremoto de enormes dimensiones que destruyó la mayoría de las edificaciones de Guadalest (Castell de Guadalest entonces). La casa de Orduña, enorme caserón que continúa en pie en nuestros días fue edificada poco después de aquel terremoto por una familia de estirpe vasca: Los Orduña, apellido de una villa del mismo nombre en aquellas latitudes. Estos vinieron al Reino de Valencia con el infante Fortuna, de Navarra; posteriormente pasaron al servicio de los Cardona, almirantes de Aragón. Don Sancho de Cardona recibió en 1543 el título de Marqués de Guadalest. La mayoría de los vecinos del pueblo y de los alrededores hemos sido, en una u otra formas, herederos de sus súbditos —aseveró la señora desde su punto de vista—.

Al gozar los Orduña de la total confianza de los marqueses fueron enviados a Guadalest y actuaron durante casi 300 años como alcaides de la fortaleza del marquesado. La vivienda fue incendiada durante la guerra de sucesión (1708). Al cabo de muchos años, un descendiente de la casa, Pedro Antonio de Orduña y García, entró a formar parte de la Orden Militar de Santiago y de esta manera consiguió acceder al estamento nobiliario. La familia procuró a sus miembros, no solo las relaciones económicas y de influencia social, sino también la mejor formación cultural que era posible a final del siglo XVIII y a lo largo del XIX. Entre sus miembros se encontraban abogados y militares de reconocida fama".

Sonia prestaba atención a aquella historia, transmitida de generación en generación.

"Las actuales dependencias de la casa, se corresponden con el momento de máximo esplendor e influencia de la familia Orduña, ejercida a través de don Joaquín Mª de Orduña, al que conocemos como último de aquel linaje, que disfrutaron de la mayoría de sus antepasados"

—Menos él —indicó Sonia.

—Si así es.

"La casa —continuaba relatando la señora Encarna—, ocupa un lugar muy irregular. Por levante se apoya en rocas y peñascos, a los que rebasa en altura. Por poniente es vecina de la iglesia parroquial, llegando incluso a ocupar espacios encima de la parte de la sacristía. La edificación, robusta, se apoya mediante muros de carga. Abundan en ella los ladrillos de cerámica, como parte principal de su construcción, cuando en dicha época eran poquísimos los que podían permitirse tal privilegio.

Por las antiguas escaleras de la casa desciende hasta la planta que comunica con el castillo de San José, sin duda alguna, propiedad suya durante algún tiempo. Esta casa contrastaba por su grandeza alojada en un pueblo muy pequeño, muy alejada geográficamente de las influencias de las ciudades importantes. No obstante esto le sirvió para infundir respeto y jerarquía a las humildes gentes del lugar.

Consta de planta baja y tres pisos, en los que destacan la Sala de la entrada que está decorada con óleos de carácter religioso: La Inmaculada Concepción, La Santísima Trinidad, San Pascual Bailón, Sta. Bárbara, La Virgen de la Rosa y Nuestra Señora del Carmen.

En la antesala de la Virgen aparece un lienzo pintado por ambas caras. En la delantera muestra un "Ecce Homo" de autor desconocido con un manto rojo resbalando sobre los hombros. La parte posterior, visible por un espejo, representa "Las llagas en la espalda del Salvador", rara temática en el ámbito religioso. Se supone que fue un telón boca porte reconvertido en estandarte.

Existe una tabla colocada en el testero de la habitación y trata del "Tránsito o Dormición de la Virgen": el fin de la vida terrenal de María, tal y como se narra en los Evangelios Apócrifos. Esta es la mejor pieza de la casa y pudo ser el retablo de la primitiva iglesia de Guadalest. Se atribuye su autoría al "Maestro de Alzira" y se encuadra cronológicamente entre 1527 y 1550.

En la siguiente planta aparecen las Salas Nobles y resalta una espléndida colección de fotografías de gran formato de los miembros de la familia Orduña en el siglo XIX. Se observa allí un curioso detalle: una pequeña escalera con una pila benditera que nos indica que desde allí se accede a la Sala de Tribuna, situada sobre el presbiterio de la iglesia parroquial que los Orduña podían ocupar en virtud de un antiguo privilegio otorgado por el arzobispo de Valencia.

La casa posee una enorme biblioteca con el Catálogo del Fondo Antiguo (1500—1800). Consta de más de mil volúmenes en diferentes y variadas encuadernaciones. Se distinguen tres épocas en su elaboración:

La primera de finales del siglo XVIII, siendo abogado d. Francisco de Paula Orduña, en la que destacan temas jurídicos y tradicionales, reflejando la efervescencia política española y europea, desde el inicio de la Revolución Francesa, 1788, hasta el levantamiento de Riego en 1820.

La segunda época consta de los libros de carácter religioso, filosófico y clásicos latinos procedentes de la desamortización del convento de los Capuchinos de Callosa d´En Sarriá.

Y al tercer período (1850—1890) pertenecen los textos de literatura jurídica y disposiciones legales".

La señora Encarna cesó con su lectura de un libro antiguo que siempre tenía a mano y se quedó mirando el rostro de la joven, adivinando que aquella historia no le interesaba demasiado. No obstante, quiso hacer resaltar lo que a continuación quería contarle, intuyendo que era de mayor relevancia. Siguió.

"Existe en aquella planta un óleo cuyo tema es "La Batalla de Almansa" (1707) que nos recuerda la participación inminente en la causa borbónica de don Juan de Orduña y Andrés, —antepasado de nuestro conocido Juan".

Sonia quedó pensativa ante tal revelación que probaba el afecto de aquellos nobles por la casa de Borbón, antepasado no muy lejano del actual monarca Juan Carlos I —pensó Sonia.

—No te atormentes Sonia —dijo Encarna ante la cara de circunstancias que involuntariamente mostraba la joven—. Aquello es agua pasada; llegado el siglo XX, el declive fue inevitable para la casa Orduña. En la actualidad aquellas posesiones han quedado tan divididas entre sus herederos que son mayores los gastos que supone su rehabilitación, que su valor real. La mayoría han preferido llevar una vida más acorde con la realidad y dejar en el olvido aquellos títulos, exentos ya de propiedades a los que nada material les acompaña.

A partir de aquel día, Sonia empezó a fijarse en Juan de Orduña, hasta el punto de sentir cierta simpatía por él. Pensaba encontrar el momento y poder entablar conversación con aquel personaje que apenas lanzaba miradas lascivas, como lo hacía la mayoría de clientes. Precisamente este gesto le infundía respeto y cierto afecto, lo que el hombre agradecía complacido por la amistad y la empatía que la joven le mostraba.

Juan tenía más de treinta años, y todavía conservaba gran parte de la herencia de los Orduña, divergiendo con la tendencia familiar actual. Entre sus bienes se encontraba una casa en Parcent y numerosas fincas rústicas en la comarca de La Marina, de las que lograba obtener cierto beneficio, suficiente para llevar una vida cómoda y acaudalada, si bien disimulaba aquella opulencia que cualquiera hubiese mostrado. Era un joven interesado, ahorrador, amante de su trabajo y al que apenas se le conocían vicios.

La joven creyó conveniente seguir aquella amistad, atraida sin duda por la falta de un cariño y de una protección que no conocía. Sonia y Juan poco a poco se fueron conociendo y empezaron una relación que duraba casi dos años, cuando se unieron en matrimonio.

Se les veía felices, parecían el matrimonio perfecto: ella una envidiada joven, rebosante de belleza, sencilla y perfecta ama de casa. Él, acomodado y todavía apuesto varón, derrochando bonhomía por doquier, y aunque a escondidas, foco de las malas lenguas que solamente le envidiaban por poseer una atractiva y joven esposa.

Ella había encontrado a un hombre que no la atormentaba con deseos insaciables como los que le provocaron la repulsa del amor, cuando se sintió engañada por aquel joven al que le ofrecía su cuerpo, pero que se negó en rotundo cuando ella le propuso hacer pública su relación. Eso la había hundido. Tal fue el desengaño que sufrió que había jurado no comprometerse jamás con otro hombre. Pero el paso de los años reblandeció su carácter, y casi sin darse cuenta, ahora se encontraba al lado de Juan, al que adoraba. Él estaba muy enamorado de Sonia y llegó a sentir celos cundo la veía entablar conversación con cualquier hombre, aún en su presencia.

Sonia empezaba a vivir la plenitud del amor. Juan la satisfacía y era verdaderamente feliz, sabiéndose segura por primera vez en su vida, pues desde que perdió a su madre, siendo una niña, siempre sentía inseguridad, primero en casa de sus abuelos en Benifato, evidenciando que no podían ofrecerle el cariño de una madre; luego se vio obligada a buscar refugio junto a su padre, que en cierta manera se había desentendido de ella y había rehecho su vida casándose con otra mujer, por la que apenas sentía aprecio. Y una vez allí tuvo que asentir en un segundo plano, del que se aprovechó Víctor, disponiendo de ella a su antojo. Por esa razón encontraba ahora estabilidad en su vida. Tenía por delante un futuro esperanzador en compañía de un hombre bueno que sabía quererla: Juan Orduña.

Al año de matrimonio, Sonia dio a luz a un hermoso niño al que bautizaron con el nombre de Cristian. El matrimonio irradiaba felicidad. Juan se mostraba más complacido que nunca al ver que en poco tiempo había cambiado radicalmente su perspectiva. Pasaba de ser un hombre maduro que no pensaba en formar una familia, y en poco tiempo había formado un nuevo hogar donde reinaba la armonía, junto a la mujer con la que compartía su vida y a la que amaba, y con un descendiente varón que continuaría con la estirpe de los Orduña.

En cambio en el metabolismo de Sonia, desde que fue madre, se habían producido algunos desarreglos. Su cuerpo, lejos de acumular algunos kilos como hubiera sido normal tras dar a luz, había embellecido más si cabía; sus curvas, que habían aumentado durante el embarazo, habían quedado de forma que realzaban favorablemente el físico de la joven. Al mismo tiempo su cuerpo parecía necesitar más placer del que maritalmente le ofrecía Juan. Quedó por una temporada atrapada por una especie de lucha interna. Su corazón le decía que era una mujer privilegiada, a la que muchos aspiraban sin lograrlo. No pasaba estrecheces de tipo económico como era habitual en el resto de su familia. Tenía un esposo que la trataba inmejorablemente, tanto a ella como al pequeño Cristian. Por esta razón no podía hacer caso a algo que se revelaba en su interior y que le hacía palpitar su corazón al sentir una rara atracción hacia algún varón y que un raro instinto le hacía ver que la miraba con lascivia, cuando solamente eran imaginaciones suyas.

No era así, pero a ella se lo hacía vislumbrar algún efecto extraño, algo que le provocaba pensamientos lujuriosos, produciéndole cierto placer aquella imaginación por lo que llegó a sentir miedo. Su instinto la invocaba a ello mientras su conciencia lo rechazaba.

Se sentía en duda y se atrevió a comentar, en secreto, el tema con la que fue su protectora durante algún tiempo: la señora Encarna, confiando en que sabría guardar en secreto aquella revelación. La señora, creyendo conocer sobradamente el carácter de la que había sido su protegida, y obviando cierta diferencia de edad entre ella y Juan, creyó acertado restar importancia a las cavilaciones de la joven y la animó contándole que no era un caso raro siendo primeriza, joven e inexperta.

—No te alejes de Juan; es un buen hombre. Tu cuerpo se ha visto alterado tas el embarazo y las hormonas todavía están revueltas. Verás como pasados unos meses, todo volverá a su sitio y volverás a amar a Juan como al principio —le dijo con una pícara sonrisa y un ligero giño de ojo, convencida de que así sucedería.

Cristian crecía sano y educado, asistiendo precoz al colegio de Parcent, siendo enterados los padres de los avances del niño por parte de sus educadores que, conociendo su ascendencia, aprovechaban la ocasión para elogiarle y dar esperanzas a sus progenitores de que en el futuro, Cristian, sería un buen estudiante.

A los siete años fue internado en el Colegio de los Salesianos, procurando que no mermara en absoluto su aprendizaje, considerando el centro como el de mayor prestigio en la zona.

La ausencia de Cristian en el hogar propició a Sonia un vacío, del cual estaba exento Juan a causa de sus ocupaciones fuera del hogar. Esta situación ayudo a vencer aquella lucha interna que no había abandonado a Sonia desde años antes; había sabido contenerse ante aquel dilema que todavía existía entre su corazón y su apetito sexual. Las circunstancias fueron las encargadas de aflorasen aquellos temores. Estaba demasiado tiempo solitaria y desocupada y vio aunque sin proponérselo, vía libre a su pensamiento.

Solían aparecer en el municipio algunos vendedores de tejidos que semanalmente recorrían las calles y aún acudían al domicilio de sus parroquianas. De esta manera conoció a Luis, un apuesto joven que vendía géneros de punto, al igual que otros tantos aparecían en los pueblos ofreciendo diferentes productos, como eran el aceite, huevos, menaje, y un largo etc.

Cada viernes, Luís recorría el vecindario de Parcent y según como se desarrollase la venta, permanecía durante toda la jornada, dedicando las primeras horas de la tarde a desplazarse al domicilio de sus clientas, bien a mostrar sus productos o bien a cobrar lo acordado semanalmente. Era de sobra conocido en el municipio debido a la confianza que les inspiraba y a poseer un carácter abierto.

Cierto día se presentó en el domicilio como de costumbre y Sonia le hizo esperar mientras se dirigía a la habitación a probarse un vestido que el vendedor le había mostrado. Al momento salió ella con un flamante vestido azul celeste con amplio escote, que concienzudamente se había colocado, dejando al descubierto parte de sus turgentes pechos. La parte inferior del vestido mostraba unos graciosos volantes y el inicio de sus torneadas piernas que, debido al cambio de ropa y mostrarse ceñido a su cintura, caía agraciadamente en sus caderas mostrando una hermosa mujer, totalmente diferente a la que Luís conocía.

—¿Cómo me sienta?— preguntó ella mostrando media revolera.

—¡Parece usted otra! —contestó Luís un poco desconcertado.

—No me hables así. Tutéame. No soy tan mayor.

El joven no esperaba aquella incitación que su clienta le presentaba y llegó a ruborizarse.

Sonia había salido de su habitación y después de pronunciar aquellas palabras dio de nuevo un gracioso giro sobre sí misma para que el vestido se elevara de nuevo y mostrara por un momento el final de aquellas esbeltas piernas que Sonia se sabía poseedora, excitando al joven.

Luís no sabía cómo actuar, entonces ella se le acercó para que además del vestido, la juzgase también a ella.

—Eres preciosa.

Luís permanecía todavía con el bolígrafo y la carpeta habitual que le servía para anotar sus ventas, además de un montón de fechas, nombres y cantidades abonadas.

Ella le ofreció su mano acercándose más a él, que rápidamente se vio obligado a dejar libres las suyas para atender debidamente a su cliente. Este le tendió tímidamente su mano y por un momento ambos quedaron mirándose fijamente a los ojos, intentando descubrir cada uno el pensamiento del otro.

—¿Te apetece que tomemos algo…? —dijo Sonia.

Luís, poco acostumbrado a este tipo de invitaciones, quedó un momento pensativo, pero no se resistió a aprovechar la ocasión que le brindaba, excitado como estaba.

—Sí. Me apetece tomarte a ti —dijo tajante, aunque un tanto asustado. Perdón.

Al oír estas palabras, Sonia notó una especie de corriente que recorría todo su cuerpo, desde las partes más íntimas hasta la cabeza.

En este momento Luís la cogió por la cintura y se la atrajo hasta él, estrechándola cuanto pudo al notar que ella apenas ofrecía resistencia. Acercó sus labios hacia el cuello de la mujer, que presa de aquellas caricias se estremecía de placer.

—¡No!— decía, embriagada de voluptuosidad.

Luís la acogió con ambas manos acercándola tanto hacia su miembro, que ella empezó por hacer puntillas hasta que levantó los pies del suelo acoplándolos alrededor de la cintura del joven vendedor.

Él seguía descubriendo despacio, alrededor de su boca, que sin cesar emitía gemidos de placer.

—Espera—dijo Sonia en un momento en que su mente recordó que la puerta de la casa permanecía, como siempre, entreabierta y podían ser descubiertos.

—La puerta.—Volvió a repetir.

Y sujeta como estaba entre los brazos del joven, este se dirigió hasta la entrada de la casa que distaba escasos metros, atravesando el lujoso cortinaje que separaba una estancia de la otra y que ambos habían creído suficiente para permanecer ocultos a las miradas de cualquier inoportuno que se presentase.

—¡Estás loco!

—No, yo estaba cuerdo, eres tú quien ha despertado a la fiera dormida —alegó oportunamente el joven.

Quedaban solos y Luís no dudó en deleitarse con el apetecible pastel que aquella vecina, inesperadamente, le tenía preparado. A partir de entonces, Sonia descartó aquellas dudas que la mantenían indecisa. Solo había dado el primer paso.

Estas escenas continuaron produciéndose sin que nadie se enterase. Pero al poco tiempo, la confianza y la complicidad de los amantes hicieron que cierto día olvidasen precauciones. Cristian permanecía en la casa, a donde anticipadamente había acudido el autobús de regreso del colegio ese viernes, víspera de fin de semana largo.

A escondidas y sin proponérselo, el niño presenció aturdido y avergonzado, una escena en la que su madre se revolvía en su cama de matrimonio. Cristian extrañado de que su madre estuviese acostada a esa hora, ingenuo, se acercó despacio hasta la habitación de sus padres que, entreabierta, dejaba ver a su madre ligera de ropa que permanecía arrodillada en la cama, con palabras y gemidos que jamás había visto. Se asustó al ver que encima de su madre se movía un hombre que no era su padre.

Es ese momento el rubor de su cara se acrecentó pero tuvo suficiente cautela de no molestarles ni ser descubierto, y no por falta de ganas precisamente.

Permaneció allí unos segundos, los suficientes para asegurarse de que aquel señor que yacía con su madre no era su papá. Además, jamás recordaba el niño semejante escena, ni a semejantes horas. Su infantil y alegre mundo creyó desmoronarse en vista de lo que la vista le mostraba, incapaz de preguntarse su veracidad. Fue un corto pero traumático momento que tardaría en poder olvidar. Sus ojitos infantiles quedaron un momento sin parpadear, como fotografiando en su mente aquella escena que sin duda marcaría su infancia.

Aunque muy joven, Cristian quedó conmocionado tras el acontecimiento de aquel día. Nunca creyó oír de nadie semejantes gritos de gozo como lo hacía su madre con aquel hombre. Nada conocía de aquellos actos que entendía de mayores, pero tal fue el trauma que sufrió que optó por no comentarlo con sus padres, lo guardó secretamente.

No sabría contestar el porqué, pero nada comentó con nadie y solo su persona fue la encargada de recomponer aquella visión que alejaría para siempre el cariño de su progenitora. A partir de ese momento odiaba ser querido por su madre. Ella había sido capaz de engañar al bueno de su padre y también a él, y eso no cabía en una mente ingénua de apenas ocho años de edad.

Ese mutismo traumatizó al pequeño Cristian que, antes de la pubertad, había contrariado en su mente lo que iba descubriendo y que para nada encajaba con la noción de familia que tanto en la escuela como en el hogar se le había inculcado. Prefirió digerir en soledad aquel suceso. Posteriormente, adulto y a destiempo, pensó que hubiera sido correcto hablar el tema en familia. Pero la dirección del tiempo es creciente y nada podemos hacer para cambiarlo.

Creyó morir por momentos sabiendo que su madre les estaba engañando, a su padre y a él, pero había optado por el mutismo. Un silencio que comportaría serios comportamientos que le asustaba afrontar conforme crecía.

Cristian de repente se mostraba triste y enmudecido con todos, pero especialmente con su madre, que no tardó en intuir que su hijo la había descubierto.

Con el tiempo empezó a encajar las piezas de aquel puzle que tenía descolocado. Supo que su madre apenas tenía treinta años y su padre más de cuarenta y cinco. Veía y comprendía el modo de actuar de cada uno, viendo suficiente diferencia entre ambos. Sabía que su padre era bondadoso, trabajador, honrado y leal. En cambio fue averiguando el pasado de su madre, con el que apenas existía relación, y entendió que su vida difería de la que conocía de su padre. Esto evidenció su forma de ser, pero no justificaba para nada el comportamiento que Cristian había descubierto secretamente.

Se fue alejando progresivamente del cariño que Sonia intentaba prestarle desde ese día, pero que no resultó suficiente para que el niño lo olvidara.

Se involucró más a partir de entonces en los estudios, en las materias que le atraían, con sus profesores; en cambio no pudo hacer lo mismo cuando el profesor de religión explicaba los pecados de la carne, la necesidad y la justificación de la familia como base fundamental en el individuo; o de las obligaciones y preceptos que tenemos como cristianos. En cambio le atraían otras materias que de alguna manera justificaban mejor nuestro comportamiento como seres humanos. Le atraían las ciencias sociales, el Conocimiento del Medio; en cambio la Historia la impartía muy bien su profesora doña María Teresa Benedito porque no solamente se dedicaba a repetir hechos históricos y relevantes con sus fechas y personajes, sino que sabía hacerles entender que con el paso de los años, aparejados de sus censores, con toda seguridad, la realidad distaba mucho de lo que nos contaban ahora los libros. No obstante algunos hechos, tal como eran narrados daban a entender por sentido común, cuál sería su veracidad.

Allí comprendió las enormes corrupciones acontecidas durante siglos; las terribles injusticias que todavía se trataban de justificar, los imperdonables privilegios de que gozaban los gobernantes de antaño, los innumerables incestos, celibatos increíblemente aceptados, dando por hechos históricos magnánimos las increíbles relaciones habidas entre padres, hijas, familiares directos, desposando entre sí monarcas con el consentimiento eclesiástico que lo permitía a unos mientras castigaba por ello a otros.

Cristian aquí se encontraba a gusto y al tiempo que satisfacía su aprendizaje, procuraba apartar su trauma de niño.

El joven tenía buena relación con un tío paterno que desde siempre vivía en la ciudad. Poco a poco iba congeniando con el tío Salvador Ferrer Orduña que se mostraba cómplice con su sobrino y entendía las escasas posibilidades para progresar en sus estudios si continuaba en Parcent.

Salvador vivía en Alicante. Allí tenía mujer y dos hijas algo mayores que Cristian. Regentaba varios establecimientos, alquilados desde hacía tiempo, y se ocupaba de una inmobiliaria que le absorbía demasiado tiempo, por lo que tenía previsto delegar pronto a sus herederas. Desde siempre vivía en *la millor terreta del mon* y recordaba de sus padres la ascendencia de Orduña, así como la casa familiar cerca de la Sierra de Aitana.

Juan Orduña no quería que su único hijo les abandonara tan pronto, pero en medio de tanta ocultación, Cristian no esperó a que su tío Salvador insistiese dos veces cuando propuso a la familia que el joven fuese a vivir con ellos a la ciudad donde con seguridad destacaría en los estudios y donde tenía mejores posibilidades para su labrarse un futuro importante.

Pero la verdadera causa de desear marchar lejos del pueblo era aquel trauma que le había supuesto ver a su madre engañándoles con otro hombre. Aquello continuaba encubierto y el bueno de Juan permanecía alejado de los deseos y lujurias de su todavía joven esposa. Pudo más en ella la satisfacción corporal que el amor a su hijo, y el niño era consciente de ello. Consciente pero no transigente con la mentira, el engaño y la ocultación entre sus progenitores. No es justo —pensaba.

Sentados a la mesa los tres, abordaron el tema de la marcha de Cristian,

—Juan, ¿no crees que el niño aún es demasiado joven para marchar a Alicante?

Cristian permanecía expectante ante sus mayores, sintiéndose por fin protagonista. Él había llegado a construir una pared indivisible en la que él y su padre permanecían separados de Sonia.

—Sabes bien, Sonia querida, que por nada del mundo me apartaría de vosotros, y menos de nuestro pequeño. Pero veo una oportunidad que Salvador nos haya ofrecido su hospitalidad acogiéndole en su casa mientras dure el curso. Además, tampoco estamos tan lejos, le veremos cada dos o tres semanas, en Navidad, en verano…

—Entonces quedaremos muy solos los dos aquí en Parcent, —decía ella fingiendo una melancolía que ponía en duda su autenticidad, mientras Cristian lanzaba una mirada acusadora a su hipócrita madre.

—Prefiero este sacrificio a cambio de que mi hijo sea alguien de provecho el día de mañana.

Cristian permanecía en silencio, a sabiendas de que ahora su madre aprovecharía para dar rienda suelta a sus caprichos amorosos que, aunque a escondidas, continuaban.

Él veía a ambos progenitores y sentía lástima y orgullo a la vez por su padre, tan audaz y valiente en el trabajo, pero ciego ante su elegida esposa. Sentía pena al tener que separarse de él, pero le reconfortaba la idea de tener lejos a su madre y no tener que soportar por más tiempo aquella farsa, acatando las mentiras con que nutría su madre como respuesta a las preguntas de su padre.

—Si pudiese llevarme a mi padre conmigo…—pensaba el joven.

—Mamá —dijo por fin Cristian—, yo también sentiré vuestra ausencia, pero prometo escribiros cada semana, y no dudéis en llamar por teléfono, papá —dijo dirigiéndose con mirada enternecida hacia su padre—. Necesito escucharos.

A continuación Cristian se sonrojó y de sus mejillas empezaron a asomar lágrimas. Sentía vergüenza de aquella mujer. Continuaba sin comprender cómo ella podía ser feliz a expensas de los dos. Su madre, su amor primero, su amor de infancia, ¿Cómo era capaz de hacer aquello? Continuaba sin comprenderlo todavía. No podía perdonarle pero entendía que no era a él a quien correspondía perdonar.

Después miraba a su padre con el rostro cetrino, con algunas arrugas consecuencia de su rutinario trabajo para el sustento de la familia. Pobre, —pensaba. Y volvía a llorar a solas.

Cuando veía su ingenuidad sentía la necesidad de contar todo cuanto sabía a su padre, pero su adelantado pensamiento retrocedía y entendía que él aun era demasiado joven para entrometerse en los asuntos de mayores en un tema tan delicado. Tiempo habría de que aquello saliese a la luz. Además su revelación no haría más que entorpecer todavía más la relación familiar. Él no sería revelador de aquel escándalo secreto. Sentía compasión por su padre a la vez que crecía el amor y afecto hacia su persona al tiempo que decrecía hacia su madre.

Juan abrazó a su hijo entendiendo que la procedencia de aquella congoja era solamente el tener que separarse de ellos.

—Papá —le dijo—, cuídate mucho.— El joven se abrazó a él como nunca lo había hecho.

—Te echaré mucho de menos.

4

❖

A principios de septiembre Cristian partió hacia Alicante con casi todas sus pertenencias. Aquel día había llegado a Parcent el tío Salvador con su automóvil. Sus padres permanecían muy unidos en la despedida de su hijo. Cuando Cristian se despidió de Sonia, esta se agachó hasta alcanzar la altura del niño. Entonces este la abrazó y le susurró al oído:

—Mamá, ¡cuida mucho de papá!

Sonia no pudo esconder una lágrima que se apresuraba a secar con el pañuelo que siempre tenía a mano.

El automóvil se fue alejando y el matrimonio permaneció por un momento pensativo. Juan cogió por la cintura a su esposa y la besó en la boca. Ella accedió sin tapujos; había sabido complacer a su marido para que en todo este tiempo nada sospechase de ella. Juan ahora quería refugiarse más que nunca en ella, a la que adoraba.

Su casa estaba muy bien situada en el municipio, tanto por el enclave como por la orientación que la hacía soleada en el frio invierno, y agradable durante el verano. Había pertenecido a su familia desde tiempo inmemorial, y allí había vivido algunos años solo, hasta que se casó con Sonia, su único amor.

El edificio constaba de dos plantas, siendo su fachada de las más relevantes del municipio. Se podían observar detalles de su primitiva construcción, con sillares de piedra caliza, con arcos simétricos a ambos lados de la entrada principal que albergaban cada uno las ventanas de las habitaciones. Hacía chaflán con la calle Oriol, en cuyo vértice sobresalía el artesonado de su robusta y primitiva construcción, acoplado perfectamente desde el suelo hasta el elevado tejado del que sobresalían las robustas vigas de madera noble que servían de resguarda a la fachada de la intemperie, así como para alertar al curioso paseante de su majestuosa construcción.

El suelo irregular del municipio propiciaba que la casa estuviese sobre elevada respecto de la calle, por lo que disponía de una noble escalera de cuatro peldaños que continuaban siendo los originarios, así como la regia baranda a ambos lados, que conducían a un rellano antes de la puerta principal que empezaba plana en la calle Oriol y que en la calle Porxet, mostraba su mejor vista.

Su ancha fachada coincidía con su interior recio, con sus habitaciones a ambos lados. Su espacioso comedor albergaba la parte central de la vivienda, recibiendo suficiente luz de la parte sur donde quedaba un espacioso local, aprovechado antaño para la caballería, con su acceso desde la calle Oriol, adecuada todavía con una piedra sillar a cada lado para encauzar el paso de carreta y caballo que en otra época había sido habitual. En el final de aquella entrada había espacio suficiente para poder albergar todos los utensilios de labranza que aquella casa requería, así como a varios animales de labranza.

El comedor tenía dimensiones excesivas, por lo que se había adecuado cerrando su entrada desde la calle con un lujoso cortinaje que lo aislaba del exterior cerrado por unas enormes puertas de excelente mobila vieja. Además se había colocado muy acertadamente otra puerta vidriera que lo separaba de las demás estancias. El suelo, desde la entrada de la casa, estaba pavimentado con baldosas hidráulicas que, relucientes, engalanaban la estancia.

En el centro y a la derecha del mismo, estaba la imponente chimenea, en cuyo frontal existía una excelente pintura al fresco del ilustre pintor ribereño que fue José Estruch, oriundo de Manuel (Valencia), titulada: Santa Úrsula, sin duda una de las joyas de la casa por su excelente estado de conservación.

A ambos lados de ella adornaban dos preciosas alacenas de madera noble que, a juego con el color y diseño de las vigas del techo y las puertas, hacían una estancia agradable. Remataba aquella arquitectura el suelo con sus baldosas de mosaicos, coloridas, elegantes y en buen estado. Las habitaciones permanecían algunos centímetros elevadas del resto de la casa, como dejando entrever que eran espacios diferentes, así como su pavimento. Cada una permanecía con su cerrojo y su llave desde siempre, ofreciendo cierto aire de aislamiento. En el centro del comedor había una majestuosa mesa capaz de albergar a veinte personas, aunque era usada cotidianamente y sin protocolo alguno. Permanecía en inmejorable aspecto a pesar de su antigüedad.

Frente a la chimenea colgaban algunos lienzos de antepasados que Juan se había encargado de reunir y conservar antes de su abandono por parte de sus arruinados parientes, así como de ir añadiendo cada cierto tiempo los nuevos rostros en los lienzos, siempre de manos de afamados pintores, para que perpetuasen su memoria.

Su espaciosa cocina contenía los menesteres que la vida actual requería a la vez que conservaba algunos detalles antiguos que solo adivinaban los más curiosos.

Para acceder a la primera planta había dos escaleras: una que se accedía desde el exterior, y otra, sin duda más utilizada que empezaba en la esquina frente a la chimenea, con una ligera curva en el centro, presentando los azulejos de Manises en los peldaños y rematados por un ángulo de madera noble que resaltaba e incitaba su uso facilitando el ascenso mientras se contemplaban los detalles. Era ancha, vistosa y alegre, con un pasamanos visible desde su inicio hasta el descansillo, pues a partir del rellano continuaba en sentido inverso presentándose más ostentosa y agradable.

El matrimonio ocupaba las dos habitaciones principales, quedando el resto deshabitado, recordando solo en el pensamiento el pasado esplendoroso que allí se vivió.

En la esquina de la fachada principal había una fuente, peculiar por su diseño, que hacía las delicias de los transeúntes en el verano, aportando el agua fresca procedente de las entrañas de la sierra, acumulada en las montañas cercanas y procedentes de las nieves del invierno. Esta fuente era independiente de la casa y se aseguraba que era canalizada desde la Sierra de Aitana, herencia y privilegio sin duda establecido por algún antepasado. Se comentaba que antiguamente aquella fuente había pertenecido al vecindario, pues estaba en la calle Oriol, pero por una reciente urbanización quedó instalada en el interior de la casa de los Orduña que al remodelar la infraestructura del municipio, habían adquirido metros suficientes para alinear la fachada y dar acceso a aquella calle.

Desde antiguo, la casa poseía comunicación con una huerta lindante que actualmente se encontraba dentro del casco municipal. Allí solían cosechar hortalizas y algunos árboles frutales capaces de ofrecer sus frutos durante todo el año, aunque el crudo invierno de la zona no se ofreciera benévolo.

Allí permanecía el matrimonio, ahora solo, cuando su hijo decidió marcharse. Solamente Juan era el que estaba convencido de la conveniencia de aquella dura separación, mientras que su esposa imaginaba el motivo real de la misma. Tan ciega estaba con su lujuria y su hipocresía que había cedido prefiriendo ocultar a su marido aquel secreto y seguir siéndole "fiel" a los ojos de casi todos.

Algún tiempo después la gente del lugar empezó a rumorear más de lo habitual y finalmente Juan se enteró de lo que deseaba evitar: ser fuente de comentarios, fuera y dentro del pueblo. Tanto la quería que esperó sigilosamente el enfrentarse a su mujer hasta que no pudo evitar ser el personaje del que casi todos hablaban, incluso los más atrevidos en sus propias narices.

—Sonia, tenemos que hablar —dijo él.

—Pero querido, ¿es que no hablamos lo suficiente?

—No —dijo ahora secamente.

Ante aquella mirada intimidatoria de Juan, ella tuvo miedo y dirigió la mirada, instintivamente, hacia el suelo.

—Jamás imaginé que mi honor y mi reputación fuese el comentario de la gente.

Ella pretendía permanecer extrañada pero no lo lograba.

—Y todo por ti —dijo cada vez mas enfurecido.

—¿Crees que merezco esto? — dijo después de observar la cara de su consorte—.Di, ¿merezco ser humillado de esta manera? Ni mi conciencia está tranquila por más que convenzo de mi inocencia… Quizás esta inocencia ha sido la causa de todo esto.

—Pero, Juan, —continuaba ella aparentando sorpresa—. ¿De qué hablas?

Él seguía ensimismado, como si no la oyese ¡Tanto tiempo había esperado!

—¿Crees acaso que ignoraba la falta de cariño hacia mí y hacia nuestro hijo? ¡No! He hecho la vista gorda durante años para no ser el escándalo y la vergüenza de la familia. Pero te he querido tanto que ese amor hizo que otorgase sin recriminarte nada, con tal de tenerte… De nada ha servido más que de afianzarte en tus devaneos.

—Juan, yo te quiero. Siempre te he querido, ¿porqué hablas así?

—Hablo como debía haberlo hecho hace años. No has actuado bien, Sonia. No mereces perdón, y de sobra sabes a qué me refiero.

Ella, inquieta, no encontraba ni el lugar ni las escusas donde refugiarse. Intentaba mirarle a la cara pero de nada servía ahora.

—¡Ven! — le dijo ella—. Tu enojo te puede perjudicar, sabes que no te conviene...

Pero Juan la cortó. No podía cesar hasta descargar cuanto llevaba en su pensamiento.

—No te preocupes por mi corazón. Ahora descansa tranquilo, lo peor ya pasó. Él me frenó cuando tenía la duda entre el amor y la venganza, porque eso es lo que merece una mujer como tú: venganza.

Sonia permanecía apoyada con una mano en la antigua mesa del comedor mientras miraba de reojo los pasos que su marido daba de un lado a otro de la estancia. Cuando él intentaba mirarle fijamente a los ojos, ella dirigía su mirada hacia el pintoresco y colorido pavimento de la casa.

—He pensado mucho en abordar esta situación, esperando que fueses tú quien la iniciase, y recordaba siempre a Cristian que perdió el amor de madre hace tiempo, pero no quiero que me pierda a mí.

Ella, con una remota esperanza de que su fiel esposo enfocase aquel enfado por otro motivo, trataba inútilmente de desviar su atención.

—¿Eres consciente del daño que le has hecho a esa criatura? Tú eres la causante de que no esté con nosotros. ¿Cómo vas a excusar eso? Eres su madre, el amor en el que se asientan todos los demás. Se lo leo en su cara.

Sentía nostalgia pero le podía más su ira, incapaz de dejar que ninguna lágrima asomase en su rostro.

En ese momento Sonia se acercó hacia el lugar que ocupaba Juan e intentó cogerle del brazo en señal de resignación. Pero esto en lugar de acallarlo provocaba lo contrario; su agitación tomaba límites insospechados en una persona tan apocada como era él.

—No me toques.

—Pero Juan, explícame tu ira. Sentémonos a hablar como personas sensatas y civilizadas que somos.

—Es que ¿no estamos hablando ya?

—No. Estás hablando tú solo.

Sonia, desde que se casó había perdido el contacto con su padre, Felipe y con la familia de su mujer. Solamente en contadas ocasiones solían verse en celebraciones importantes. Su padre, Felipe Gilabert, envejecía y había preferido que la relación con su única hija se enfriase antes que la de su actual esposa y familia. Quedaba pues muy lejos el cariño mutuo que se habían tenido cuando ella era pequeña y vivían en Beniardá con su verdadera madre. Sin duda aquel trauma de perder a su madre siendo aún muy niña, la afectó de tal manera que forjó una mujer con escasos escrúpulos, consecuencia de aquel apoyo natural que le faltó. Su juventud estuvo llena de altibajos constantes, de los que precisamente ahora empezaba a darse cuenta cuando ya era tarde para rectificar.

Mientras su marido se desahogaba con desenfreno, ella en un momento recordaba su infancia; todos los acontecimientos que la habían traumatizado y que sin duda habían tergiversado su camino, del que tampoco se sentía avergonzada. Simplemente estaba convencida de que su conducta, la que su marido le estaba reprochando, quizás estaba influenciada con sus seres queridos, de los que se sintió desprotegida y sin duda cambiaron su percepción de la vida, llegando a hacerle insaciable cuando descubrió el amor.

Pensaba también en Juan, el que le imponía respeto, pero solamente un respeto social y visible y que no pudo vencer a la lujuria que sentía con otros hombres. Lo reconocía. A él le quería, le necesitaba, le asustaba perderle por la seguridad que le suponía. Lo demás era puro deseo y así se había acostumbrado a vivir. No obstante, era consciente de que aquella situación debía terminar. O cuanto menos regularizarse.

Juan no paraba de hablar, pero, como tantas veces, cada uno tenía la mente en un lugar diferente. Pensó que la mejor manera de solucionar aquella situación era la calma. Después de tanto tiempo simulando y disfrazando situaciones, ¿qué más daba seguir así?, ¿le perdonaría?, no lo sabía. Era cuestión de intentarlo, pero en otro momento; ahora la situación era inabordable. Su marido era muy paciente, tardaba en explotar, pero era temible cuando barruntaba tormenta.

Cuando Juan cesaba en la furia de su conversación, creyó oportuno hablarle.

—Juan, no te falta razón.

Tan agotado estaba que ya no le quedaban fuerzas ni para mirar a su esposa.

—Te pido perdón. No he sido una buena esposa, ni tampoco…— estas palabras le costaban pronunciar— ni tampoco una buena madre. Lo reconozco —dijo al fin—.

Ella miraba el efecto que sus palabras producían en él.

—Pero soy una persona que piensa que hasta las peores situaciones tienen solución.

—¡Solución! —dijo él gritando y fuera de sí.

—Si Juan.

Este se había sentado y ella aprovechó para acercarse.

—Merezco ser castigada. Puedes hacer conmigo lo que desees: insúltame, pégame, despídeme de tu casa, todo lo merezco. Todo —recalcó más relajada—. Pero recuerda que yo te quiero.

—Si eso fuera cierto, no buscarías placer en otros.

—Olvídalo. Yo te quiero, y el amor que te tengo, nada tiene que ver con mis pecados.

—¡Pero tú no has sido fiel!

—Porque el miedo y los tapujos me hicieron actuar así. No sé cómo te lo puedo explicar.

—Tonterías.

Juan se levantó pausadamente y fue directamente al armario donde guardaba licor y cogió una botella de brandy. Vertió inconsciente el preciado líquido en una copa que no tardó en saborear. Quizás la compañía del licor le hiciera más soportable aquella situación, como ocurría otras veces.

—Te pido perdón. Sé que te será difícil, pero ¡perdóname!

El poder de seducción de Sonia pudo más que el odio que Juan sentía hacia ella.

El matrimonio habló largo y tendido sobre el comportamiento de la esposa y de la repercusión que ello tenía en su hijo Cristian. Era difícil contemplar aquella mujer sin sentir la misma sensación que le causaba al principio de su relación. Todavía era bella. Sus ojos rebosaban sensualidad aún en delicadas situaciones como esta, y es que su figura, su talle, toda ella era seducción. Incluso ahora que le pedía perdón estaba hermosa. Su cuerpo parecía estar hecho para amar, lástima que no se hubiera equiparado la balanza del destino y hubiese habido un lugar importante para la familia, para su hijo.

Ambos hablaron llanamente de la conveniencia de ocultar y enterrar el pasado y enfrentarse con optimismo al futuro. Pasaron varias horas tratando de dejar las cosas en su sitio y convinieron en continuar bajo el mismo techo; hacer vida pública conjunta para acallar a la gente. El punto final de aquel día cargado de ira y desasosiego tuvo lugar en la habitación de matrimonio cuando los dos, olvidando lo pasado, rendidos, se entregaron mutuamente como no sucedía desde hacía tiempo.

5

Sonia supo dejar satisfecho al varón que tenía por marido apartando, al menos de momento, aquellos pensamientos deshonestos que la embriagaban. Todo su poder de seducción lo ofreció a Juan que por un momento llegó a pensar que tenía en sus brazos a la mujer que conoció hacía diez años.

El matrimonio continuó viviendo con toda normalidad, aparentemente, pero no lograban que Cristian decidiera volver para siempre con ellos al pueblo. Sus visitas se fueron espaciando cada vez más y cada uno de los tres llevaba una vida diferente a la que ofrecían al mundo.

Sonia alternaba la vida marital con puntuales infidelidades que ocultó cuanto pudo mientras su cuerpo apetecía. El bueno de Juan finalmente había otorgado con aquellos deslices que suponía en su esposa, consciente de que la alternativa era quedar de nuevo solo en aquella casa, que parecía que le venía grande cuando su mujer se ausentaba. En cierta manera vivía feliz, con la nostalgia de creer perdido a su hijo. En cierta manera había sido egoísta y escogió el camino fácil que consistía en hacer oídos sordos, vivir la vida con las circunstancias que esta le proporcionaba y sentirse amado por aquella mujer que sabía proporcionarle felicidad.

Poco a poco, Sonia fue adquiriendo seguridad y fortaleza en sí misma, creándose respeto a su alrededor. Se había aficionado a la lectura, y esto le abría caminos en muchos aspectos. Supo pulir su carácter y su personalidad. Su marido había comprado recientemente un utilitario que quedaba aparcado en el garaje la mayoría de los días, al preferir el todo terreno para adentrarse en la mayoría de parajes inhóspitos donde poseía algunas de sus propiedades.

Su situación económica era buena y no dudaban en enviar puntualmente dinero para los estudios de Cristian, a pesar del continuo rechazo que este ofrecía. El joven ansiaba ser ya autosuficiente, pero era demasiado joven aún.

La principal actividad y ocupación de Juan era la agricultura. Disponía de varias parcelas de olivos centenarios de la variedad arbequina que producían un aceite excelente. Sus dominios se ofrecían desde Benilloba, cerca de Cocentaina, Confrides, Penáguila y Planes, los cuales los heredó de su línea materna. Pero los mejores campos los dedicaba al cultivo de la viña en los parajes de Callosa d´En Sarriá, Tárbena, Les Fonts del Algar y Guadalest, localidad donde poseía algunas fincas con sus respectivas masías de antaño que en la actualidad servían solo de almacén para la maquinaria y como vivienda de algún asalariado que decidía pasar temporada allí ahorrándose el desplazamiento diario, a la par que mantenía la casa.

Una de estas masías albergaba la bodega, tal cual la habían iniciado sus predecesores. Poco a poco iba logrando que sus viñas generasen un vino de óptimas cualidades, por lo que estaba inmerso en proceso de reconversión del vino convencional a "ecológico", lo cual requería numerosos procesos burocráticos y prácticas para lograr su denominación definitiva. Entre tanto, el vino tinto que salía de su bodega era muy apreciado en las localidades comarcales: Alfás del Pí, Altea, Benidorm, Villajoyosa y Alicante, donde no faltaban clientes de restauración que reservaban con un año de antelación aquel exquisito vino que los comensales requerían.

Juan se encontraba ilusionado con aquel proceso para conseguir vino ecológico, entendiendo que suponía dar un paso más y reducir la oferta, confiando que los precios compensaran aquel esfuerzo. Eran más de tres años esperando pacientemente cumplir estrictamente los exigencias que España y Europa requerían. Era consciente de que para alcanzar ese escalón más en el producto, pocos eran los que se arriesgaban hasta ahora y que llegado el momento, su producto tendría asegurada una venta digna, distante del rutinario precio que desde siempre tenía el vino y que tanto abundaba. Aspiraba a más.

Aquella transformación requería algunos cambios importantes. Hubo de tratar con ganaderos de distintos lugares para asegurarse un estiércol de calidad con el que abonar sus campos. Esto llevaba asociado un aumento en el costo de producción, que esperaba ver recompensado.

Los abonos tradicionales quedaban eliminados y por tanto necesitaba mejor maquinaria, homologada, para su mejor incorporación en el suelo. Los tractores rudimentarios podían contaminar también el medio ambiente. Era un cambio sofisticado y controlado por la administración. Cambió los tractores con nuevas y mejores prestaciones que él mismo se encargaba de manejar.

Pero todo este proceso necesitaba un reparcelamiento; necesitó agrupar sus fincas para poder ser rentables, tarea nada fácil. Juan poseía numerosos predios de tierra pequeños que no reunían las condiciones necesarias para el proyecto. Tuvo que plantearse vender y alquilar, y con su beneficio adquirir otras lindantes a las suyas y de mayor extensión, para que la mecanización resultase rentable.

En la parte cercana al Mediterráneo tenía varias viñas que producían un" moscatel" de buena calidad y optó por continuar cosechándolo por saber privilegiada la zona por su microclima que por su brisa marina saludable, conseguía una mistela de excelente calidad. Un vecino, cansado de ver sus campos yermos y sin ayuda de nadie, le ofreció unas parcelas adyacentes que tenía dedicadas a la viña emparrada, de una variedad que proporcionaba buenas cualidades de conservación y alargar su recolección hasta finales de diciembre, y Juan optó por seguir esta línea y de esta manera lograría tres fuentes de ingresos diferentes: la principal destinada al vino ecológico. El moscatel que requería otro sector de público convertido en mistela. Y finalmente, en el terreno del emparrado o espaldera lograría una clientela de consumo en fresco en una época tardía donde serían pocos los proveedores. Además contaba con el aceite de oliva, otra fuente importante y segura de ingresos también.

No estaba mal el enfoque que nuestro hombre había tomado en sus posesiones, capaces estas de robarle cuanto tiempo quisiera dedicarle su propietario. Siempre recordaba con nostalgia que su hijo podía estar a su lado en aquella empresa y… —entonces su semblante cambiaba y procuraba ocupar su mente en otros menesteres. ¿Y si algún día cambia de opinión y decide por fin volver con su padre y recuperar lo que sin duda será suyo? —Pensaba él sin perder la esperanza—. De esta manera su ocupación era constante. En el invierno había que podar todas las viñas y también los olivos, aunque esta puede demorarse hasta la primavera. En primavera se abonaba con la ayuda de la maquinaria. En verano había que estar muy alerta ante las posibles plagas o enfermedades que suele presentar la viña, labrando sin cesar el suelo cada vez que una tormenta o la agradecida lluvia les sorprendían. Entonces había que actuar con ligereza por la rapidez con que el calor evapora la humedad del suelo. Cuanto más removía el suelo de la vid, más tiempo duraría la humedad en la tierra y mejores cosechas obtendría.

Con el final del verano y el otoño llegaba la época de más ajetreo: la esperada vendimia. El vino ecológico no requería de maquinaria para su recolección, al menos los primeros años, sino que había que proceder manualmente para aprovechar al máximo la calidad de la uva. Había jornadas que precisaba su recolección por la noche, evitando las altas temperaturas diurnas que podrían alterar su proceso posterior de elaboración.

Una vez terminada la vendimia, continuaban con el laborioso proceso de obtención del mosto y el exigente cambio del líquido en diferentes barricas de roble, a temperatura constante para lograr la máxima calidad, que solo un buen enólogo conoce a la perfección. Era su secreto.

A la par comenzaba la recolección de la aceituna, que se iniciaba con la verde y finalizaba entrado el año nuevo, según climatología.

Juan era un hombre respetado, tanto por su carácter con los demás agricultores como por los comerciantes de la zona que conocían sus haberes y sus productos. Con todos simpatizaba lo suficiente para ofrecerse mutuamente ayuda, bien si el año ofrecía merma para el productor como para el comerciante. Era su manera de ser, y esto hacía que hubiera buen nexo de unión en las distintas bodegas y almazaras que visitaba.

El todoterreno era su medio favorito de transporte, y procuraba que semanalmente no le quedase ninguna propiedad por visitar. Siempre encontraba algún motivo, alguna justificación para obligarse a arrancar el tractor y rematar algún recodo de campo que con toda seguridad se le despistaba a su trabajador de confianza; algún sarmiento que había quedado sin su poda en verde…. Tenía ese orgullo de meter manos a la obra sin recriminar nunca al trabajador por aquellos puntuales olvidos. Él era feliz y necesitaba este tipo de pretextos para subir al tractor y ensuciarse del polvo que producía al remover el reseco terreno arcilloso en el cálido verano.

De esta manera, el Renault que quedaba en casa solía utilizarlo Sonia. Con él disponía para desplazarse a hacer sus compras a la vecina Benissa; también solía visitar a su hijo y a su familiar en Alicante y últimamente había visitado a su padre, enfermo, en Monrabal en uno de los viajes que había acudido con su marido a las fincas de Confrides y Guadalest.

Matilde esta vez se mostraba atenta con el matrimonio, aunque a Sonia no le pasó por alto que tanto cumplido no respondía más que a la enfermedad de su marido y a la ayuda que ahora esperaba recibir.

—¡Sonia, cuanto tiempo, hija mía, abrázame! —dijo su madrastra al verla.

Ella obedeció por cumplido que no por gusto ante aquella demostración hipócrita de ternura hacia su persona.

—Tu padre, hace tiempo que te nombra sin cesar —dijo Matilde hipócritamente.

—No me extraña —contestó Sonia, conteniendo el final de la frase.

—Pues ya me tienes aquí, yo también quería verte. El viejo quería recuperar ahora todo el cariño que había evitado desde que conoció a su madrastra. En sus palabras se adivinaba arrepentimiento, mostrado a destiempo

Juan quedó hablando con su suegro, el cual a pesar de permanecer en la cama hacía intención de levantarse.

—Felipe, sabes que el médico te ha ordenado reposo hasta que te encuentres mejor —dijo presurosa su esposa. Y acabando de decir esto, cogió a Sonia amablemente del brazo indicándole que salieran de la habitación.

—Tu padre está muy enfermo.

—¿Qué le pasa, Matilde?

—Con seguridad no lo sabemos, pero unos análisis indican que posee nódulos en el intestino… y quizás necesite intervención. Sus dolores van en aumento y muchas noches le es imposible descansar.

—¡Pobre papá! —dijo Sonia con cierta indiferencia.

—Los nuevos avances en la medicina han instalado en el mejor hospital de Valencia la "Bomba de Cobalto", que es la única y mejor esperanza de recuperación en estos casos.

—Está en el hospital "La Fe" —dijo Sonia conocedora.

—Sí pero en nuestra situación no podemos permitirnos ese gasto. Tu padre hace mucho tiempo que dejó de cotizar a la Seguridad Social. Sonia imaginaba aquella situación, permanecía en silencio mientras pensaba que aquella bruja estaba a punto de pedirles, a ella y a su marido, ayuda económica para su aquejado marido. Sentía pena por su padre pero su alrededor la había perjudicado tanto que nada suavizaba su sentimiento.

Sonia, en un momento, mientras aquella mujer contaba y recontaba sus penas, pensaba en el tiempo transcurrido, en el escaso contacto y en el olvido que les habían tenido, y que ahora exageraban acordándose de ella, después de haber consentido todo a su amado Víctor, incluso desahogando su lujuria con ella, ignorando todo…

En cambio consideraba a su marido el mejor de los logros; la mejor decisión que había tomado era haberse unido a Juan. Él la había sacado de aquella lacra de sanguijuelas egoístas que solo buscaban su conveniencia y que a punto estaban de volver al pasado si Felipe moría.

Aquel sí que era una bellísima persona. Recordaba que por sus debilidades habían estado a punto de dar al traste con el matrimonio y de perder a su hijo Cristian, y nada peor que eso le podía suceder. Sí, estaba orgullosa del marido que tenía y nada ni nadie iba ahora a reblandecer su conciencia.

Ella también tenía problemas y a nadie culpaba por ellos, no estaba dispuesta a cargar con más peso del que tenía y menos aún a obligar al abnegado de Juan con algo con lo que nada le unía, siendo así que hasta entonces poco o nada se habían preocupado por ellos. Su situación se la había buscado ella y solo ella sin ayuda de nadie. Sentía mucho la enfermedad de su padre y no le deseaba nada malo, pero ahí tenía a Matilde para cuidarle, como hasta entonces. Si había exprimido lo bueno, bien estaba que soportara también lo malo.

Pensó que la poca herencia que tenía de su madre en Beniardá y la de sus abuelos en Benifato había desaparecido y solo ellos la habían disfrutado, nada habían compartido con ella excepto su renuncia, a escondidas, del testamento. Sin duda el hipócrita de Víctor había obtenido mayor beneficio que ella que era la heredera directa, aunque nada reprochaba. Ahora, mientras Matilde continuaba hablando y de vez en cuando secaba alguna lágrima con el delantal que eternamente llevaba puesto, Sonia se dirigió de nuevo a la habitación donde permanecían su padre y su esposo, y con un leve guiño de ojo indicó a su marido que debían marchar.

—Pero Sonia… —contestó ingenuamente Juan—.

—Es tarde y debemos volver a casa. La temperatura está bajando, está oscureciendo y no me gusta conducir en estas condiciones —dijo tajante Sonia.

Seguidamente se acercó hasta el sillón donde permanecía sentado su padre y acarició su cabeza con gesto de cariño.

—Me alegro mucho de verte, a pesar de saber que hoy estás un poco decaído. Este tiempo no es el más adecuado para el dolor. Ya verás que con la llegada de la primavera mejorarás, estoy convencida. Felipe quedó mirando plácidamente a su hija y comprendió a la perfección aquella actitud de su hija. Nada debía reprocharle y se limitó a mostrarle una leve sonrisa abrazándola como desde mucho tiempo atrás no lo hacía.

—Cuídate papa.

—Y vosotros, hijos míos, cuidaros —dijo Felipe con lágrimas aflorando en sus ojos.

Él sabía a ciencia cierta que esta sería la última vez que vería a su hija. Recapacitó y pensó por un momento en su madre, en su nacimiento, en la desgracia que había supuesto enviudar tan pronto y comprendía que todo su esfuerzo había recaído en aquella casa de Monrabal donde ahora vivía, que ni siquiera era suya. En aquella angosta morada de la calle Honda tenía depositados todos sus esfuerzos, su economía y casi su vida. Obligado y justo era que terminase allí sus días. Miró a la cara a Matilde y ella le devolvió el gesto intuyendo que nada había conseguido queriendo intimidar a su hijastra. Felipe ofreció una leve sonrisa de complicidad que su hija entendió antes de marchar.

Sonia salía de aquella casa con la conciencia tranquila mucho más tranquila que cuando la abandonó hacía de esto más de veinte años, siendo una jovencita ignorada, porque apenas ocupaba un segundo plano en aquel lugar.

Antes de salir a la calle tuvo suficiente valentía de preguntar a Matilde por su hijo Víctor, más por recordarle que era su ojo derecho que por la necesidad de saber de su vida.

—Vive en Alcoy hace años. Allí se casó y tiene dos hijas preciosas —argumento satisfecha aquella.

Sonia dejó que Matilde esparciera sus palabras en el aire procurando que este sirviese de obstáculo evitando que su eco llegase a sus oídos. Y así fue, aquella mujer debería de ser tonta para no evidenciar que ella solo había querido recordarle que tenía un hijo y una familia que adoraba y a la que también podía acudir en caso de necesidad.

Una vez en la calle, Sonia cogió del brazo a su marido, ante la atenta mirada de su madrastra que permanecía en el quicio de la puerta, con una mano secando la otra con su eterno delantal que ofrecía las veces de seca manos.

Aún tuvo valentía de saludar a la pareja mientras estos llegaban al automóvil, cruzando ambas su mirada. Con el gesto de la mano en la boca, aquella mujer enviaba besos al matrimonio. Sin duda había entendido bien el mensaje de la hija de su marido.

Con resignación soportó la larga enfermedad de Felipe, al que de vez en cuando volvían a visitar.

Finalmente una madrugada, el sonido del teléfono de su casa en Parcent les despertó. Era la esperada noticia de que Felipe había fallecido. Esta ocasión sirvió de reencuentro del matrimonio con Cristian que al ser avisado, acudió junto a sus padres al funeral de su abuelo materno.

Esta experiencia consolidó el matrimonio entre Juan y la extrovertida de Sonia. Este comprendió que aquel día en que visitaron a su suegro, su mujer le había dado una buena lección, tanto a él como a su padre y a su madrastra.

Él entendió que defendía prioritariamente la postura de su matrimonio que el lazo de sangre que rodeaba a su padre. Supo evitar a tiempo que su bondad declinara a favor de quien los tuvo ignorados muchos años. Además supo manejar bien el asunto, casi tan bien que estuvo a punto de no enterarse, dado su carácter demasiado compasivo. Aquel guiño de ojo hacia él evitó que parte de las ganancias de sus productos formaran parte de la enfermedad de una persona que lo poco que tenía lo ofreció a aquella familia. A partir de entonces, Juan se enorgullecía de poseer una mujer tan valiente como tenía.

Pero no fue todo positivo en el seno del matrimonio, Cuando llegaban las vacaciones de Navidad, Cristian, casi obligadamente, volvía al hogar con sus padres, pero tanta y tan profunda había sido la huella que su madre había hecho en el pequeño Cristian, que no podía olvidarlo a pesar del mucho tiempo transcurrido. Adivinaba desavenencias o actos impuros en su progenitora, aún sin haberlos. Cada estancia en Parcent era más corta y deseaba con ahínco que llegara pronto el día de su partida hacia Alicante, a la que consideraba ya como su casa.

6

Las personas jóvenes superan pronto la mayoría de las situaciones que al adulto le suelen perdurar. El joven pronto tendría amigos y amigas íntimas que coincidían en las aulas y en los deberes que la harían olvidar aquella pesadilla del pasado que tanto le afectó. Para nada reprochaba él a sus padres porque se daba cuenta de que su separación conduciría a que su futuro podía estar entre libros, en la universidad, o quién sabe si como maestro, médico o arquitecto.

Sus tíos Salvador y Rosaura ejercían como sus tutores y como tal acudían periódicamente al instituto para informarse del avance en los estudios de su sobrino. Siempre salían del aula de tutoría, tras atenderles el titular, con cara de satisfacción; su semblante era alegre después de oír al maestro de Cristian contar el progreso en matemáticas, historia, filosofía o literatura. Nunca habían tenido aquella satisfacción cuando, en circunstancias similares habían acudido a enterarse de las notas de sus hijas.

Pero el joven, al llegar a la pubertad y a la adolescencia tenía algunos reparos que guardaba para sí mismo. Cuando quedaba alguna vez a solas con alguna compañera amiga solían comentar algunos trabajos en común y dudas en apuntes que solían tomar de algunos profesores. Y él notó que no era lo mismo quedar a solas charlando con una amiga que si lo hacía con un muchacho, a pesar de ser ambos los mismos compañeros y amigos. Se intimidaba demasiado.

Cierta vez, cuando tenía catorce años, Ester, una compañera de estudios tomaba nota de algunas aclaraciones que Cristian conocía sobradamente. Esta, al finalizar la última hora de clase y disponerse a salir del instituto le llamó:

—¡Cristian, espera!

Él como siempre, la esperó. La muchacha, aunque igual en edad ya poseía el encanto que adquieren las jovencitas que, aún siendo niñas, muestran sus encantos antes que los varones, como es el ser coqueta o presumida, emergiendo sin querer sus incipientes senos, su piel tan tersa como el mejor pétalo de una rosa, o su cinturita que ya empieza a dibujar el cuerpo que pronto atraerá a los chicos.

—Gracias —dijo Ester con educación y una sonrisa en la comisura de sus labios—. Creo que me podrás ayudar a solucionar unas dudas que tengo en la asignatura de don José Santandreu; quiero aprobar el examen de pasado mañana —dijo con la respiración todavía cansada, debido a la carrera que hizo para alcanzarle moviendo graciosamente sus pechos al compás de la respiración.

—Claro… enseguida ¿Quieres que vayamos a sentarnos en aquel banco del fondo? —dijo él señalando un asiento de mármol del parque que a estas horas estaba libre y ofrecía la sombra de los cercanos árboles—.

—¡Vale! —continuó animada Ester.

Ambos jóvenes se sentaron allí, y como la tarde era de primavera, ella se despojó de la sudadera que con gracia se acopló en su cintura, usando sus mangas como cinto. La muchacha, sonrojada por el calor repentino de la tarde ofrecía un aspecto atractivo, aunque Cristian intentaba evitarla. Abrieron sus carpetas y los dos jóvenes intercambiaron sus impresiones y dudas que la joven tenía. Ella de vez en cuando buscaba con sus ojos la mirada de

Cristian, con una sonrisa que algunos compañeros envidiaban, esperando una mínima respuesta en los ojos de su amigo. Pero él se reprimía. Ella sabía de su timidez y no daba más importancia al tema. Su amigo era un buen estudiante y eso era suficiente. Más de una vez sacaba de algún apuro a un compañero si ello estaba en su mano, ayudando a que superasen sus dudas, incluso arriesgándose durante algún examen.

Ester sentía atracción por nuestro joven, aunque frenaba sus sentimientos ante cierta frialdad que este mostraba la hora de intimidar, lo que era compensado por su actitud intelectual y colaboradora.

Cuando Ester tomó nota de cuantas dudas tenía, se disponía a colocar los cuadernos ordenadamente en su carpeta, al igual que lo había hecho él. Pero ese día ella creyó oportuno abordarle y animar a su benefactor amigo. Sin duda los efectos de la recién estrenada primavera le invitaban a ello.

Este se disponía a levantarse y ella le siguió.

—Cristian —le dijo ella en cariñoso y apacible tono—. Hace tiempo que te conozco y eres un buen amigo. ¿Cómo podré pagarte todas tus explicaciones ante mis dudas? Reconozco que me cuesta…

—No te preocupes Ester. Somos amigos y ya sabes… hoy por ti, mañana por mí —dijo él sonriendo y agradecido de su modestia.

—Sí, claro. ¿Te apetece que tomemos algo?

El joven no esperaba aquel ofrecimiento, además tampoco estaba acostumbrado a llevar dinero encima.

—Pues… la verdad que no me apetece. Hoy he salido de casa sin dinero.

—Entonces —dijo Ester cogiendo amigablemente el brazo de su amigo—, podemos charlar aquí.

Él empezaba a ruborizarse pensando que el motivo de la nueva conversación no sería debido a ninguna asignatura. Volvía a agobiarse al sentirse solo con una chica. Sabía que era una situación que debía corregir aunque no encontraba la manera. Ahora él sabía por la mayoría de sus amigos, que lo normal era sentirse atraído y excitado por la joven. Era una chica muy guapa y muy aludida en el grupo de sus amigos. Sus ojos verdes, su cabello rubio, largo y su sempiterna sonrisa la hacían interesante.

Pero ese momento no llegaba para él. Su mente era invadida por una serie de sensaciones que no sabría muy bien explicar, pero era evidente que su persona sentía un extraño rechazo al pensar en la intimidad de la persona que tenía enfrente, del sexo opuesto. Eso es lo que le producía rubores: que sin querer se sabía en evidencia actuando de manera diferente a los demás, y él era consciente.

Ayudado por su elevado intelecto trató de afrontar la situación puesto que la joven la había propiciado. Ella, muy abiertamente empezó a hablar:

—Cristian, nos conocemos desde que éramos niños, y me acuerdo perfectamente de tu llegada al colegio por primera vez. Bueno, ya sabes que las chicas somos así. Recuerdo que mis amigas y yo nos peleábamos por querer ser tu novia. —Y los dos rieron—.

—Pues, la verdad —dijo Cristian— yo no recuerdo esos detalles, solo recuerdo las trastadas que hacíamos los niños. Solíamos quedar después de clase y los juegos siempre terminaban por tirarnos piedras e intentar romper algún cristal de la farola olvidada —rieron los dos—. Pronto decidí que ese no era el camino y empecé a seleccionar a los amigos hasta que me introduje en una pandilla con aficiones comunes: pescar, montar en bici, hacer senderismo…

A la vez que el joven relataba aquellas aventuras que le alejaban de la realidad, Ester se fijaba en el color marrón claro de sus ojos y en su boca que dibujaba diferentes siluetas a la vez que hablaba. Ella sonreía escuchandole.

Con un gesto de amistad, la joven se colocó recostada en una esquina de aquel banco para ver de frente a su amigo. Este continuaba hablando.

—La verdad es que mis tíos siempre estaban pendientes de mi educación y de mis relaciones. Agradecían que de vez en cuando ellos acudiesen a casa; así les podían conocer, imagino —dijo con un leve guiño de ojo que sorprendió a Ester que continuaba atenta, colocándose relajada, con ambas piernas cruzadas luciendo sus vaqueros ajustados.

—Los primeros años —continuaba él— , durante el período de vacaciones marchaba a Parcent con mis padres, y todos mis amigos me reprochaban que no estaba con ellos precisamente cuando más tiempo libre teníamos.

Ahora la muchacha prestó atención al escucharle contar que sus padres no vivían en Alicante.

—Pero poco a poco espacié las visitas al pueblo y ahora son ellos los que vienen a verme.

—¿Ellos? ¿Tus padres?

—Sí.

—Pero… tendrás hermanos.

—No, soy hijo único —afirmo con seriedad—.

En ese momento Ester, en un gesto de complicidad, movió una pierna que colocó suavemente sobre las de su amigo. Él empezó a recordar de inmediato, el momento de abrazar a su padre cuando le veía llegar a Alicante en su todo terreno. Y observó que ese pensamiento ocultaba al que le provocaba rechazo, al menos momentáneamente.

—De pequeño, al principio de tu llegada, lo pasarías mal —dijo la joven—. Él quedó un momento pensativo antes de contestar.

—No tanto como esperaba. Sería una larga historia. Instintivamente, Ester alargó un brazo que dirigió hacia la cabeza de Cristian. El pelo largo de la joven contrastaba con el color rojo vivo del esmalte de las uñas que ese día lucía, chillón pero agradable y que la mayoría de muchachas experimentaban entonces.

Empezó ella a mover sus juveniles dedos por el encrespado pelo negro que él peinaba.

Este continuaba relatando cuanto ella le incitaba, consciente de que su compañero asintiese al intentar acercarse ella. Ingenuamente los dos jóvenes se abrían. Él sin darse cuenta, cruzaba esa especie de aguas turbulentas que recelaba al acercarse o simplemente al pensar en el sexo o en el atractivo de una chica.

Ester colocó su brazo virginal alrededor del cuello de su amigo y era consciente que bajo sus piernas estaban las de él, pero en su inicio había provocado una sensación agradable que emergía con fuerza, al igual que el germen de una semilla que con las adecuadas condiciones de calor y humedad hacen que crezcan de la nada una planta, con vida, donde antes solo había simiente.

Finalmente, Cristian, inmerso en aquel estado que le ofrecía satisfacción y bienestar, decidió interesarse por su amiga.

—Y tú, ¿eres de Alicante?

—Sí, nací aquí, aunque mis padres son oriundos de Madrid. Ambos nacieron en Alcorcón. Mis abuelos quedaron allí mientras mis padres buscaron su medio de vida aquí, a orillas del Mediterráneo. Dicen que les atrajo este clima suave y cercano al mar.

—Es muy fructífera esta tierra. Este clima, estas costumbres hacen que cualquiera se sienta como en su casa. Con razón la llamaron *"la millor terreta del mon"*. ¿Tienes hermanos?

—Sí, una hermana mayor. Trabaja en Torrevieja como auxiliar administrativa en una empresa dedicada a la exportación. Tiene seis años más que yo.

—Entonces estás sola con tus papis… —le dijo en tono amable.

—Al igual que nosotros ahora: solos.— Y ambos rieron cómplices.

Pero de repente, en un ligero movimiento de cabeza para apartarse del rostro el rubio cabello de Ester que ya estaba ocultando en parte la mirada de la chica, el joven apreció muy de cerca sus hermosos ojos verdes, sus labios carnosos, su cuello atractivo, ahora libre de la sombra del rubio pelo, su cutis aterciopelado y sus hermosos pechos, jadeantes, que le parecieron haber resurgido de momento al apartar el cabello que los ocultaba.

Esta imagen volvió a reproducir la odiada sensación de rechazo que hasta ese día había experimentado.

De inmediato, Ester notó los efectos de aquel pensamiento que le hizo reaccionar desde su rostro; su mirada, sus gestos, y también cesó aquella extraña fuerza que empujaba las piernas de Cristian hacia las nalgas de su amiga. Ella lo advirtió y enseguida reaccionó apartando sus piernas imaginando que tal vez el peso de estas molestaban a su amigo. Instintivamente apartaron ambos la cabeza de la mano acariciadora que había provocado tan agradable sensación.

—¿Qué pasa, te molesto? —dijo ella.

—No, no, Me pasa algunas veces, y la verdad es que no sé muy bien porqué —dijo lamentándose.

Estaban los dos en pie tratando de recomponerse antes de despedirse. Ester retiró el suéter de la cintura y esta vez se lo colocó dejando caer cada manga de la prenda por encima de sus pechos.

—Estoy contenta y satisfecha de tu ayuda y no me gusta ser desagradecida.

—Para nada —dijo él.

Por eso creo que te mereces esto.

Y en el mismo momento buscó con sus manos las de Cristian a la vez que acercaba su rostro hacia el del amigo y le besó en los labios. Ella creía que sería capaz de mostrarle solo su agradecimiento y tras el primer beso se apartó lo suficiente para mirarle a los ojos. Él no se movía. Entonces volvió a repetir el beso, pero esta vez ella acercó su mano derecha hasta el cuello del joven mientras el reaccionaba sujetándola por la cintura y se la acercaba con furia.

El aroma que dejo aquel beso en sus bocas era algo indescriptible. Ambos perdían el pudor y descubrían el placer que podía proporcionar aquella atracción que sentía Ester desde tiempo atrás y que el joven acababa de descubrir.

Como dos adolescentes que eran y ante el temor de haber sido descubiertos, recogieron sus pertenencias y marcharon cada uno hacia su destino dudando si habían cometido algo reprochable, o si simplemente acababan de descubrir el amor.

La chica sin duda había previsto aquella situación y aún así la experiencia había sido deliciosa. En cambio Cristian acababa de superar aquel trauma, aquel tabú acrecentado que se había formado él mismo en su interior por causas que solo él conocía. Se sentía raro, indeciso, contento, extraño. Pero lo cierto es que en su interior albergaba la negativa o la imposibilidad de poder amar a una mujer. Veía hasta entonces un muro inalcanzable y lleno de espinas que creía incapaz de escalar. En cambio ahora alguien se había encargado de derribar de golpe aquella pared y de limpiarla de maleza, allanando el camino de tal manera que nunca había imaginado lo que podía existir detrás de ella. Ese alguien había sido su compañera entrañable de clase, Ester, a la que siempre vio como una niña más, sin apreciar el encanto que posee la mujer, capaz de hacerle sentir el ser más feliz de la Tierra. Ahora entendía fundado el entusiasmo de sus amigos al nombrarla a ella y a otras agradables amigas.

Nunca imaginó que aquella rubita de ojos verdes y pelo largo que para nada le había provocado el menor interés que no fuera el estudio, le habría hecho conocer su primera lección de amor, un sentido muy importante en la vida; había descubierto el placer que despierta una mano inocente que le acariciase, lo que podía emerger desde el interior de su organismo capaz de empujarle en busca de su complemento que sin duda estaba alojado en el centro del cuerpo de mujer de su compañera; el sabor y el aroma que le produjeron los besos de la muchacha, tan diferentes a los que recordaba de los de su olvidada madre.

Nunca había sido besado así, ni tampoco había sentido la necesidad de corresponder buscando desde su boca, como un delicioso reptil luchaba y se deleitaba por descubrir el contenido interior de aquella cavidad repleta de flujos y efluvios que le habían hecho enloquecer en el escaso tiempo que había durado el contacto sensual con Ester.

Cuando Cristian y sus amigos comentaban aventuras y desventuras, sus deseos, sus inquietudes con algunas de las chicas destacadas del instituto por su físico, ya no se sentía como un extraño (que es lo que consideraba hasta entonces cuando sus compañeros comentaban sin cesar, conforme pasaron de la niñez a la adolescencia). Tampoco era persona relevante en cuanto al liderazgo entre amigos, pero estaba a la altura de los demás en los anhelos de los adolescentes en referencia al descubrimiento del amor y del deseo.

Pasó el tiempo y sostuvieron una relación ambos jóvenes, aunque con la escasa experiencia vivida, pasados dos años acordaron dejarlo. Ester al llegar a los 16 años eligió prepararse se auxiliar; asistía a una academia por las tardes, mientras que por las mañanas ayudaba a un pariente de su madre en una oficina. Cristian eligió la universidad, donde hizo nuevos amigos que contribuyeron a hacerle olvidar el que había sido su primer amor.

El verano en que terminó el bachillerato y el acceso a la universidad fue decisivo para su futuro. Sus padres no estaban ajenos a ello y trataron de ayudar a su hijo en esta decisión tan importante. Su orientador aconsejaba que tendría mejor éxito si escogía materia de letras porque, aunque las matemáticas se le daban bien, sabía su gran afición por la Historia, el Arte y similares. Cuando realizaba excursiones durante su etapa escolar, aquel había observado la predisposición al visitar museos, catedrales y demás obras de arte, destacando notablemente entre sus compañeros. Sabía que le encantaba observar, preguntar, averiguar cuanto podía sobre los monumentos que visitaba, fijándose en detalles que sorprendían al mejor guía de la visita que creía conocer al detalle cuanto explicaba. Pero él iba más allá, conocía sobradamente el año de construcción, si se trataba de un monasterio, o el tiempo que duró su edificación si se trataba de una catedral; el nacimiento y muerte del pintor o escultor autor de obras significativas. Se fijaba en el mínimo detalle de una pintura, en un diminuto defecto que presentara la escultura y asombraba a algunos mayores al hacerles recapacitar que con toda seguridad aquellos pormenores, su autor los dejó inacabados por algún justificado motivo.

Disfrutaba en aquellas visitas turísticas que, lejos de aumentar su grandeza, quería descubrir incluso el motivo de la elección de su autor para emplazar en aquel lugar (por ejemplo) un monasterio, o lo que había inspirado al renombrado pintor a autorretratarse de tal o cual manera, encontrando casi siempre una justificación. Se sentía atraído por estos y muchos otros detalles y finalmente se matriculó en Bellas Artes. Estaba convencido que durante aquellos estudios decidiría cual sería su preferido y llegado el momento elegiría.

Sabía que las artes son un fenómeno social, un medio de comunicación, una necesidad inteligente del ser humano de expresarse y comunicar hechos, mediante formas, colores, sonidos o movimientos. El arte es un producto o acto creativo —pensaba—.

Los griegos, pioneros en la historia, dividían las artes en Superiores o Menores, siendo las primeras las que permitían gozar de las obras por medio de los sentidos superiores (vista y oído), sin necesidad del contacto físico para entrar en el bien observado. Se clasificaron entonces en seis subgrupos: Arquitectura, Escultura, Pintura, Música, Literatura y Danza. Años después se incorporó el Cine como séptimo arte.

Las artes Menores han sido poco consideradas y eran las que impresionaban a los sentidos menores: olfato, gusto y tacto, y por tanto forman parte de ellos aquellos en los que precisamos de estos sentidos para entrar en contacto con el objetivo. Son la Gastronomía, Artesanía y Perfumería en el sentido amplio de la palabra.

Cristian se mostraba entusiasmado con la pintura, la escultura y la arquitectura, aunque él hubiese sido partícipe de añadir a ellas una nueva: La Historia, si no fuera porque ya estaba incluida en la amplitud de la Literatura. También evidenciaba que existían multitud de oficios que podían catalogarse de arte, como eran la agricultura, ebanistería, metalurgia o la electrónica, aunque tiempo habría para debatir aquellas cuestiones.

Cuando estaba finalizando tercer curso de Bellas Artes pensó que había una ciencia que le interesaba descubrir: Filosofía, y al año siguiente se matriculó, compaginando ambas carreras. Su mundo se había convertido en el estudio, en el descubrimiento de nuevas ciencias, ideologías o pensamientos que entendía que habían sido poco desarrollados hasta entonces. De manera que se volcó en cuerpo y alma para aprovechar al máximo sus inquietudes. Ahora alternando las dos facultades se encontraba saciado de cultura y estudio cuando lo comparaba con superar únicamente su primitiva carrera. Su capacidad intelectual necesitaba más, estaba convencido.

Dejó por un tiempo las relaciones largas con chicas y se centró en su futuro.

7

Cuando tenía 20 años propuso a su tío Salvador buscarse un apartamento cerca de la universidad, independizarse, con el objetivo de perder poco tiempo en sus desplazamientos. Para nada quería desligarse de su relación con ellos y con sus primas, que habían sido el único apoyo que tenía al alcance. Ellos en vista del progreso en el estudio se mostraron a favor de su idea y ayudaron a su sobrino a elegir un apartamento adecuado.

Ahora distaba apenas doscientos metros del Campus Universitario y disponía de aquel mundo del estudio a un paso. Esto le permitió volver al apartamento cuantas veces necesitaba durante el tiempo libre entre las diferentes materias, que antes desperdiciaba esperando en los alrededores.

Como era habitual debía compartir alojamiento con otro joven que también estudiaba. Así conoció a Guillermo Ramos, el cual llevaba solo dos años en Alicante, procedente de Tragacete, un olvidado pueblo del interior de Teruel desde donde había llegado buscando un sitio en aquella universidad de Magisterio, puesto que a consecuencia de su mediocre nota, en la de Valencia o Castellón no fue admitido y, en última instancia lo fue en la de Alicante.

Guillermo aprovechó esta ocasión para poder licenciarse en

Magisterio durante cuatro años, y tiempo tendría de poder opositar hasta alcanzar plaza cerca de su añorado Teruel.

—Bastante sacrificio están soportando mis padres costeándome los estudios. Debí esforzarme más en mi anterior etapa —conversaba con su nuevo compañero—. Pero somos jóvenes y a veces pensamos algo cuando ya es tarde.

Cristian le animaba a estudiar poniéndose a la altura y nivel de Guillermo, lo cual este agradecía notablemente. El alicantino observaba ciertas maneras en su compañero que le sorprendían, como era el cuidado con que manejaba sus prendas de vestir, en cómo limpiaba afanosamente o cocinaba, y se reprimía de no poder imitarle. También notaba cierto pudor en cuanto a su intimidad, ya que nunca lo había visto con ropa interior, ni al entrar ni al salir del aseo como sería habitual entre hombres. Más tarde, Guillermo le confesó su tendencia homosexual, a lo que su compañero apenas dio importancia.

—Para mí no es ningún defecto ni nada que debas ocultar como si de un misterio se tratara. Yo te veo una persona sencilla y con buen corazón y eso es más importante que el complejo que tienes por tu tendencia —animaba Cristian—. Piensa que probablemente tú no tienes la culpa de ser así. Ante todo somos del género animal, y de vez en cuando la naturaleza, los genes, no están en el nivel adecuado (cromosomas) y son la causa de esos desequilibrios, que por desgracia están mal vistos en esta sociedad, siendo objeto de burla, injustamente. Espero que pronto la sociedad corrija estas vejaciones. El problema es la sociedad obsoleta en que vivimos que no quiere aceptar estas conductas y las persigue, haciendo caso omiso a cualquier explicación, por convincente que sea.

—Es como una gran controversia —añadió Guillermo.

—Te entiendo, pero yo sé y tu también debes estar convencido de que no eres un ser raro, ni un delincuente, ni siquiera una marioneta manejable que deba ser objeto de burla ni de persecución por el simple hecho de que te atraigan personas de tu mismo sexo.

—A veces ocurre que hasta yo mismo me convenzo de que soy culpable de ser así, diferente a los demás, pero no lo hago por desobedecer ley alguna. Simplemente mi cuerpo es así.

—Guillermo, a mí no me has de convencer. Eres tú mismo el que te has de convencer de que eres normal. No debes avergonzarte de ti, ¡ni mucho menos! Piensa en ser una persona de provecho, en llevar una vida saludable, en estar a gusto contigo mismo porque de lo contrario no podrás centrarte ni sacar todo el rendimiento que tu persona posee.

—Tienes mucha razón —le dijo Guillermo convencido.

—Si te preocupa tanto el qué dirán, solo conseguirás darles la razón a los que conducen esta sociedad y recriminan a las pocas personas que como tú se atreven a manifestar dignamente sus sentimientos. En sicología estudiamos el comportamiento humano muy a fondo. Nos enseñan a deducir y a entender nuestros pensamientos, nuestros comportamientos y descubrimos el porqué de muchas cosas. Pero si te soy sincero, la "censura" ejerce todavía su poder y algunos temas quedan inconclusos por su culpa, de manera que dejan el camino abierto a que cada cual interprete a su manera lo que en las aulas se imparte. Yo me incliné por las letras porque me gusta pensar que 2 más 2 no son siempre cuatro. Solamente en las abstractas matemáticas se cumple. Ni siquiera en Química o en Física siempre se cumple aquella premisa. Por eso me gusta pensar, entender, averiguar, ayudar, obedecer, viajar, conocer, compartir cuanto se nos imparte en teoría y tratar de trasladarlo a la práctica. A veces no resulta fácil.

Guillermo escuchaba los consejos que su compañero le ofrecía desinteresadamente.

—Ojalá hubiesen muchas personas como tú capaces de tolerar y entender…

—Sin duda las hay, pero recuerda que vivimos rodeados de tapujos, de tabúes que perduran siglos que son los que impiden al ciudadano expresarse según su instinto. Hemos sido educados así, con la creencia por parte de nuestros educadores y nuestros mayores, que estaban convencidos de que ese era el camino adecuado.

—Algunas veces me he reprochado no ser un chico normal, como lo eres tú, por ejemplo.

—¡Cuan equivocado estás, Guillermo!

Ahora Cristian se había levantado de la silla que permanecía junto a la mesa del comedor del apartamento que compartía, frente a la que ocupaba su compañero. Pausadamente fue a su habitación y salió con un cigarrillo en la mano que enseguida encendió. Cristian fumaba en contadas ocasiones y esta parecía ser una de ellas; sabía que el humo del cigarrillo le ayudaba a relajarse a la vez que surgía en él una apertura hacia lo pasado. Sin duda pensaba que enfrente tenía un amigo, a una persona que por motivos inciertos, poseía un trauma, similar al que tuvo él durante muchos años y que todavía requería esfuerzo para superarlo y extinguirlo de raíz en su interior.

—Soy consciente que la mayoría de personas llevamos asociadas numerosas contrariedades que llegan a formar parte de nuestra personalidad. Cuando más evolucionamos, asociamos una parte negativa contraproducente que se forma en nuestro pensamiento pudiendo llegar a desembocar en nefasto si no somos capaces de eliminar a tiempo nuestra inclinación y nuestro pensamiento de nuestra vida. Aprendemos infinidad de conceptos, materias que son realmente importantes y necesarias en el futuro. Las sabemos necesarias para seguir superándonos, seguir avanzando y progresando como seres racionales. Pero no hemos sido educados para lograr borrar y eliminar su presencia en nuestro pensamiento, siendo así que nos provocan tristeza, pena, malestar o dolor. Debemos borrarlas de nuestro cerebro y el espacio que ellos ocupan tenerlo disponible para albergar en su sitio todo lo positivo, interesante, oportuno y alegre que nos provoque bienestar.

Cesó por un momento de hablar, como dejando ver el efecto que producían sus palabras, a la vez que apuraba su cigarrillo que apagó lentamente en el cenicero.

—Si lográsemos esto… ¡Que felices seríamos!

Él imaginaba lo que podríamos alcanzar si fuésemos capaces de borrar de un plumazo todas las penas, tristezas ante la muerte, un recuerdo traumático, el temor a las enfermedades, todas las conductas que hemos vivido y que nos dejaron secuelas que nos impiden olvidarlas precisamente por lo duras o profundas que fueron. Sería un paso importante poder dominar a la mente. ¿Sería algún día capaz? Por lo menos se lo planteaba.

De nuevo encendió Cristian un cigarrillo y en vista de que su espectador estaba atento, volvió a contar a su compañero de piso, algunos de sus traumas vividos, con el único fin de alentarle.

—Guillermo, ¿tu como me ves?

—Yo… te veo un joven con buena presencia, bien dotado, estudioso, agradable…

—De acuerdo. Y tú, ¿crees que no posees ninguno de los calificativos que acabas de enumerar?

—Pues quizá estudioso, pero tú me superas —dijo sonriendo.

—Te falta reforzar tu autoestima, es evidente. Te crees inferior en presencia, alegre, pero ¿por qué? Mírate al espejo.

Guillermo le escuchaba aunque permanecía sentado, absorto escuchándole.

—Ven. —Y se acercaron al espejo que había en la entrada del hogar.

—¿Ves mucha diferencia entre nosotros?

—Mirándolo así… no.

—Perfecto. Tenemos una estatura no demasiado diferente, tú sueles vestir alguna camisa sugestiva, te peinas diferente, ¿es eso tan importante? Yo creo que no es para nada importante sino que forma parte de tu personalidad, de lo contrario seríamos gemelos, o peor, la misma persona. Sería muy aburrido —dijo en tono jovial, mientras su compañero escuchaba—.Lo importante está aquí —le dijo señalando el pecho y la cabeza. Tú y yo tenemos algo en común, y lo que nos une es en cierta manera lo que te voy a relatar.

Y mientras apuraba su cigarrillo contó por encima la infancia que vivió en Parcent y sobre todo el momento inolvidable que retenía muy escondido en su mente cuando vio a su madre montada sobre otro hombre.

—Yo sé lo que es sufrir una secuela y eso, sin pretenderlo, me marcó y me hacía sentir diferente durante muchos años que a mí todavía me parecen eternos.

—Supongo que ya lo habrás superado —dijo al fin Guillermo—.

—En ello estoy y la verdad es que durante años, los de mi infancia y niñez creí ser una persona sin apoyo, echaba a faltar algo, creía que nadie me quería, cuando en realidad era una obsesión mía que se acrecentó al callarme y tratar de enterrarla en el más oculto de los secretos: era simplemente un niño. Entonces no entendía la libertad como mi madre la vivía.

Yo, llegué a no sentir atracción por las chicas; más bien sentía rechazo cuando me sentía solo con una chica.

—Pero serías retraído…

—Eso es otra cosa. Luché en solitario contra aquella especie de timidez, como tú la llamas, y llegó el día en que mi mente logró instintivamente desconectar de aquella pesadilla que se adueñaba de mí, y automáticamente se activó el sistema. Logré que los sensores positivos superaran a los negativos, gracias los estímulos que recibía del exterior y gané la batalla. Entonces me di cuenta de que el ser humano es capaz de conseguir logros importantes pero nuestro cerebro a veces se colapsa tanto o más que la Nacional de Madrid —alegó en tono sonriente—.

—Seguramente —continuó—, gracias a esa persona que logró que traspasara la barrera de lo intelectual y me fijase en la realidad, en lo que tenía a mi alcance, lo palpable y que hiciese caso solo a mis sentidos y no reprodujera más veces aquel cortometraje que tan presente tenía, hoy en día me puedo considerar una persona normal, sin aquel obstáculo, que todavía asoma a mi mente aunque he tratado de aniquilar simplemente olvidando:

dejando la mente en blanco cuando asoma el recuerdo y dejando actuar mis sentidos, que para eso están, no para reprimirlos, sino para que interactúen y con naturalidad todo fluya. Así ha perdido mi rastro aunque reconozco que no es tarea fácil.

—Sales con alguna chica, —insinuó Guillermo.

—Actualmente no; salí con una chica, con la que logró rescatarme de lodo del que creí ser incapaz de salir solo y a ella le debo mi "curación", a ella y a mi fuerza de voluntad.

—Parece sencillo.

—Entiendo que no lo es, pero lo importante es estar satisfecho consigo mismo; evidencio que cada persona es un mundo y no por ello mi escenario te pueda ser válido. Y por eso, te invito a que tú, sin tapujos, debes dilucidar y decidir si te aferras en continuar el camino que se abre a tus sentimientos. Es lo correcto, lo recomendable: estás en el momento de elegir bien con solo tener en cuenta a tu persona, sin pensar en qué dirán. Solo así escogerás el verdadero camino, el que trazarás tú al cruzarlo, al caminar libremente sobre ese universo que te espera, que nos espera a cada uno, unas veces llano otras pedregoso pero que es nuestro y como tal tenemos el placer de descubrir y también la obligación de seguirlo.

Ahora era Cristian quien se había sentado y en cambio Guillermo sentía la necesidad de levantarse. Este fue directamente hacia el espejo de cuerpo entero que estaba en el recibidor y se miró detenidamente, encendió la luz para tener mejor claridad de ideas y se fijó en una foto que Cristian conservaba de Ester en la que se apercibían sus encantos. La vio atractiva y guapa. Cogió el retrato del mueble que lo albergaba y con él en su mano y con sumo cuidado se dirigió hacia su compañero.

—Es Ester. —Dijo Cristian en tono pausado recordando con melancolía—. Si, fuimos novios durante dos años y fue una experiencia deliciosa.

—Es una chica muy mona, sin duda y posee un atractivo, pero… —y retrocedió a recolocar de nuevo la fotografía en su sitio—.

Cristian conocía bien a su amigo y no tenía miedo a ninguna reacción de su parte. Esperó ver el efecto de sus palabras, sabiendo que había puesto el dedo en la llaga.

—Si te soy sincero —dijo Guillermo— reconozco cierto atractivo hacia el sexo femenino aunque no logro evitar sentirme atraído por los de nuestro sexo. Soy un desgraciado —dijo a la vez que se revolvía hacia un ángulo opuesto.—.

—No digas eso porque no es verdad. Debes serenarte y dejarte llevar por tus sentimientos y no intentes engañarte a ti mismo, sé fiel a tu tendencia, de lo contrario pasarás una juventud de tormento y una vida de confusión, mentira y engaño.

Realmente aquel joven se encontraba en una situación indecisa y no lograba ordenar sus ideas en su persona. El miedo era el sentimiento que lo dominaba y no las tendencias sexuales. Sin duda toda la energía empleada en aquella propensión y su intranquilidad restaba eficacia y la debida atención en los estudios que cursaba.

—Ocúpate en estudiar y céntrate en ello; deja de lado tu inclinación y verás como el tiempo te ayudará, será tu aliado, eres joven y tenemos una vida por delante. No te mortifiques pensando solo si quieres o no ser como eres y menos de cargarle la culpa a nadie, porque no es relevante.

—Pero mis padres… mi familia nada saben… —dijo culpabilizándose.

—Ni puñetera falta que les hace —dijo enérgicamente Cristian.

Guillermo era el pequeño de cuatro hermanos. Sus dos hermanas eran casadas y vivían holgadamente en Albarracín. El tercero era Sebastián, un muchacho sin aspiraciones que se dedicaba felizmente a cultivar los campos en compañía de su padre, con quien vivía.

Guillermo se sentía en deuda con sus padres y hasta con sus hermanos por haber sido privilegiado siguiendo unos estudios mientras su familia colaboraba en el sustento de la economía familiar.

—No sigas mortificándote ante la opinión de tus padres si llegan a saber tus sentimientos, si se enteran; si se enteran ¿de qué? Con toda seguridad la única preocupación serán tus logros en los estudios, máxime teniendo en cuenta el esfuerzo que soportan para que llegues a la meta. No les defraudes y acaba tu carrera con buena nota que ese será el mejor regalo de graduación que les puedes ofrecer, a la vez que tendrás mejores opciones en tu futuro profesional.

Este asentía en señal de aceptación a las palabras de su compañero; además aquella revelación de su frustración en su juventud y adolescencia le hacía recobrar ánimo y a confiar en él. De un modo u otro, poseían algo en común. Ambos compañeros pasaron juntos dos años, dos cursos que sus padres costeaban.

Llegó el momento de la realización de diversas prácticas de las carreras que Cristian estudiaba. La primera fue en Bellas artes y puso su empeño en viajar hasta Italia, cuna de nuestra cultura. Las becas que recibía le permitían permanecer, además del período obligatorio, otra temporada que ansiaba desde hacía mucho tiempo. Visitó Roma donde permaneció el mayor tiempo. Se desplazó hasta Pisa para poder contemplar con detenimiento su famosa torre inclinada; observar de cerca aquella construcción que algunos estudiaban a fondo sin poder adivinar ciertamente la verdadera causa de su constante inclinación ni de lograr el añorado objetivo de parar aquella rara inclinación del monumento.

Tomaba notas en su cuaderno que luego guardaba como verdaderos tesoros, confesando que le serían de provecho algún día en el que esperaba aportar al menos su criterio a la ciencia y la cultura. Solía sacar el máximo partido a sus estancias en monumentos tan emblemáticos como lo era este. Le gustaba conversar con las gentes de cada lugar que visitaba, lo que le produjo no pocos enfados debidos al diferente dialecto empleado en cada zona, pese a que había curioseado bastante con un manual de italiano que previamente adquirió antes de salir de España.

Le gustaba escuchar a los entendidos cuando explicaban cada detalle de la ciudad o monumento que visitaba, aunque inesperadamente solía sorprender a algunos con preguntas tan sencillas que pasaban inadvertidas a la mayoría, pero que él creía que tenían relevancia e influencia con la obra de arte expuesta.

En Roma se deleitaba con tal cantidad de monumentos que ordenó premeditadamente, espaciando sus visitas. El primero en visitar fue el Foro Romano donde existen infinidad de restos derruidos que aseguran un pasado esplendoroso. Le impactó el templo de Vesta, de planta circular; el Arco de Augusto, perteneciente a décadas antes de Cristo. En el foro de Cesar le indignó las recientes construcciones que tratan de recuperar una vista que para nada obedecían en modo alguno al carácter antiguo de su primitiva construcción.

Cuando vio el Coliseo en el centro neurálgico de la ciudad le faltó tiempo para imaginar lo que en su día fue un gran anfiteatro que mandó construir Vespasiano para inmortalizar el nombre de los Flavios y que fue inaugurado por el emperador Tito. Mide 50 m. de altura con una planta elíptica con capacidad para 50.000 espectadores. Allí se representaban combates entre gladiadores (criminales, esclavos, hombres libres y libertos). El gladiador derribado pedía gracia al Emperador que tras consultar a la multitud decidía: normalmente su muerte.

En el centro del rio Tíber se encuentra la isla de Tiberina, con forma de navío a la que se accede con dos puentes laterales: el puente Fabriccio y el puente Cestio que en su día albergaba el templo dedicado a Esculapio, dios de la medicina.

Siguió la visita al Pantheón que afortunadamente conserva su original estructura, de la época de Adriano. —Es una maravilla de construcción— pensó. Realizada con una colada única de cal y canto sobre un inmenso molde de madera es la mejor cúpula del mundo realizada con este sistema. También le agradó la conservación del Mausoleo de Adriano, ideado por este emperador para albergar eternamente sus restos y los de su familia.

Cristian no quiso desaprovechar aquella oportunidad para visitar Venecia, donde quedó maravillado por sus canales, sus puentes elevados además de reconocer el orgullo y vanidad de sus habitantes, aquellos parajes preciosos pero de dudosa sanidad para sus moradores. Él, como siempre, quería llegar más allá de lo que la mayoría de espectadores aceptaban. Verdad era que el lugar propiciaba al amor, al deleite de aquella paz que proporcionaba el aislamiento de las conducciones acuáticas, santuario perfecto y adecuado para vivir las mejores escenas de amor, bajo la luz de la luna, o del acariciador sol mediterráneo sulfurado de los pintorescos edificios que pasaban pausados a ambos lados de la barca que les deslizaba plácidamente entre sus canales de una parte a otra de la bella Venecia, pero su subconsciente le presentaba unas gentes que irremediablemente habrían de sufrir en sus carnes los efectos que la humedad perpetua produjera. De eso poco se preocupaban los turistas.

No quiso volver a España sin visitar la ciudad de la Luz: París que, aunque alejado y fuera de la escolarización, tuvo siempre en mente. Le maravilló el museo de Louvre, donde le faltó tiempo para deleitarse con el extenso mural de inmortales pinturas y recientes exposiciones que entonces mostraba el museo y como verdadero colofón visitó los Campos Elíseos, Arco del Triunfo y la Torre Eiffel—. Allí la metalurgia resaltaba entre todo lo que durante meses estudiaba.

—Magnífica obra de arte, y con razón se la describe como una de las siete maravillas del mundo —dijo para sus adentros—. El modesto arquitecto Alexandre Gustave Eiffel quiso que su metálica escultura ocupase solo un reducido espacio en tan magnífica edificación.

Aquellos meses de prácticas habían sido más que un verdadero estudio, comparable entre lo que él apreciaba y después emitía como trabajo personal entre los catedráticos que tenía asignados en cada ciudad, los cuales emitían su veredicto dirigido a la tutoría de la universidad de Alicante, a donde pertenecía. Estos contactos le sirvieron además para mostrar sus inquietudes sobre el arte, al tiempo que se daba a conocer fuera de nuestras fronteras, sus orígenes, su percepción y muchas interrogantes sobre lo que quizás no se nos presenta y que sin duda los autores solían transcribir a través de sus obras a perpetuidad. Allí encontraba él la verdadera esencia de los artistas. Algunos sabios mostraban verdadero interés por aquel joven español que prometía, que podía aportar algo a la ciencia y al arte.

La mayoría de catedráticos emitieron un dictamen muy favorable debido al trabajo realizado y en vista del interés mostrado durante su estancia, anotando en algún margen de la hoja de presentación: "Modum, Promissa", (Superlativo, promete) dos adjetivos que alertaban, en la lengua madre, la capacidad que intuían en él aquellos profesores

Nuestro joven volvió a Alicante con el deber cumplido, aunque dedujo que su país contaba con infinidad de muestras de arte y que con seguridad no se le estaba dando la importancia que merecían y que se verificaba en otros países. Pensaba en algo tan común que para la mayoría pasaba desapercibida: La Vía Augusta. España estaba surcada por ella y a su vez aparecen contiguos numerosos monumentos que aún permanecen en pie a pesar de los años, como era El Arco de Bará en Tarragona; Segovia nos muestra, impoluto al paso del tiempo, su Acueducto romano que perdura más de dos mil años en pleno centro de la ciudad. El norte del país conserva infinidad de iglesias y ermitas de estilo Románico y donde los cohabitantes, debido a la monótona presencia, no prestan la atención merecida.

El final de la carrera de Bellas Artes fue notable para Cristian, aunque él continuaba embelesado en el estudio de las ciencias que componen la Filosofía. De entre todas ellas le encantaba la Metafísica y sobre todo la Sicología, si bien ya se iba generalizando la figura del sicólogo en numerosas facetas, en centros docentes, confiando firmemente en su futuro.

Cristian entendió la Filosofía como la ciencia que se ocupa del saber, entre otras cosas cómo se desarrollan, evalúan y cambian las teorías científicas; y de saber si la ciencia es capaz de revelar la verdad de las "entidades ocultas" (no observables) y los procesos de la naturaleza, la forma de pensar o de entender las cosas.

El origen de la palabra es: Philos (amor), y Sophía (pensamiento, sabiduría), por lo tanto su significado corresponde al amor por conocimiento, voluntad de saber. Al igual que la religión, la filosofía se centra en las cuestiones últimas de las existencia humana, pero la diferencia entre ambas estriba en que esta última no se basa en una revelación divina o de fe, sino que lo hace mediante la razón. Es como el análisis racional del sentido de la existencia humana.

Todos estos conocimientos adquiridos por nuestro joven ayudaron notablemente a su formación como persona. Cuando apenas tenía veintidós años se había convertido en un aventajado estudiante que prometía, con una relación entre alumno—profesor—amigo envidiable y trató de no inmiscuirse en el pasado oscuro y que su padres acataban como nobles personas que eran con tal de preservar el estatus social. Tampoco creyó nunca su derecho a clarificarles su vida, y la verdad es que la pared que durante unos años se levantaba ente él y el sexo femenino se fue desplazando hasta dejar solo un endeble tabique entre su madre y él. A su padre logró colocarlo a la misma parte de aquel invisible cercado donde se alojaba, con tal de que la relación de familia continuara.

Cuando se acercaba el final de la segunda graduación, Juan Orduña barajaba la conveniencia de plantear a su hijo el presente y el futuro de la hacienda y las propiedades que poseían. Después dejaría que su hijo deliberase y eligiera el camino más acertado.

Y así fue. Llegada la primavera y durante unas cortas vacaciones en las que Cristian fue a Parcent, durante la sobremesa, Juan fue poniendo al día a su hijo; eran muchos años los transcurridos y no era justo que su descendiente permaneciese a un lado de su respetable patrimonio, después de enterados los padres de su excelente resultado académico.

Mientras su padre se esforzaba en trasladar sus proyectos en la exportación, y sobre todo en la obtención del certificado de vino ecológico en sus viñas, Cristian se fijaba con detenimiento del decaimiento físico que presentaba su progenitor. Sonia, su madre, se mostraba atenta y partícipe de cuanto revelaba su padre, apoyando con gestos o con frases lo que su marido contaba a su hijo a la vez que dejaba que Juan se tomara un respiro, puesto que ella era consciente del esfuerzo que representaba trasladar al joven, todo lo acaecido en años.

Sin duda pudo más la compasión que le inspiraba su padre que el contenido de aquella conversación repleto de almazaras, toneles, litros y hectáreas de curiosos nombres de parajes de la comarca aunque Cristian, por lo entrañable, sentía necesidad de conocer.

SEGUNDA PARTE:
MERCHE

8

Francia, nuestro país vecino fue el más receptivo y colaborador en épocas en que España se vivían tiempos convulsos, bien por imperativos durante la monarquía de Alfonso XIII y su discípulo Miguel Primo de Rivera, o bien posteriormente al sufrir constantes represiones a consecuencia de una durísima guerra civil y una posterior dictadura. Aquel país fue el hogar de muchos españoles que por diferentes motivos se vieron obligados a emigrar y encontraron buena acogida debida quizás al inminente progreso habido en el país vecino y que parecía que solo la Cordillera Pirenaica era quien contenía aquella influencia, incapaz de desarrollarse en nuestro país, desgraciadamente, pero la verdad era que las fuerzas de orden público españolas eran las verdaderas encargadas del control de personas e incluso de sus pensamientos e ideología para evitar aquel contagio evolutivo.

Hoy día apenas se hace eco de la dramática situación que representaba tener que dejar todo: hogar, familia, propiedades al emigrar, antes que verse sometido a vivir bajo sospecha y en continua represión. Este panorama lo vivieron en sus carnes millares de personas, españoles que así hallaron cobijo, y que esta situación unida a la prolongada "paz", falsificada con aires de una "democracia orgánica" que solo la contenía en su nomenclatura, fue el verdadero motivo para que aquellos emigrantes echaran sus raíces en el país galo, cuando pocos y de avanzada edad fueron los que decidieron volver a España para siempre, una vez acabada la dictadura.

El sureste francés fue la zona elegida por la mayoría de los emigrados debido a la similitud del clima y de costumbres que tuvieron que hacer propias hasta el punto de considerarse en su segunda patria.

Con la llegada de la democracia en España a mediados de los años setenta del siglo pasado, poco a poco muchos mayores volvieron, a instancias de aquellos familiares que todavía y para su suerte, permanecían "in situ".

En la comarca de La Vall d'Albaida, en Vallferrer, pueblo del interior de la provincia de Valencia, lindante con la de La Costera y cerca de la provincia de Alicante, esperaban con ansia volver a convivir con los descendientes de la familia Montagud que al cabo de 40 años regresaban definitivamente de Francia, país que los había acogido. Estos habían vuelto en cortos períodos de tiempo durante el estío, sobre todo durante los primeros años, aunque de la originaria familia Montagud volvieron con anterioridad dos hermanos, Ángel y Rafaela y de los cuales sobrevivía la menor, Rafaela, que vivía en casa de su hija y en compañía de sus nietos. Ángel hacía más de diez años que había fallecido, y Elisa, su prima, que había desposado en Francia con un español, Luis Gadea, oriundo del Maestrazgo, en las entrañas del más puro Aragón, también había fallecido.[1]

Rafaela tenía aún el contacto con Vicente, hijo de Elisa Montagud, con los cuales les unía el vínculo fraternal de las cartas que mutuamente servían para felicitarse las navidades.

Vicente Gadea tenía más de ochenta años y su mujer Libertad también pero no estaban dispuestos a aceptar aquel destino

---

1   Se refiere el texto por la referencia a lo descrito en la novela EL ÚLTIMO CACIQUE, donde sin duda guarda relación.

de por vida, no querían morir sin volver a pisar la tierra que había visto nacer a Libertad Arteaga Quiñones en Alcalá de la Selva, cerca de Jérica. Vicente había nacido en el país galo pero sentía la necesidad de conocer a fondo este país, el de sus padres. Él tenía familiares directos, pero su mujer no tenía a nadie más. Sus padres eran hijos únicos, o al menos eso creían ya que solo en Jérica vivían unos primos lejanos con los que apenas tenía contacto. Eso era lo que justificaba la elección entre ambos destinos.

El matrimonio tenía dos hijos y una hija: Justo, Manuel y Esperanza. Esta última había desposado con un español, Alfredo Camarasa y tenían una hija: Merche que les siguió en su regreso a España. Esta era una jovencita morena, de tez blanca, con ojos vivaces que acompañados de los constantes movimientos de cabeza para recomponer su pelo largo, la hacían parecer mayor aunque solo tenía dieciséis años.

La delicada salud de Vicente y Libertad propiciaba a dosificar las constantes emociones que revivían cada vez que les visitaba algún pariente de sus amigos o allegados de juventud.

Libertad, desde siempre, había sido amante de sus orígenes, un tanto desagradables y por lo que no solía divulgar ni cuando se encontraban entre los conocidos y familiares de Vallferrer, Ollería o Canals.

Justo y Manuel, hijos de su matrimonio estaban establecidos en Aviñón y difícilmente volverían a España. De manera que Esperanza y su marido Alfredo fueron los encargados de habilitar una vivienda en Vallferrer ya que se habían despojado de la propia sus progenitores ante la crítica situación que atravesaron hacía muchos años y creyendo nulas las probabilidades de volver a España.

Desde siempre el paraje agreste que presenta la comarca de La Vall d'Albaida fue propicio para que sus habitantes, lejos de aferrarse a una agricultura precaria, consecuente con la escasez de riqueza vegetal y de regadío en la zona, buscase un modo de vida alternativo y con futuro, para poder progresar. No era raro ver en muchas casas del pueblo, o del vecino Alfarrasí o Albaida, la adquisición de recientes máquinas que, aunque algo obsoletas, contribuían a producir beneficios en el sector textil y derivados, generando infinidad de puestos de trabajo y ya se habían acondicionado varias naves, antiguamente destinadas a almacén de materias agrícolas, que ahora albergaban en su interior nuevos productos que eran bien cotizados tanto en el país como fuera de nuestras fronteras.

Era muy curioso, comentaba Vicente a Libertad, observar las calles que antaño eran de tierra acumulando grandes charcos en la época invernal, y un reseco pedregal en verano cuando las carretas machacaban con sus quebradas ruedas de hierro aquellas ásperas tierras. Eran la base de la edificación del pueblo que acompañadas de limos, habían sido extraídos por sus habitantes de las constantes crecidas que el rio Clariano y del Albaida habían sedimentado. Ahora el paisaje estaba exento de aquellos vehículos antiguos y en su lugar aparecían sin cesar automóviles actuales, con distintos colores, alegrando el ambiente y dando un aire diferente a la población. Ahora representaba mayor movimiento a la ya de por sí emprendedora gente vallfeína.

Se recreaba el matrimonio contemplando el seco, frondoso y amplio cauce que presentaba el río Albaida a su paso entre Vallferrer y Alfarrasí, cuya carretera soportaba ahora un tráfico impensable en la época en que lo conoció Vicente y que recordaba perfectamente, añorando, como si de un sueño se tratara, el gasógeno usado como combustible en los escasos automóviles que circulaban por aquella vía antaño, y que ahora comentaba cautelosamente con temor a la indiferencia y al rechazo de los actuales jóvenes por el desfasado e ignorado uso de aquel combustible.

Desde la altitud de la carretera divisaban los dos ancianos el arracimado núcleo de población que ofrece Vallferrer, con los vetustos edificios cubiertos de un especial moho grisáceo que los plomizos inviernos impregnan en las cúspides y embellece sus edificios, todos ellos presididos por la altanera iglesia cuya majestuosidad es apreciada desde lejos desde el emblemático puente del rio Clariano que cerca, en el paraje de *La Font dels Cuatre Xorros* desemboca en el profundo rio Albaida. Allí aparece ofreciendo un amplísimo cauce capaz de acarrear el importante caudal que durante períodos de lluvias bastan para inundar la planicie de su desembocadura, en la comarca de La Ribera, embarrando las latitudes con el pegajoso lodo blanco que arrastra desde su anterior paso por la Vall dÁlbaida, sin duda contrastando al ribereño más rojizo; tropezando de una manera ambigua con el cansado Júcar, que allí se fondea, demasiado estrecho e incapaz de retener tal cantidad de agua que no le pertenece, a la que él no acostumbra a soportar y que tras dibujar numerosos meandros se dirige consciente pero avergonzado de soportar su crecida, hasta Cullera donde deposita sus excedentes en el Mediterráneo.

Todavía recordaba Vicente la historia que sus abuelos le contaron sobre dos pintorescos pueblecitos que existían en las inmediaciones de aquella confluencia de los dos ríos en la Ribera. Eran Paixarella, en el margen derecho entre el Júcar y Albaida, y Alcocer, después de su confluencia. El primero tomó su nombre de la pasarela que allí estaba antaño para cruzar el rio en barca.

Alcocer fue poco a poco destruido por las constantes riadas y a pesar de la resistencia de los vecinos a abandonarlo, finalmente fue necesario para no perecer ahogados. Los pocos vecinos que sobrevivieron a la desaparición de Alcocer culpaban a las envenenadas y furiosas aguas del Albaida de aquella desdicha, en vez de al Xuquer (Júcar). Algunos vecinos se trasladaron al vecino Alberic, pero la mayoría lo hicieron aguas arriba en la población de Gavarda, lugar que engrandecieron con su llegada y al que aportaron numerosas restos de su antigua parroquia, dedicada a San Juan, como son la campana *María,* con algunas que quedaron depositadas como seguras en la abadía de Gavarda, así como los antiquísimos archivos (única documentación de la época, fechados desde 1600, época en que había empezado la repoblación tras expulsar definitivamente a los judío—conversos) que unidos a los del lugar, allí se conservan hasta nuestros días, sirviendo, sin duda de una verdadera reliquia que nos permite conocer muchos datos de nuestra historia. La aldea de Gavarda aumentó considerablemente su población gracias a la de Alcocer.

—Por esta pendiente corríamos — decía a su esposa, desconocedora de aquellos parajes— los niños haciendo arca (lanzándonos piedras, por las tarde a la salida de la escuela). Solamente los sillares del viejo puente permanecían intactos, incluso su anchura le parecía más estrecha, seguramente debido al contraste que supone la percepción de un adolescente y la actual, con más de sesenta años de distancia entre ambas visiones, acrecentado por la calma de antaño y del constante tránsito actual que además hacía casi inaudible su conversación ante los agotados sentidos de los dos ancianos.

A Libertad le había llamado la atención aquella imponente y antigua iglesia que destacaba desde lejos, coronando majestuosamente la población, queriendo imponerse al resto de los edificios que se alojaban a su alrededor. Tampoco era extraño puesto que esta imagen se repetía en la mayoría de los pueblos, pero la calma con que sus ojos la contemplaban producían un efecto mezcla de admiración e interrogación ante lo que aquello significaba. Ella tenía su particular idea sobre este tema pero los años y los acontecimientos habían suavizado sus ideales, fieles a los que su madre siempre la impulsó. ¡Cómo recordaba ahora a su madre, y cuan desdichada fue! Pero quiso apartar de golpe aquel sentimiento triste que no venía al caso y convenía olvidar. Ella tenía desde niña cierto trauma y sentía rechazo hacia las autoridades españolas que fueron las encargadas de tergiversar cuanto pudieron y más todo el entramado que aconteció a la muerte por asesinato de su padre (Manuel), y con toda probabilidad la causa de que su madre y ella marchasen lejos de España. No le apetecía visitar el Maestrazgo, su lugar de origen, por la repulsa que sentía todavía, a pesar de haber transcurrido más de 50 años, ante la dudosa e incompleta resolución así como las responsabilidades del autor de los hechos debido al cargo de guarda forestal que ostentaba tanto aquel como su padre al morir. Sin duda las autoridades desviaron el tema así como eludieron responsabilidad alguna. Jamás se les resarció cantidad alguna ante aquel crimen de todos conocido, de aquella injusticia cometida por un antiguo guarda que, movido por celos y obsesionado por la mujer de aquel (su madre), lo asesinó a traición, a pesar de las promesas que jueces y magistrados habían prometido. No le apetecía revivir aquellos recuerdos que fueron la verdadera causa de su emigración al país vecino donde se conocieron ella y Vicente.

Por esto se sentía a gusto al permanecer al lado de su marido, viéndole saborear el paisaje de su pueblo natal al que durante años creyó no volvería a ver.

España estaba viviendo una época de continuos avances hacia una democracia que sin duda se acercaba. Vicente era muy joven cuando se había establecido la Segunda República y solo la conoció en las cortas estancias del verano cuando volvía con sus padres. Ahora cuando en la tertulia del casino de la plaza salía la conversación, los mayores se explayaban anunciando la conveniencia o no de su regreso. La mayoría de los habitantes solo habían conocido una larga dictadura, aceptada con los ojos cerrados y hasta creyendo ser el mejor de los sistemas, puesto que nada más conocían, que les obligó a vivir sin pretensiones, acoplándose a las circunstancias ya que la mayoría carecía de argumentos para evocar otras épocas creyéndola incluso próspera a pesar de las estrecheces pasadas y una censura que ya creían habitual por su persistencia y aceptación general.

Vicente no se atrevía a profundizar en este tema ante las discrepancias de opiniones que ofrecían sus coetáneos, seguramente influenciados por un temor a revivir revoluciones y huelgas que tanto mal reportaron en todos los aspectos. Solamente don Severiano, el médico y don Emisildo, maestro retirado, hacían soportable y coherente una conversación sobre la situación y la conveniencia del país y de su entorno.

La nostalgia solía invadir la memoria del matrimonio anciano y era curioso ver a Libertad tan interesada en aquellos parajes que apenas conocía, no faltando curiosos que preguntaban por la familia, conocedores de su procedencia, como si de algo inhumano o digno de esconder se tratara, aunque su veteranía lograba salirse triunfante por la tangente cuando alguien quería hurgar en alguna llaga que estaba décadas cicatrizada.

Definitivamente Esperanza, Alfredo y Merche quedaron instalados; la mujer como ama de casa y al cuidado de sus padres; Alfredo recuperó el cultivo en parte de la finca que habían logrado atesorar mediante arriendos rústicos inmemoriales que habían servido de justificación para conservarlo al cabo de tantos años, en los que habían recibido una cantidad mísera de los agricultores arrendadores. De todas maneras los antiguos aparceros habían fallecido y sus descendientes apenas mostraban interés alguno en ello y esta circunstancia favoreció a que la familia pudiera tomar posesión. No obstante, esto formaba una parte secundaria en su dedicación puesto que pronto Alfredo fue contratado en la fábrica Colomer —Lledó formando parte de la plantilla como uno más. Su notable conocimiento de francés hacía que de vez en cuando, debido al manejo de aquel idioma facilitara la comunicación con proveedores y no faltaron contrariedades entre compañeros que siempre acababan en broma. Para algo le servía haber trabajado siempre en el sector agro alimentario en Nimes, de donde finalmente obtuvo una cantidad respetable de francos en la avenencia que convinieron entre las partes, tras su despido que fue debido a una merma en la producción de aquella fábrica.

Solo les preocupó el futuro de su única hija Merche. Esta hablaba a la perfección el francés y el valenciano, pero no tardó en dominar el castellano, imprescindible para continuar sus estudios. Los dos primeros años estudió en el instituto de Albaida, dejando en ocasiones boquiabiertos a algunos de sus profesores que la habían visto llegar con ciertas dificultades en el lenguaje, pero con conocimientos en materias que sorprendían incluso a sus educadores.

Pronto era conocida tanto en la localidad como en el instituto, dado el agradable trato de la joven que, aunque de apariencia abierta, mostraba una tendencia limitada en la intimidad que contrastaba y extrañaba incluso a ella misma. Nada tenía que ver ser una persona abierta al diálogo, al mundo que la rodeaba, ansiosa de conocerlo y de disfrutarlo, para que el desarrollo de sus querencias internas prestasen un ligero retraimiento que guardaba pasa sí. Era una joven diferente, con influencias notables en el terreno la educación y cultura recibidas en el país vecino.

Compartía amigos y amigas como una vecina más, y tampoco le faltaba el típico atrevido que con destreza pretendía ganarse el aprecio de Merche, aquella recién llegada, interesante, atractiva y culta, a la que su ligero acento la hacía interesante. Ella otorgaba en todo hasta que notaba intención propia del joven que se siente atraído por la joven que llega al grupo. Con gran talante sabía manejar aquella situación y solo ella sabía que su sensualidad y atractivo sexual permanecía todavía dormido, y evitaba hacer mención cuando entre risas, sus amigas comentaban tal o cual momento de excitación. Se limitaba a obtener información al respecto; algún día llegaría en que pondría en marcha aquel engranaje de su cuerpo que sus amigas aseguraban maravilloso.

Era curioso ver a sus actuales amigas como iban descubriendo un cine, hasta hacía poco prohibido por la censura, con escenas eróticas que parecían entusiasmar al público español, hambriento de este tipo de películas y en cambio ella tenía que asemejarse con ellos y disimular que desde siempre era habitual el cine erótico en su país de origen. A veces se preguntaba si la represión sufrida por España había contribuido a que las personas mostrasen un interés rabiosamente emocionante hacia este tipo de temas; en cambio ella prestaba el mismo interés cualquiera que fuese el tema o el género del film. ¿Habría acelerado en los jóvenes la maduración sexual que en el pasado reciente era considerado tabú, prohibido, y ahora se apresuraban a devorarlo a marchas forzadas como si existiese fecha de caducidad? Todo era posible. Su adecuada edad hacía posible la compatibilidad de diferentes culturas. Poco a poco fue contando a sus íntimas la diferencia entre las culturas a uno y otro lado de los Pirineos, aunque esto avivaba más si cabe el encanto y el atractivo de Merche a los ojos inexpertos de sus compañeros. Creían que menospreciaba el sexo y su atractivo, en cambio ella se mostraba fiel y segura a sus instintos de mujer como persona, sin prestar demasiada importancia a aquello. Estaba segura de que llegaría el día en que su corazón y su cuerpo se unirían y surgiría una química al unísono y se enamoraría de algún chico. Ella entendía que sus amigas tenían separado el corazón y el atractivo instinto aunque dejaba a cada cual que fuese feliz a su modo; ella lo era disfrutando de sus amistades, su familia y con sus estudios.

El siguiente año, al continuar sus estudios, su familia creyó conveniente buscar alojamiento en la ciudad de Alicante, un hospedaje asequible a las necesidades de la alumna y también a la economía familiar. Allí conoció a sus dos inseparables amigas: Zaida y Noemí y formaron un verdadero equipo en cuanto al acondicionamiento del piso, estaban bien coordinadas y su vivienda permanecía siempre limpia y ordenada. Parecían hermanas las tres y, a pesar de haber elegido temáticas diferentes, la continua convivencia entre ellas las hacía inseparables y confidentes. A penas había secretos entre ellas, poseían cualidades similares aunque volvía a notar cierto avance en materia amorosa en ellas. Zaira y Noemí tonteaban con chicos que siempre creían serios, hasta que transcurridas varias semanas su semblante serio anunciara su ruptura.

Ella apenas daba importancia pero sus compañeras tomaban demasiado en serio aquellas chiquillerías propias de alumnos del amor, como ella las llamaba cariñosamente.

Al poco tiempo de vivir en Alicante tuvo noticia del empeoramiento de salud del abuelo Vicente, que pocos días después moría a la edad de 86 años. Sintió mucho su pérdida pero le confortaba la idea de que todavía le quedaba su abuela Libertad. Su nieta la admiraba a la vez que sentía respeto y admiración hacia su persona. La abuela solía aconsejar siempre a Merche, con la experiencia y sabiduría que le ofrecían los años, la consideraba fundamental en la historia de su familia y encontraba su pasado un tanto especial. Solía buscar sus consejos en variados temas, incluso anteponiéndolos a los de su madre Esperanza.

Conocedora del sentir del pueblo español, del desbordamiento que suele emerger al abrir un camino tras tantos años de represión, aconsejaba y comentaba algunos puntos delicados sobre el día a día de las personas, de sus peculiares costumbres y le hacía comprender mejor que nadie algunas incógnitas que no podía despejar. El notable cambio en la sociedad, del país respecto del francés fue anunciado por su abuela, asombrándose la joven de su lucidez y de la especial seguridad con que afirmaba algunos hechos que en seguida se le fueron presentando. Merche se había educado en el modelo Europa y ahora a finales de los 70, había tenido que retroceder décadas. ¡Era curioso!

—Querida —le decía—, a mí me ocurrió a viceversa, cuando con tu edad marché con mi madre a un país desconocido, en busca del cobijo que carecíamos aquí, que nos ofrecía un pariente de mi padre. De esto hace ya muchos años pero lo recuerdo perfectamente. Ninguna de las dos hablamos nada de francés pero ese no fue obstáculo para aprenderlo enseguida. Al poco tiempo me enamoré perdidamente de tu abuelo y quedó decidido mi futuro.

—Entonces, abuela… — le decía cierto día escuchando contar su vida—.

—Sí, me enamoré del hijo de nuestro protector, mejor dicho. Nos enamoramos— dijo sonriendo—.

Merche besaba a su abuela cuando hablaba con tanta ternura que le hacía interesarse por aquel pasado del que casi nadie le preguntaba. La abuela Libertad gozaba de abrazar a aquella criatura que le recordaba su juventud en Alcalá de la Selva y Jérica en su juventud.

—Eran otros tiempos—decía con la languidez propia de la vejez—, Europa estaba en guerra y pronto lo estuvo el mundo entero hija mía.

—Y tu madre, ¿volvió de nuevo a España?

—Sí. Pasó mucho tiempo intentando convencerme cuando aún vivíamos en Cacerville, pero… ¡pudo más el amor! —dijo melancólica— . Vio imposible convencerme y no dudó en volver ella sola. Algún día te contaré el verdadero motivo, no quiero entristecer el carácter alegre del que siempre dispones.

—Si abuela, otro día me contarás todo—decía Merche sin prestar demasiada atención, no era persona que le gustara insistir cuando las personas ponían punto final a cualquier tema. Así se había educado y así actuaba—.

Pero la anciana recobraba vitalidad cuando Merche regresaba de Alicante y podía de nuevo abrazarla. Ella más que nadie apreciaba el notable cambio que el paso del tiempo producía en el cuerpo de su nieta. Estos detalles eran propios de las personas mayores, carentes de obligación, sobradas de tiempo y que disfrutan en esta etapa de su vida al ver los insignificantes detalles de sus seres queridos que forman ya parte principal de sus cotidianas vidas sin poderlo remediar. Desde siempre fue evidente la singular nostalgia que sienten nuestros mayores al contemplar a sus jóvenes descendientes que van relevándoles del lugar que ellos ocuparon desde antaño.

Esperanza fue bien recibida entre la vecindad y se sintió bien arropada a pesar del leve acento francés que envolvía su habla valenciana que siempre practicó. En la madurez de su vida, el matrimonio había empezado una etapa con un paréntesis durante más de cincuenta años y que había hecho que la mitad de su familia quedase para siempre en el país vecino; sin duda las nuevas generaciones echaban allí sus raíces y su voluntad se imponía a la de los mayores.

9

Merche conoció durante el primer curso universitario a un joven con el que estableció una gran amistad. Pronto supo que el joven era de Xátiva; su padre era el secretario del juzgado de la ciudad y se trasladaba varios días a la semana a la vecina población de Canals para organizar algunos libros de los archivos de la notaría y del Registro de la propiedad.

Este joven se llamaba Arturo Sarthou, y tanta fue su amistad que visitaron ambos jóvenes sus respectivos domicilios, siendo muy bien recibidos entre sus familiares. Durante las sobremesas solían intercambiar impresiones respecto a sus respectivas familias, y así fue como Sarthou les comentó que su padre era oriundo de Santander pero fue destinado pronto a la ciudad setabense con plaza fija. Arturo fue enterado poco a poco de los orígenes de la familia de Merche, despertándole cierta curiosidad.

—España continua siendo un país de nómadas —conversaban cómplices los dos amigos sonriendo ante las explicaciones de la familia.

El tiempo hizo que estos y otros comentarios llegasen a oídos de los padres de Arturo sin novedad alguna. Cierto día, al acudir a la notaría y después de anotar algunos informes en el Registro, le sorprendió un testamento que se demoraba sin lograr ejecutarse su herencia a pesar del tiempo que había transcurrido desde el fallecimiento de su último legatario.

El registrador decidió por enésima vez hacer público durante seis meses más aquel documento ante la inviabilidad legal de efectuar las últimas voluntades de aquel. Por secreto profesional nadie comentaba su contenido a pesar de que algunas personas aseguraban conocer su contenido. Ya nadie se preocupaba de ello, aunque sí del tiempo transcurrido sin que nadie lo reclamase.

Sin duda existían sus motivos. Parte de los bienes ya habían sido transmitidos a la Delegación Provincial correspondiente, puesto que pertenecían a la provincia de Soria, habiéndose ejecutado oportunamente, pero el último fallecido legaba además de inmuebles al municipio, una peculiar joya cuyo depósito actual era la Casa de la Cultura de Canals, siendo el adjudicatario el director y en su defecto el secretario de turno. Así costaba en aquellos legajos de papel de estado que se habían extraído en Madrid desde el Registro General de Últimas Voluntades del Estado, único órgano capacitado y fiable para obtener detalles fiables de testamentos. En el final del texto había una anotación referente a las primeras líneas del archivo y era que *solamente se hará efectivo el testamento cuando aquella reliquia de la Casa de la Cultura fuera entregada a la persona cuyo nombre aparecía al final: Libertad (Arteaga), hija de Manuel y Justa.*

Aquella falta de identidad estaba privando al municipio de Canals de unos terrenos baldíos que seguían yermos puesto que todos sabían que era una donación al municipio de Canals. Para más detalle, estaban ubicados no demasiado alejados del casco ubano.

Las nuevas autoridades democráticas tomaron cartas en el asunto y buscaron la manera para zanjar aquella donación de una vez por todas, aunque los asesores advertían que actuasen con cautela en su actuación así como se tuviera en cuenta el paso del tiempo puesto que corría en su contra. Si transcurrían diez años sin otorgarse el testamento se subastaría al mejor postor, sin consideración alguna y probablemente el ayuntamiento perdería sus derechos.

Enrique Sarthou estaba enterado de aquellas leyes que con el paso del tiempo podían volverse en su contra.

—Lo ideal es encontrar a la persona o descendiente y actuar debidamente; no podemos quedarnos cruzados de brazos —solía puntualizar aquel en el Consistorio, sin demasiado apoyo de parte de los nuevos ediles.

Por pura casualidad, este fue tema de conversación algunos días a la hora de la comida y su hijo Arturo, ingenuamente, fue enterado. Extrañaba los gestos y la manera en que su padre se expresaba así como de cierta preocupación que demostraba por el tema, a lo cual no les tenía acostumbrados.

—Papá, sugiero que, puesto que el motivo del problema es esa joya que permanece custodiada en la Casa de la Cultura, se informe a todos los socios, en una de las reuniones mensuales y se convoque, no sé,… un concurso, por ejemplo, cuyo tema sea… La Leyenda de la Reliquia. Así se podrá fomentar el interés en la ciudadanía acerca de lo que se está convirtiendo en tradición. Además ¿Quién no dice que el tema pueda trascender y se encuentre a su verdadero dueño?

—Has tenido una idea fenomenal,—dijo su padre— además se puede extender la voz para que cualquier interesado, cualquiera que sea su domicilio, pueda tomar parte en el concurso.

—Habrá que premiar al ganador... —Insistió Arturo—.

—Claro que sí. Estimo que el Consistorio no tendrá inconveniente en recompensarle a cambio de obtener información capaz de finiquitar un asunto que todos saben fue donación.

—Además de efectivo —dijo el joven— se puede premiar de varias maneras, motivando a los estudiantes: libros, viajes, entradas en actos culturales…

—Por supuesto, creo que tu idea puede ayudar. Ahora es un buen momento puesto que los nuevos consistorios democráticos quieren demostrar participación, imparcialidad y ejemplaridad.

Puede ser el momento.

De esta manera Arturo comentó el próximo evento que se iba a celebrar en la comarca de la Costera, con sede en Canals. Merche escuchaba a su amigo y reconoció lo que llevaba maneras de convertirse en algo mítico y como tal lo entendió. Finalmente le dijo:

—Si quieres podemos participar; me parece un tema interesante y además la familia de mi abuela pueden ayudarnos.

—De acuerdo, se acercan fechas de exámenes y como tenemos el curso por delante, en los ratos libres podemos ir aportando la información que vayamos obteniendo —dijo él.

—Supongo que el concurso admitirá tanto de ficción como leyenda y hechos reales.

—Me imagino que sí, de todas formas quedan por estipular las bases. La noticia está todavía en el borrador y somos de los primeros en conocerla —sonrieron cómplices—.

Y la joven pareja continuó comentando otros temas de actualidad. Después pensaron que se podían esmerar y el mismo trabajo podría servirles para mejorar nota en una de las asignaturas comunes. Comenzaron a investigar en la biblioteca de la universidad sobre la historia de Xátiva y de Canals, así como la de Albaida; salieron a relucir en letra cursiva las aventuras de un *"roder"* que se forjó en las cercanías de la ciudad de Xátiva, en concreto en el pueblo de Rotgá, aunque era oriundo de Llosa de Ranes. Aquel personaje había acaecido hacía décadas, aunque las personas de avanzada edad todavía lo recordaban perfectamente. Se llamó Micalet Mars. Fue muy conocido en la comarca por sus fechorías y no le faltaron admiradores que no dudaban en esconderle de la justicia en sus propias casas, causándoles incluso pena la vida vagabunda y a escondidas que había de soportar, debido a la fama que la sociedad le impuso, seguramente escaso de mejores noticias que ofrecer y que el incansable Micalet arrastró de por vida.

Fue condenado justa e injustamente por una sociedad de la época a la que él y sus y sus más allegados contestaron huyendo y otorgando como suyas unas hazañas que desconocía, lo que le condujo a convertirse en un héroe, casi un mito en vida, con tal de llenar periódicos y por la conveniencia de de unas autoridades faltas de noticias que entretuviesen la atención de un pueblo saturado de injusticias y represión. Era la manera de provocar que la gente torciera la mirada hacia temas que hicieran olvidar los verdaderos problemas por donde atravesaba el país.

Muchos lo apodaron *"el horado sin honra"* debido al origen ingenuo y humilde que acabó por transformarle en bandolero, aunque en el fondo existía un buen corazón habituado a huir. Solía visitar su hogar aprovechando la oscuridad de la noche y también la protección de algunos vecinos. Según los escritos se ocultó, junto a unos compañeros en la mismísima casa de la Acequia Real del Júcar, palacete antiguo situado en Antella, que permanece cerrado salvo contadas ocasiones en que se reúnen allí los diputados para tratar temas importantes.

—Por lo que veo siempre hemos requerido héroes de leyenda capaces de distraer al pueblo —dijo Merche—.

—Sí, España se ha valido siempre de la picaresca, es algo que nos identifica.

Luego supieron de la existencia de un libro escrito por el abogado y político Rafael Comenge, nacido en Alberic (Valencia) en el cual descubrieron que el *roder* tuvo mujer e hijos y que posteriormente y en la última etapa de su vida se le premió cuando asumió la alcaldía de su pueblo: Rotglá— Corberá.

—¡Vaya! Realmente nuestros héroes acaban siempre bien parados —sonrieron—.

Cuando Merche volvió a su pueblo tuvo ocasión de preguntar ingenuamente a su abuela por aquella extraña situación que empezaba a inquietar a las nuevas autoridades que tanto prometieron antes de ser elegidos. La abuela Libertad la escuchaba mirándola fijamente a los ojos como siempre lo hacía, y a medida que mencionaba datos iba prestando aún mayor atención.

—Es curioso, buscan a una mujer que se llama Libertad, como tú, abuela. Pero los apellidos no concuerdan, claro. En aquel momento corrió savia nueva por todo el cuerpo de la anciana. Su rostro, arrugado de por sí, empezó a presentar una palidez repentina, a la vez que notaba una fuerte punzada en su pecho.

—Merche, este concurso que citas, ¿quién lo ha promovido? —dijo creyendo que era otra de las bromas que acostumbraba a gastarle su nieta.

—El consistorio de Canals, a través de la Casa de la Cultura, donde permanece custodiada aquella reliquia.

—¿Y no han dicho de qué se trata?

—No, abuela. Esto es más un tema divulgativo que por propio interés.

—Mejor —contestó más relajada la abuela.

Poco a poco fue sonsacando la información que la abuela podía proporcionarle. Tanto era el temor y el desprecio que todavía sentía hacia la anterior etapa política del país que hubiese preferido callarse y omitir toda aquella información que ahora alguien necesitaba. Sintió alivio al ver la poca insistencia que Merche prestó ante la posible información que ella podía proporcionar.

Libertad Arteaga era ella, evidentemente, pero su nieta no conocía la existencia de una hermana suya que había vivido en adopción en Canals y que ambas se conocieron cuando su madre biológica ya había fallecido en tenebrosas circunstancias durante la guerra civil. Después el cruel destino hizo que la madre de Libertad muriese en manos de su ilegítima hija que, casualmente y sin tener conciencia de ello, se había enamorado de un nieto de su padre natural y con el que curiosamente compartió toda su vida. Pero todo esto lo había tenido oculto casi toda su vida y ahora no creyó oportuno desvelar todo aquel lejano entramado que a casi nadie interesa ya. Con la separación de su madre y posterior muerte, juró que nada de ello contaría su descendencia. Ahora Vicente, su marido, estaba muerto y aunque estuvo enterado de los hechos, habían acordado sepultarlos, continuando alejados del país. Ya habían sucedido suficientes desgracias, lo mejor era borrarlo. Pero su querida nieta abría la herida, volvía a recordarle, inconsciente, aquella historia que su madre le contaba cuando era niña, sin apenas distinguir si era cuento o realidad. Aquella ni siquiera conocía a su media hermana, aunque llegó a tiempo de abrazar a su madre biológica, conociendo su verdadero origen de boca de su madre moribunda, poco antes de su muerte, una vez perdidos sus verdaderos padres: los adoptivos que la amaron: Jacinto Colomer y María Valls.

Sin duda —pensaba intrigada— esta mujer y su esposo, siendo como eran parentesco, no tendrían descendencia y quizás en su testamento añadiera la condición de que ella o alguno de sus familiares tuviera conocimiento del destino de los bienes del matrimonio, dejando aquella hijuela suelta de la adjudicación.

—Pero, ¿Qué sería aquella reliquia la cual era pieza clave para la total adjudicación de las fincas restantes? —se preguntaba algo intrigada.

No tenía ni idea y ese pensamiento la inquietaba, aunque su conciencia dormía tranquila. Aquella mujer, Nieves, su media hermana y ella se habían visto en contadas ocasiones y jamás de los jamases —regurgitaba maliciosamente— le insinuó nada al respecto.

—Sería una decisión de última hora, —pensaba en sus adentros sin temor a equivocarse—.

La letra que figuraba al pie del testamento estaba escrito por otra persona diferente al resto y sin duda en otro momento, se enteró la anciana. De todas formas tenía cierta curiosidad por saber a ciencia cierta que sería aquella joya para que su poseedora tuviera el detalle de dejar en custodia al consistorio. ¿Se sentiría en deuda con ella? ¿Quizás se trataba de una voluntad de su propia madre que le encargó en sus postreros momentos?, pero si era así, ¿Por qué tanto secreto?

Se puso a pensar y recordaba a su madre, Justina (a la que todos conocían como Vicenta), siempre vestida con modestia, sin joya alguna. Jamás usó anillos, ni siquiera se compró el de matrimonio debido a su precaria situación y que les fueron prestados por su cuñada para la ceremonia.

De pronto recordó que su madre solía llevar como amuleto una medalla pequeña y tan discreta que ni la recordaba, de la que jamás se separaba. Sin duda podría tratarse de ella. Este pensamiento la tranquilizó y su boca, en plena noche, acostada en su cama cuando la legendaria memoria aportaba a la luz detalles tan entrañables como aquel, propició en medio de la densa oscuridad un aliento que se sobrepuso al entorno esbozando una larga sonrisa, involuntaria, de profundo sosiego que le produjo un relejado sueño tras varias noches cruzadas de cavilaciones.

A la mañana siguiente despertó con inquietud a pesar del ambiente frío que envolvía la estancia. Estaba motivada a pesar de tener consciencia de existía probabilidad de que lo aparecido en su memoria, casi en el embrión de esa memoria que se conserva de la pasada juventud y que ella revivía como si se tratase de fechas recientes, pudiera ser solo un presagio. Era consciente de que Nieves había heredado de sus padres mejores objetos y sin duda de elevada valía. Parecía que olvidaba la estima que su madre sentía por aquel amuleto que le había servido para poder reconocer en el pecho de su, hasta entonces desconocida hija, la huella con la que la marcó al nacer. Libertad desconocía este detalle.

La anciana pasó unos días confusa obviando la importancia de sus recuerdos cuando fuesen contados a su estimada nieta, dudando aún en la conveniencia de relatar todo aquel pasado que tuvo olvidado gran parte de su vida. Días después decidió confesar a Merche una leyenda en que revelaba ciertas similitudes con lo verdadero pero se guardó de protagonizar la historia, limitándose a proporcionar nombres ficticios.

Así fue confeccionado y presentado el extenso relato que compartieron Arturo y Merche en el concurso que organizaba la

Casa de la Cultura. Pero el jurado, compuesto por personas acreditadas de la zona y del que formaba parte don Enrique Sarthou, prestó atención al auténtico nombre de la autora de aquellos hechos, cuya información los dos amigos no ocultaron, máxime al ser la abuela de la amiga de Arturo, su hijo.

Tras largas deliberaciones el jurado seleccionó algunos trabajos por su contenido documentado y por la elegante presentación con que habían sido exhibidos. Se realizó entrevista con los autores escogidos y con posterioridad volvieron a reunirse con el propósito de esclarecer lo que era su propósito. Determinaron premiar al mejor trabajo y también al que podía servirles de trampolín para justificar la adjudicación de las parcelas rústicas, además de zanjar de una vez la legendaria "reliquia" antes que convertirse inútilmente en tradición u objeto de veneración además de perder una justa donación.

Don Enrique se abstuvo en la votación cuando era decisiva por ser padre de concursante. Así se premió a un joven y eminente historiador, recién licenciado, Rubén Just Albentosa, vecino de Canals por su inmejorable trabajo con un honorable y merecido primer premio consistente en la publicación en papel de la obra y sus derechos, además de una moderada cantidad en efectivo.

Y el segundo, aunque muy discutido fue para Arturo Sarthou y Merche Solbes. El Consejo otorgó finalmente y por unanimidad ante el merecido aporte de datos creíbles. Su premio consistió en un pasaje para dos personas durante siete días con estancia incluida, en la ciudad de París.

Pero ello iba condicionado a la aceptación por parte de doña Libertad, u otro descendiente en su nombre, del objeto custodiado durante más de nueve años en la ciudad de los papas.

Libertad se mostraba reacia e indiferente ante la súplica por parte de los jóvenes para acudir en la fecha al acontecimiento esperado de la entrega de premios. Delegó finalmente en su hija Esperanza que acudió encantada en representación de su madre.

10

Las familias de los jóvenes participaron entusiastas del premio conseguido meritoriamente por sus hijos y contagiados de aquel frenesí les acompañaron hasta el aeropuerto de Manises desde donde volarían a París; ambas familias tenían la suficiente confianza para demostrarles aquel éxito dejando atrás tapujos que años atrás lo hubiesen impedido. Sabían de la madurez de pensamiento de sus retoños y contagiados del aire de renovación que todavía se vivía por la recién estrenada democracia y de los avances que se precipitaban día a día, confiaban plenamente en ellos.

Durante las dos horas que duró el vuelo hasta París, Merche y Arturo no cabían en sí de júbilo y de tanta novedad como iban descubriendo, sobre todo él que pisaría por vez primera suelo francés. El miedo a volar que el joven llevaba en su interior fue desinhibido enseguida por la fluida conversación que su amiga le proporcionaba.

—Parece un sueño que hayamos logrado esta… aventura.

—Las circunstancias y el estudio lo han hecho posible —dijo Arturo convencido—.

Merche vestía ropa desenfadada e informal, pantalones Lewis, suéter rojo claro y deportivas, mientras él cuidaba algo más su vestimenta: calzaba zapatos de marca, pantalón de pinzas y una camisa de manga larga bajo un jersey de punto. Solo dos bolsas de viaje llevaban consigo puesto que el resto del equipaje permanecía en las entrañas de la aeronave.

Los dos sonreían atraídos por las vistas que desde la lejanía, la diminuta ventanilla del artefacto se presentaba a miles de metros de altura, adivinando tal o cual figura y la variedad de panoramas que se precipitaban. Pronto sobrevolaban la costa mediterránea hasta que a la altura de la ciudad condal la nave sobrevoló tierra firme hasta su destino.

El viaje había sido muy interesante, intuyendo la importante semana que les esperaba, repleta de visitas importantes.

—Me apetece llegar al hotel y estirar las piernas en la cama de la habitación —comentaba él—.

—Piensa que el desplazamiento por la ciudad será algo complicado… —contestó ella conocedora, animando a su amigo—.

Cuando por fin el taxi les condujo, se establecieron en el Gran Hotel Royal, situado en pleno centro de la ciudad pero sin las aglomeraciones del centro histórico y fueron testigos de la gran afluencia de turistas internacionales. El segundo día entablaron amistad con un grupo de estudiantes asturianos con los que compartirían varios días.

Los dos jóvenes, aunque como pareja sentimental no eran considerados, aceptaron realizar el viaje de recompensa y poder disfrutar durante una semana en la ciudad de la luz. Se hospedaron en habitaciones independientes, aunque Arturo logró que Merche pasara una larga velada junto a él en su habitación. Unas copas de más después de una ceremoniosa cena contribuyó a que la joven vistiese adecuadamente para la ocasión y con la belleza de sus veinte años permaneció con su amigo que entusiasmado y respetuosamente la esperaba, confiado en la inabordable belleza de su amiga y conformado con su agradable compañía y con tener cerca a una joven tan hermosa como ella. Ahora podía disfrutar vivamente de todo su encanto. Su pelo negro, ondulado y recogido para la ocasión favorecía los rasgos de su cara, sus ojos, dos luceros donde podía reflejar su imagen sin dejar de contemplar su color, parecían ahora profundos como el mar, sin duda afectados por la tibia armonía vivida durante estas jornadas propicias al amor, donde habían caminado junto al Sena. Aquella calma parecía acrecentar su silueta, intocable por el momento creyendo incluso que ella sentía la misma atracción. Disimulaba las curvas perfectas de su cuerpo un traje largo de color rojo que silueteaba perfectamente sus caderas realzando aún más sus erectos pechos. Pero el mejor encanto de Merche era su interior, su sonrisa adecuada, su saber estar, guardando la compostura que ofrecía una joven alegre, jovial y tierna. Al menos así se ofrecía ante los ojos inexpertos de Arturo, el setabense compañero entrañable de estudios. Solamente con el pensamiento se excitaba sobremanera y muchas eran las noches que en la soledad de su cama se despertaba en el preciso momento en que su cuerpo, colmado de éxtasis estaba soñando con ella y su mente le transportaba mucho más lejos de la realidad, conociendo placeres, explorando rincones que le ofrecía en su sueño el cuerpo de Merche.

Luego se entristecía ante la realidad, después de advertir húmeda su ropa íntima a consecuencia del poder que ejercía en su mente la visión de tener a su hermosa amiga en sus brazos. Después volvía a la rutina respetándola como una musa que, aunque objeto de deseo en su interior, fuera incapaz de insinuarle cualquier propuesta deshonesta, sino todo lo contrario, Merche era una verdadera amiga en el sentido amplio de la palabra, y con eso era suficiente.

Después de la cena la mayoría de clientes se dirigía a la terraza cubierta que había en un lateral del edificio donde había esmerado servicio de cafetería con un ambiente agradable y una música que invitaba a conversar. Ambos jóvenes compartieron con un grupo de estudiantes de Asturias como si de verdaderos conocidos se tratase. Pero durante el ecaso tiempo que duraron las presentaciones entre los jóvenes, Arturo apercibió miradas cruzadas con uno de los asturianos y sonrisas en Merche que llegaron a producirle unos celos que hasta ahora nunca había sentido.

—Cómo puede ser que un desconocido sea capaz de llevarla a su terreno, mientras que yo… —pensaba tímido Arturo—.

Sospechaba que Merche, en el tema amoroso, no era una chica fácil pero esa misma premisa es la que le tenía en ascuas al saber que Armando, que así se llamaba el supuesto pretendiente, y Merche se apartaban sonrientes del grupo, mientras él permanecía con el resto de conocidos con tal de no levantar sospechas aunque su pensamiento fuera con ellos.

El volumen de la música iba en aumento a la par que el ambiente también subía con la compañía de las copas encargadas de proporcionar alegría y bienestar, momentáneamente. Para seguir la conversación era necesario elevar la voz y acercar el rostro al oído de la persona, por lo que pronto el grupo se había segregado en varias parejas. Arturo quedó conversando con Rebeca, una pelirroja del grupo, procedente de Villaviciosa, y poco a poco algunos se perdían por rincones oscuros apartados de miradas ajenas. Rebeca charlaba y bebía indistintamente del cóctel suyo y del de Arturo. La excitación del momento y la ayuda que proporcionaba el alcohol provocaba que la conversación tomase un rumbo interesante. Rebeca le contó que eran una pandilla de amigos que desde tiempo atrás tenían el objetivo de visitar París, no obstante algunos se habían echado atrás a última hora, seguramente evitando alguna infidelidad temida por sus parejas. Pero el resto fue fiel a su palabra y allí estaban. Arturo respiraba el aliento de Rebeca sin poder contener la excitación.

Rebeca era una chica de estatura normal, de tez blanca que contrastaba con el cabello rizado, rojizo a la luz del día pero indescriptible en estas circunstancias. Vestía elegante y desde el primer momento se sintió atraído por la opulencia que presentaban sus pechos, ceñidos y oprimidos que él imaginaba deseando liberarse de tal sujeción ofreciendo su moldeada perfección y una silueta perfecta. Solo su correcta educación le producía retraimiento, una timidez que se iba disipando al tomar confianza. Su cabello largo solía acercársele al rostro con demasiada asiduidad a lo que ella respondía con leves movimientos de cabeza que volvían a clocarlo en su sitio, acompañado instintivamente de su graciosa mano que gesticulaba algo nerviosa ante su nuevo amigo.

—Todos somos amigos desde la infancia —decía ella— y la mayoría, aunque tengan relación de pareja, seguimos siendo buenos compañeros, y este viaje llevamos planeándolo… ni me acuerdo el tiempo.

—¿Tengan?

—Bueno es un decir. Me refiero a que ya no somos tan niños y algunos tienen pareja fuera de la pandilla, aunque solemos reunirnos todos un par de veces al año —dijo ella ingenuamente—.

—Y ¿tú?—

— A que te refieres, si tengo novio. Pues no. ¿Y tú?

Pero el murmullo de la sala despistó un poco la conversación y como respuesta, ella le invitó.

—¿Quieres que bailemos?

El joven, un poco retraído aceptó aunque debía dejar el vaso en la barra. Ella advirtió su intención y cruzando los vasos apuraron cada uno su contenido hasta vaciarlo en el estómago. Sonrieron a la vez que ella le cogió de su mano el vaso vacío depositándolo en la barra. Seguidamente cogió a Arturo de la mano y se dirigieron al lugar que ella eligió. La música ahora sonaba a ritmo lento por lo que el movimiento debía ser pausado y relajado. Hacía calor en el ambiente tan cargado de aquella terraza que simulaba el de una discoteca.

Rebeca subió sus brazos hacia los hombros de Arturo pero este ahora la estrechó con sus manos en su cintura atrayéndola hacia sí cuanto podía, notando cierto alivio al contacto de sus cuerpos acoplados a la perfección, en vista de que ella ofrecía colaboración. Los sensuales brazos de Rebeca no cupieron en aquel espacio y los colocó entrecruzados con los de su compañero en su espalda. Sus rostros estaban pegados y ambos recibían el calor que en ese momento desprendían, inspirando él aquel perfume que el cuerpo de la muchacha llevaba impregnado, aceptándolo como propio. Las mejillas sonrosadas de ella producían una singular caricia en la curtida cara del varón. Por instinto, él dejó espacio para aquellas purpúreas manos femeninas que nunca lo habían acariciado así y colocó las suyas en el incipiente trasero de la joven que casi le pareció oír estremecerse con su contacto. Arturo era consciente de su prominente miembro que, aunque preso, intentaba posesionarse en la parte íntima de Rebeca y cautivo del enorme placer no le importó.

Todo sucedía tan rápido que parecía un sueño, una visión de película, pero era él quien lo estaba viviendo y disfrutó de la compañía sin resistencia.

—Es curioso —se atrevió a susurrar al oído de Rebeca, que parecía hecha a su medida—.

—¿Qué?

—Parece un sueño. Siendo del mismo país aunque lejos, y que hayamos recorrido dos mil kilómetros para poder liberarnos.

—¿Tú crees…?

—Estoy convencido.

—No pienses eso ahora.

—Es inevitable —le dijo él—.

Y mirándolo de nuevo a los ojos le repitió:

—Piensa en esto.

Y levantando ambos pies en puntillas le besó en los labios, intercambiando los excitantes entremezclados sabores a fresa, menta, y jazmín que la boca de Rebeca le había ofrecido. Ella subió al tiempo los brazos hasta el cuello de Arturo notando además la presión de sus pechos amortiguados en los de él para impedir que el aroma que compartían pudiera escapar.

Seguían bailando, besando y acariciándose mutuamente como dos jóvenes que descubren el amor, el contacto físico y el atractivo que la fuerza de los veinte años produce.

—¿Habéis venido juntos? —preguntó ella—.

—Sí. El viaje ha sido la consecuencia del premio conseguido por los dos por un trabajo en la ciudad…

—¡Que interesante! —cortó ella—.

—La verdad es que si. Merche es una gran persona.

—Pero…

—No, no somos pareja, solo buenos amigos, compañeros de clase.

Parecía que la joven daba un respiro al temor que albergaba confiando que aquellos dos valencianos eran algo más que amigos.

Volvía ahora a sonar la música disco y con ella desapareció la calma, apareciendo de nuevo algunos de sus amigos. Juntos regresaron hacia el mostrador acusando cierto sudor motivado por el cargado ambiente que acumulaba el humo que producía el tabaco de la mayoría de los presentes.

Sentados estaban Merche y Armando, acompañados de tres de sus compañeros. Cuando Arturo se acercó sentía cierto respeto al ver a su compañera de viaje acompañada del mismo chico; además sintió cierto pudor cuando ella le miraba observando sus manos y las de Rebeca acariciándose.

Volvieron a charlar y cuando al cabo de un rato algunos se disponían a subir a sus habitaciones, quedaron cinco personas, entre ellos Merche y Arturo. El ambiente parecía menos condensado acompañando a la tertulia, y pidieron de nuevo otra consumición. Se sentaron en sillones comodísimos teniendo en común una mesa baja de cristal, equidistante de ambos lados de la esquina en que se encontraban, apropiada para alojar los vasos y algún paquete de cigarrillos.

Oportunamente los tres asturianos habían dejado dos asientos libres que fueron ocupados por los dos amigos de Valencia.

—¿Qué tal la noche, Merche? —le susurró casi al oído.

—Muy bien, hemos estado paseando por la avenida y, a pesar de estar en junio, ¡casi nos congelamos! —dijo ella sonriendo—.

Arturo quedó estupefacto al ver la insignificancia que daba su amiga a los acontecimientos que él creía relevantes. Ella notó su sorpresa y le dijo:

—Recuerda que yo he vivido muchos años en este país ¡No seas niñato!

Pero él no podía dar crédito y no sabía cómo reaccionar. Ni tenía tanta importancia que ella se hubiese ausentado acompañada de un joven, ni tampoco que él hubiese estado con aquella chica. Llegó a sentirse incómodo ante la agradable presencia de Rebeca que continuaba sentada a su lado y optó por transigir. Ahora era Rebeca la que le hablaba.

—Perdona si me entrometo, ¿compartís habitación? —les dijo en confianza—.

—Claro que no —contestó con naturalidad—, ¿y vosotros?

—Las dos chicas sí; ellos también las comparten —dijo sonriente señalando a sus amigos sentados de frente—. No estarás celoso…

Él se revolvía hacia los dos lados tratando de complacer a sus amigas, creyendo que Merche no oía. No le contestó. Solo le devolvió la sonrisa.

—Estoy muy a gusto contigo —dijo al fin—.Rebeca le miró a los ojos y se acercó a su oído pero le dio dos besos en la mejilla.

—¡Guapa!

—¡Feo!

—Estás preciosa.

¡Guapísimo! —Le dijo ahora insinuante—.

Y así se piropearon casi en silencio cuando apenas sus compañeros podían adivinar sus palabras. Al poco rato se levantaron, cuando el primero lo decidió y tras separarse, casa uno se fue dirigiendo a su habitación entre risas de amistad en una noche de fiesta.

Aquel fue un día diferente para Arturo. No pudo quedar a solas con Merche antes de acostarse como lo hizo la noche anterior, ante la evidencia de lo ocurrido. El día siguiente cada grupo salió a distinta hora y hasta hubo quien quedo en la habitación hasta medio día. Eran todos jóvenes y no estaban acostumbrados a trasnochar, acusando el cansancio del viaje todavía. En vista de que Merche nada le preguntó, fue él quien lo hizo.

—¿Qué tal con Armando?

—Bien. Es un joven agradable.

—Pero…

—¿Qué?

—Habrá intentado pasarse…supongo. Le he visto decidido.

—¡Normal! Eso ya sabes que es normal, que un joven incite a otro, pero nada más. Eres muy ingenuo. No concibes que una pareja salga a dar un paseo, cogidos uno del otro, sin que haya sexo de por medio. Una mayoría de chicos no lográis entenderlo.

Arturo asentía y callaba.

—Tú y yo somos amigos —le dijo de nuevo— y por eso, obligatoriamente, ¿hemos de tener relaciones? ¡No!.

—Es verdad, discúlpame.

Y Merche, sonriendo, se acercó y le dándole un ligero pellizco en la oreja le dio un beso en la mejilla.

—No, todavía no —le dijo confidencialmente recordándole que no le apetecía el sexo. Le atraía la diversión y otros temas que ni él ni otros muchos entenderían—.

Cierta noche, la última de su estancia, cuando ya el grupo de asturianos había marchado, después del cóctel de despedida que ofreció el hotel en el amplio hall, Merche y Arturo subieron a sus aposentos comentando la conveniencia de preparar las maletas para su partida el día siguiente.

La emoción vivida en la ciudad del amor había sido inmensa para ellos y así lo habían comunicado por teléfono a sus familias, deseosos estos por conocer sus noticias. La torre Eiffel fue visitada en dos ocasiones; una en pleno día y otra esa misma noche al caer el día, embelesados como habían quedado ante aquella magistral obra de ingeniería. Contemplaron la ciudad como dos enamorados que no lo eran, y de las vistas que de allí se ofrecían. La primera vez subieron su interminable escalinata aunque cesaron en el primer piso donde tomaron un aperitivo aireados de la magnitud del panorama que desde allí adivinaban. El colapso de gente les hizo desistir de continuar. Pero por la noche, con menos gentío, decidieron llegar hasta el final, llegando a sentir fobia cuando el entresijo metálico de aquella construcción parecía crujir a medida que avanzaban en altura. El viento, imperceptible desde el suelo, era allí considerable creyendo que a medida que el espacio se estrechaba, la torre sufría ligeras oscilaciones en su eje, fruto sin duda del respeto que infundía perder la perspectiva del horizonte al suelo, pero compensado por el resplandor que ofrecía la ciudad próxima a oscurecer y que comenzaba a aparecer iluminada por millones de luces que parecían apartadas del mundanal ruido de la activa París, mientras que observaban de cerca cierta neblina que suele posarse sobre el Sena. Merche sugirió que parasen a recuperar fuerzas y una vez repuestos, Arturo la cogió elegantemente de la mano invitándola a seguir, ¿Vamos? —le dijo—.

Por fin llegaron a una repisa balconada con altas barandillas que esquivaron por prudencia. Era el final de la ascensión y arropados con atavío de abrigo aguantaron hasta que no quedara el mínimo rastro del sol; un sol que se afanaba en ocultarse tras los edificios, provocándoles una sensación indefinida; sentían miedo, alegría, melancolía pensando en lo costoso que es conseguir algo delicioso y lo rápido que desaparece.

En el momento en que el sol llegaba al ocaso a lo lejos y tras aquellos nobles edificios con fondo verdoso del paisaje parisino, Arturo se acercó a la baranda enrejada y gritó: ¡Bravo, Eiffel! Y acto seguido Merche lo abrazó a la vez que le apartaba de aquella orilla peligrosa. Sus mejillas se tocaron y ambos apreciaron la frescura que la altura de París provocaba en sus sonrosados y fríos rostros.

—¡Misión cumplida! —dijo ella satisfecha.

Fue una vista sensacional ver como la ciudad empezaba a encender su luz, su eterna Luz de la que todo el mundo hablaba. Sentían curiosidad en conocer la sensación de la ciudad al desaparecer la luz solar y observar la incandescencia de la electricidad que Edison inventó. En menos de media hora la tenue luz ambiental se transformó en electricidad por doquier, no por ello menos hermosa a la visión del ojo humano. Allí solo se respiraba paz, fervor, armonía, ilusión, amor, diversión y albor; no había lugar para otros pensamientos. Aquella placidez invitaba a la melancolía, a enamorarse, pero Arturo lo descartaba en su amiga y se consolaba con el pensamiento en Rebeca, que durante aquellos días le acompaño a descubrir deseos, a eliminar ficciones ofreciendo sentimientos, a dejarse llevar de la mano del espíritu, por la conciencia, la razón y el corazón, convenciéndose que a ningún lugar nocivo podía conducir.

La bajada desde lo alto de la torre Eiffel les parecía de mayor riesgo, sin duda porque iban deshaciendo el camino a la vez que perdían altura e iban tomando de nuevo consciencia de la realidad que, aunque diferente en altura, continuaba encantadora.

Arturo sujetaba caballerosamente a Merche cuando advertía el mínimo gesto de debilidad en la chica y de vez en cuando le animaba piropeándola sigilosamente durante la bajada de centenares de escalones. Admiraron por última vez aquella irrepetible arquitectura metálica de la ingeniería del siglo XIX que fue ideada para la Exposición Internacional de 1889, conmemorando también el centenario de la Revolución Francesa, cuyo proyecto fue elegido entre más de cien candidatos y que tardó dos años en construirse, quedando para la posterioridad el disfrute de aquella monumental obra de arte, la más alta del mundo entonces.

Un largo caminar por los frondosos Campos Elíseos les esperaba hasta que el autobús 143 les devolviera al hotel. Entre tanto disfrutaban del ambiente embriagador que se contagiaba desde el cercano rio Sena que incitaba a pensar en su presencia y que tan peculiar aspecto ofrece al viandante. Algunos barcos dibujaban en sus mansas aguas un ángulo interminable a su paso, abriéndose camino en una superficie virginal, cristalizada por el resplandor de las cercanas farolas, que de vez en cuando se veían cortadas por los intrépidos puentes que la civilización había construido para vertebrar aquella ciudad que irremediablemente se extendía a ambas orillas de aquel cauce oscuro pero limpio, calmado y cómplice de enésimas aventuras y desventuras de algunos, fuente de inspiración de pintores y escritores que escuchando y adivinando su eco, inspiraban sus obras desde el Barrio Latino. Cuna de civilizaciones, el Sena y su entorno había sido lugar elegido donde expandirse muchos artistas, fuente de inspiración de Víctor Hugo, Eugenio Sué o de Blasco Ibáñez. Gran historia queda atrapada entre sus calles y edificios; derrotada y conquistada por fanáticos ansiosos de poder durante siglos, aunque nunca pudieron arrebatarle lo que sus habitantes ansiaban conservar: paz, amor, inspiración y elegancia. Ejemplo de civilizaciones, confluencia de tradiciones donde todos encuentran un lugar para contagiarse del efluvio que emana desde el aire.

—Adiós París —dijeron los dos amigos a medida que se alejaban de la mirada de aquel fantasma enorme que contempla la ciudad que emerge bajo sus pies—. El laberinto de tus estrechas y antiguas calles provoca encanto y misterio en contraste con la modernidad y el lujo de tus avenidas. Continúas siendo el lugar tan adecuado para el amor y el arte.

11

Al subir a las habitaciones, Merche abrió la suya mientras Arturo había quedado hablando con un empleado con el que conversaban a diario y que se cruzó con ellos al salir del ascensor. Cuando él llegó a la suya quedó un momento indeciso con la llave en la mano. Volvió a depositarlas en el bolsillo y antes de abrir dio unos pasos hasta la de su amiga y con el nudillo de los dedos golpeó dos veces la puerta. Enseguida abrió ella y le sugirió que charlaran, pues era su última noche de viaje. Dentro de 24 horas el avión de regreso les devolvería a Valencia y todo volvería a la rutina.

—Me pongo ropa cómoda y vengo enseguida.

—Ok —dijo ella sonriendo—.

Al poco rato volvía a llamar Arturo en la contigua habitación de su compañera de viaje. No tardó en sonar de nuevo en la puerta y sorprendida quedaba Merche al abrir nuevamente y ver inesperadamente la figura de un camarero que llevaba en su bandeja un cubo rebosante de hielo en cuyo centro asomaba el cuello de una botella de cava sin descorchar, con dos copas elegantes. Ella miró a su compañero a la vez que este y el botones compartían un gesto de complicidad.

—Buenas noches, señores. —Y dejó la bandeja apoyada en una mesita para tal menester, mientras con la blanca servilleta descorchaba aquella botella—.

Al poco quedaban nuestros amigos mirándose en interrogante sobre aquella sorpresa.

—¡Por nuestro premio! —afirmó él—.

Y cogiendo la botella escanció el contenido en las dos copas que enseguida tintinearon con un brindis.

—Gracias Arturo —dijo ella, y le dio un beso en cada mejilla.

—Gracias a la historia que tu abuela nos relató, quizás a ella le debemos este inesperado viaje.

—Buena objeción, ¡Sí señor! Mi abuela es una persona muy entrañable, curiosamente me cuenta historietas que ni a mi madre le relató nunca, según ella.

—Es curioso, es una mujer con un pasado interesante, digno de elogiar.

—Quizás algún día pueda sonsacarle más datos —dijo sonriendo—.

—¡Por ella! —dijo él—.

—¡Por nosotros, por París! Y volvieron a llenar sus copas mientras buscaban donde acomodarse.

Había dos sillones en la habitación y el joven se tomó la delicadeza de juntarlos y ofrecer asiento a su amiga.

Empezaron a hablar, primero de los estudios; comentaron el complicado proceso que condujo a la celebración de aquel concurso para poder por fin adjudicarse la donación de aquella señora de Canals que había añadido muy oportunamente aquella clausula en su testamento.

—¡Qué indagador detalle!

—Sí, es verdad.

Comentaron aquella coincidencia del hotel con el grupo de españoles con quienes habían congeniado muy bien. Seguramente no se volverían a ver.

—¡Ah!... —Suspiró Arturo.

—¿Melancolía? No me digas que te has enamorado…

Él permanecía en silencio al pensar en Rebeca que sin recelos se había ofrecido a descubrirse en el amor. Sin duda fue fruto de la embriaguez de aquella noche, pues al día siguiente rehuía su mirada y le confesaba que todo había sido consecuencia de una noche de locura, pero ¡qué locura…! Él colaboró aclarándole que nada debía dispensar, eran jóvenes y como tal habían actuado. Un par de noches después quedaron nuevamente a solas y de nuevo se ofrecieron voluptuosamente, dejándose acariciar mutuamente todos los rincones de su cuerpo, pero evitando llegar al final del precipicio porque esa era la condición pactada entre ambos. Hubo suficiente sensibilidad para respetar el último paso y ambos disfrutaron de sus caricias y saborearon sus besos. Lo peor había sido la despedida.

—Pero ya pasó—acertó a decir—.

Continuaron hablando de ciertas intimidades, conociendo cada uno el límite del otro, mientras el ligero camisón corto que llevaba puesto Merche, con su pelo suelto, libre de toda vestimenta ceñida que realzara sus curvas pero al tiempo dejando adivinar otros de sus encantos, provocó una excitación en Arturo que todavía albergaba en su pensamiento a Rebeca a la que veía representada en su amiga de viaje.

Ella tenía las mejillas sonrosadas por la escasa calefacción central del hotel que todavía aliviaba el extremo clima continental de la ciudad, y también por el efecto repentino e inesperado que le estaba produciendo el cava. En estos momentos se encontraba desinhibida y parecía que, por mucho que se esforzara en disimularlo, también ella sentía cierta excitación. La tarde había sido perfecta, lo que sin duda favorecía su estado.

—Merche, ¿a ti te gustan los chicos?

En este momento ella se disponía a tomar un trago antes de que su contenido perdiera su efluvio calentándose en la copa que mantenía en su mano. La pregunta de su amigo interrumpió el acto de manera que por poco se le atragantó; se dispuso a dejar la copa en un lugar seguro.

—Pero, ¿tienes dudas? … ¿qué piensas de mí? —dijo ella algo molesta—.

—No he querido ofenderte, perdóname.

—Pero dime, ¿acaso me crees homosexual?

—No…

—Pues ¿entonces?

—No sé… Te comportas como si no te atrajesen los chicos, quiero decir, yo —dijo al fin—.

—Sabes de sobra que te tengo como un buen amigo pero para mí no lo es todo la atracción y el sexo. Vosotros sois diferentes; nosotras interpretamos el amor de manera diferente. Para los chicos el amor va conjuntamente ligado al sexo, quizá por fisiología, y nosotras, mejor dicho yo, anticipo y separo el amor al sexo. Sé que no entiendes muy bien este razonamiento pero es mi percepción.

—Sí, creo que te entiendo.

—Yo me siento a gusto —dijo ella— y disfruto del momento. Perfecto. Esto me basta.

—¿Y?

—No veo necesidad de centrarme solo en la atracción que produce la belleza… No sé, me apetecen otras cosas y tú lo sabes.

—Sí, me consta —dijo con resignación—.

—Pero tú te sabes atractiva… supongo.

Y en ese momento se levantó y se dirigió al espejo que ocupaba un lugar preferente en la entrada de la habitación. Quedó un momento de perfil entre el espejo y su compañero adivinando el efecto diferente que producía aquella visión en ambos. El cristal, sin mirada directa le ofrecía el resultado. Giró suavemente y observó sus pechos, semiocultos, incipientes, perfectamente posicionados para encandilar a cualquiera. Enseguida levantó graciosamente la camisón corto que tenía puesto formando media revolera, dejando ver sus dos piernas perfectas, hermosas que casi imperceptiblemente dejaron ver el color blanco de sus braguitas.

—No estoy mal —dijo sin intención de provocarle—.

Arturo se levantó y por primera vez besó en la boca a Merche al igual que le había enseñado Rebeca. Se apartaron del cristal provocador sin saber ciertamente porqué. Ella cerraba su boca ante el empuje del músculo interior de la de su amigo que tropezaba con su dentadura que dudaba su proposición apresurada. Se separaron levemente; Arturo estaba decidido en dar al traste aquella velada.

—Así no —le dijo. Y la volvió a besar dejando ahora que sus alientos se contaminasen por vez primera alimentando perfectamente sus deseos que tan reprimidos parecían estar. El beso duró lo suficiente hasta que Arturo percibió ligeros movimientos de cintura en Merche.

—¿Te gusta? —le preguntó él—.

Ella no respondió. No sabía la sensación que acontecía. Él acercó la mano a su talle y la sujetó en vista de que ofrecía entereza. Con la otra levantó cuidadosamente el camisón hasta casi sentir su intimidad notando cálidamente su estado de excitación. Con suavidad la acariciaba al tiempo que ella intentaba separarse del cuerpo de su amigo.

—¡No! Ya basta. Es una locura —dijo en tono enfadado—.

—Esto forma parte de nuestra amistad — le decía ahora él—. Es la manera que tengo de mostrarte el aprecio que te tengo y lo que representas para mí.

Ella, indecisa, se dejó llevar fiel a sus principios, hasta que notó que el tacto de su amigo se acercaba demasiado a su cuerpo. De repente le apartó.

—No, ahora no. Te he dicho que no es el momento.

Y se dirigió a vaciar el escaso contenido de las copas en el lavabo. Volvió a colocar las copas vacías en compañía de la botella y el líquido en que se había ido transformado aquel hielo que hacía un rato enfriaba la botella. Se sujetó el cabello con gesto compuesto bajo la expectante mirada de Arturo. Este se le acercó insinuándole un perdón por algo inexistente. En ese momento su amiga, sonriendo le dijo:

—Es suficiente por hoy…

—Lo siento, me he pasado. ¡Perdóname! Hemos bebido quizás demasiado.

—No es el momento de disculparnos.

Arturo le cogió con suavidad la mano en gesto de humillación mientras ella en tono amistoso, sonriendo, le decía que no era el momento todavía. De sobra sabía él que Merche no era de esas chicas fáciles, era muy diferente a las demás. Su educación había sido liberal y por ese mismo motivo tenía la certeza y convicción de no entregarse todavía al sexo y este razonamiento es lo que le costaba de entender a Arturo.

—Me siento muy a gusto contigo y prefiero dejar separados la libido y la amistad, algo que vosotros dais por unidos obligatoriamente. Las mujeres formamos curiosamente un mundo aparte en este sentido —le dijo mientras acariciaba en tono fraternal el rostro descompuesto de su compañero de viaje—. No tengo prisa y mi cuerpo me dice: todavía no. Te lo he repetido varias veces.

Con un dedo de su mano colocado en sus labios le imponía silencio mientras que con la otra le apartaba despacio y sensual la mano que había hurgado buscando en su interior, corriendo al sprínt por llegar a la meta, y se la colocó en el bolsillo de su pantalón.

—Es hora de descansar. —Él miró el reloj y vio que eran casi la cuatro de la madrugada.

—Es tardísimo y mañana salimos temprano — y ambos se besaron en los labios para que el punto álgido alcanzara una deceleración adecuada a la situación vivida en unas horas.

—Adiós. Hasta mañana.

—Buenas noches.

Entre tanto Merche se adelantó a abrirle la puerta a su compañero que se llevaba sensaciones esperadas mucho tiempo. Aquella había sido una noche especial porque era la única que les había acercado, creyendo incluso que existía posibilidad de que despúes hubiesen podido continuar amándose. Pero Arturo entró en su habitación convencido de que esto no acontecería. Después de unas cortas vacaciones todo seguiría como antes, no hubo más acercamientos íntimos y su relación continuó fluida claramente como amistad. Ella había enseñado a su amigo que perfectamente puede haber un tránsito, una diferencia, una separación entre la amistad y lo que ella entendía como amor, sobre todo cuando ambos convergían en el sexo. Ella distinguía cada uno de estos tres niveles: Amistad, buena amistad, entrañable, pero amistad. De ahí al amor de pareja existía un nivel superior. Ella había llegado aquella noche a este escalón, al del amor, a sentir la atracción que podía diferenciarlo de la amistad. Pero al llegar ahí optó por ser fiel a sí misma: no le apetecía seguir esforzándose hasta rebasar el siguiente escalón. Quería ahora que el tiempo fuese el encargado de decidir el momento adecuado y la persona elegida para establecer ese tercer escalón. Entendía que lo propio era saborear este nuevo estado para ella, el cual concebía sin prisas ni protocolos.

El mundo es libre, amplio, hermoso y demasiado sabroso para querer arrebatarlo con presteza. Le gustaba que siempre le quedase algo por descubrir; no era partícipe del "aquí te pillo, aquí te mato". No. Le gustaba escoger, divertirse, participar, compartir. En estas cualidades del ser humano ella se encontraba feliz y quería sacar de cada momento, de cada edad, de cada época lo mejor. Descubrir vicios, virtudes, defectos, corregirlos, aprender, enseñar; eso es lo que ahora le apetecía: comparar y luego, cuando su cuerpo y su corazón se lo aconsejaran sabría que habría llegado la hora de encontrar y de entregarse a la persona que le llenase y la hiciese feliz.

Con los estímulos de ahora había descubierto sensaciones agradables aunque sabía que la otra persona le pediría más y más. Conocía a los hombres y sabía que era lo más lógico que el siguiente paso fuese la cama y la entrega, con ataduras por este y otro lado y precisamente hasta ahí es donde ella no deseaba llegar por el momento. No le preocupaba el porvenir y estaba convencida de que un día encontraría a su hombre, a su media naranja. Tomó la clara decisión de disfrutar del presente.

Ella había conocido amigas, familiares, personas al fin que le comentaban distintas y variadas versiones sobre sus relaciones. Todas tenían en común que eran fenomenales al principio aunque pasado un tiempo muchas confesaban desembocar en lo contrario de lo que justamente se prometían: fidelidad. Una mayoría era víctima de sus infidelidades y ella entendía que si no llegaba a esos compromisos de fidelidad en el amor tampoco llegaría a los problemas que ello conllevaba. ¿Para qué tanta prisa en entregarse y en comprometerse si después los celos y las infidelidades eran propicios?

Ella sabía que la relación sentimental era lo siguiente y no quería involucrarse en aquellos problemas de la gente mayor cuando lo superlativo se traduce en desagradable. El divorcio, a punto de ser legalizado e instituido en España, estaba en boca de muchos como la solución a los desacuerdos matrimoniales y hasta los políticos no tardarían en instituirlo como en los países más avanzados. Todavía no era legal pero abundaban las separaciones, y lo que era peor en algunos casos, el sacrificio de convivir eternamente con la persona que un día amaste y que ahora detestas; la tolerancia ante las infidelidades de pareja por la conveniencia y la apariencia social de permanecer unidos y bajo un mismo techo.

Esta conversación se desarrolló durante las más de dos horas de vuelo desde el aeropuerto "Charles de Gold" hasta "El Altet" en Alicante donde llegaban de nuevo los dos amigos. Las bases quedaban sentadas entre los dos lo que no fue impedimento alguno para alimentar su ya forjada amistad.

12

Con estas premisas tan claras llegó Merche a la etapa universitaria. En esta etapa conoció a sus entrañables amigas Noemí y Zaira con las que compartía amigablemente piso en Alicante.

Noemí tenía un año más que Zaira y casi dos más que Merche. Cuando conoció a la primera, esta ya mantenía relación con un joven aunque siempre solía contarles algunas discrepancias entre la pareja que salpicaban la monótona relación que aparentaba ser formal. De vez en cuando las sorprendía anunciándoles que preferiría estar libre de ataduras por los celos que sentía su novio que le confesaba estar loco por ella.

—Está muy enamorado, ¡pobrecito! —les decía sonriendo—.

Merche observaba cierta limitación en aquella pareja y se sentía satisfecha de su estado. En cambio Zaira era una joven que disfrutaba de conocer chicos, divertirse con ellos, pasarlo bien, intimar con ellos y al menor tropiezo dejarlo. No afectaba para nada a su carácter esta manera de ser y Merche apreciaba algunas cualidades de Zaira aunque le reprochaba muchas de las actuaciones sentimentales que ella no compartía. Eran tres chicas con caracteres diferentes. Aunque eran buenas estudiantes cada una era feliz a su manera.

Noemí, para ella era una esclava del amor. Había formalizado su relación muy joven y ahora deliberaba sin cesar los pormenores que ello reportaba pero sabiéndose incapaz de actuar de manera diferente que no fuese aquel. Y lo mismo le sucedería a su prometido a pesar de ser el dominante en una relación en la que la mujer continuaba siendo sumisa al varón.

Zaira era el ángulo opuesto. Ella era la dominante y lo concebía como una apetencia, una manera de saborear la vida y el sentimiento mientras durase la atracción y la química fluyese entre los dos, pero cuando algún extraño pasajero hacía declinar la balanza de un lado, fuera el que fuese, no era partidaria de seguir sufriendo. Rompía con buenos argumentos. A veces era ella misma la que la hacía declinar y no dudaba en enterar a su pareja de que algo fallaba y era el momento idóneo para acabar.

Estas decisiones solían dejar a los chicos con mal sabor de boca y solían insistir mucho con tal de continuar, pero Zaira poseía la suficiente artimaña para convencer en pocas jornadas a su chico de la conveniencia de romper su compromiso. Algunos pesados —decía— ceden con la condición de que celebremos una "despedida".

—Y tú, ¿qué haces? —le preguntaban sus compañeras de piso, casi atónitas al oírle—.

—A veces funciona volvernos a ver y darnos el lote por última vez —decía riendo—.

—¿Y eres capaz? —Le preguntaba extrañada Merche que también tenía sus ideas claras—.

—¿Por qué no? Al fin y al cabo nos lo merecemos. Si vuelven a insistir ya no cedo, no les hago caso y funciona.

—Vaya —decía Noemí pensativa—.

Estas conversaciones y otras tantas similares propiciaban la ocasión para contar algunas veces algunas de sus intimidades, conceptuándolas como secretos, y era entonces cuando Merche, evitando quedar en evidencia, tenía que inventar alguna situación sentimental con tal de no entrometer a ningún conocido que le había declarado sus intenciones. Sabía que sus amigas esperaban también sus aventuras con chicos y de esta manera aquellas quedaban satisfechas, aunque ella continuaba siendo reservada en este aspecto, quizá por la escasa diferencia de edad entre las demás, dejando ver su diferente actitud. Prefería en su ego permanecer sin compromiso.

—Todo llegará.

—No tengas prisa —le decía Noemí—. Es mi consejo nena.

Zaira tampoco recriminaba esta actitud, a pesar de que no la compartía. Formaban un grupo bien consolidado y a veces esa confianza provocaba ciertos despistes en las tareas que ellas mismas se habían asignado en la limpieza y organización en lo que de momento era su casa.

Para conocer el destino que nuestra joven vivió, es necesario saber de buena tinta más detalles del entorno, aunque os adelanto que es muy interesante y que como suele suceder, no siempre la teoría se equipara a la práctica. Pero continuemos leyendo y conoceremos nuevos hechos de esta historia que, aunque verídica parece novelada.

TERCERA PARTE
JUAN Y SONIA

13

Juan Orduña, con su insaciable trabajo y dedicación a sus negocios había reunido en años un respetable patrimonio. Todo parecía funcionar viento en popa no descuidando nunca su obligación y realmente era evidente que había acumulado mucho más valor de lo que sus antecesores habían desvalijado. Parecía que los papeles se habían invertido, era el comentario común cuando algunos vecinos comentaban la evolución de la Casa Orduña: la generación anterior teniéndolo todo a su favor no supo aprovecharlo, mientras Juan atravesando una época difícil y en pleno declive, no solo había logrado mantener su patrimonio sino que lo había aumentado.

Como sabemos, su hijo Cristian había marchado del hogar siendo aún niño, marcado por aquella visión que impactara sobremanera cuando descubrió a su querida mamá entregada en el lecho a otro hombre desconocido, secuencia que jamás se le aclaró y que tuvo que descifrar su infantil pensamiento quedando por tiempo secuelas en su fuero interno.

Aquello pasó aparentemente; Sonia daba ahora el ejemplo de una esposa fiel aunque en el fondo no lo era tanto. Su marido estaba satisfecho del cambio que había producido y del comportamiento que ahora presentaba, aún en las peores situaciones donde sabía imponer su decisión procurando defender a su marido, elevándolo incluso ante sus familiares y en el peor de los casos, dejándoles en la peor de las resignaciones si descubría alguna cínica intuición, olvidada incluso durante décadas como había sido el caso al enfermar su padre donde no dudó en dejar claro cuál era la obligación de cada uno.

Pero desgraciadamente no siempre sucedía así. Su tendencia a la lujuria continuaba aunque oculto bajo un manto vistoso con colores que amortiguaban el contenido que tras él se gestaba. Supo tejer un invisible dosel que atraía solo la apariencia beneplácita que con orgullo presentaba, ocultando sensiblemente cuanto de íntimo y lascivo existía detrás de aquella tela de araña. Se había convertido en una mujer elegante, cariñosa con su marido a la que nadie acusaría de actos deshonestos de ningún tipo e incluso a Juan Orduña, su marido, le era difícil convencerse de que la mayoría de los problemas que le rodeaban tenían a Sonia como denominador común.

La permanencia de Cristian con el tío Salvador en Alicante, salpicado de los buenos resultados en sus estudios satisfacían a un Juan ansioso de buenas noticias que compensaran la perdida prematura de su retoño y eran suficientes para lograr olvidar las problemas cotidianos en sus posesiones, haciéndolos más llevaderos.

Juan logró reunificar sus propiedades; sus viñas ya habían alcanzado la denominación de "ecológicas" y su vino poco a poco fue cotizando más y mejor en los mercados de Europa, donde valoraban bien aquellos exquisitos caldos exentos de química que adulterasen su contenido. Era uno de los pioneros en conseguir lo que había sido durante años su sueño. Pero este proceso fue largo, laborioso y costoso. Pasaron años de trámites, burocracia y gastos que eran precisos sufragar en efectivo para poder continuar en el proceso. Fue necesario adecuar las fincas al laboreo y sin apenas pesticidas. En paralelo había que abrirse mercado fuera del país donde cotizasen este tipo de producto, soportando viajes, entrevistas con futuros compradores, además de las imprevistas inversiones.

Con el aceite producido por los olivos también invertía hasta conseguir uno de los mejores aceites de la comarca. De vez en cuando había de sobornar algún funcionario, con lo que parte de sus futuros ingresos formaban ya parte activa de los propios gastos. Con la determinación de la uva de mesa del Vinalopó también hubo de invertir en instalaciones, emparrados, maquinaria y otros productos obviamente necesarios.

Por su parte su mujer, Sonia, solía visitar a un prestigioso doctor vecino de la vecina Denia. Allí acudió la primera vez aquejada de constantes lumbagos y dolores menstruales, por recomendación de su vecina, una acomodada señora que como ella residía en Parcent.

Debido a la cotidiana ocupación de Juan le fue imposible acompañarla y en su lugar fue Melisa, su amiga que ya conocía la eficacia del famoso doctor. Las primeras visitas fueron satisfactorias y el diagnóstico fue seguido por la paciente al pie de la letra y al poco tiempo aquellos dolores desaparecieron. El facultativo predijo desarreglos propios de la mujer y le sugirió aires nuevos a la paciente que agradeció su consejo. Ella le cogió la palabra tan en serio que no cesó en su empeño hasta que aquellos aires que el médico le recetó los encontró cerca del mar, precisamente cerca de la segunda residencia del doctor Iborra, joven y eficiente cirujano, con clínica privada en Denia, que era el que la había visitado.

Sonia, al intimar con Iborra, viajaba sola y sin necesidad de su habitual compañera Melisa. Sabía que el instinto de mujer husmearía pronto en ella y adivinaría lo que ella debía de ocultar a toda costa.

Tanta fue la relación entre Sonia y el doctor, que esta revelaba sin secretos tanto su dedicación como la dedicación de su esposo Juan.

Iborra era soltero aunque mantenía relaciones con una joven de Calpe, Idoia, que estaba finalizando un máster en medicina y con toda probabilidad pronto se uniría a su novio con quien compartiría además profesión.

Pero el poder de seducción de Sonia permanecía intacto llegando a enamorar al joven Esteban Iborra. Este a pesar de su edad y profesión, poseía bienes importantes heredados de su padre, los cuales consistían en acciones financieras que le reportaban importantes ingresos anuales.

Ambos quedaron enterados de la situación familiar respectiva y Esteban, medianamente experto en el amor, quedó a merced del capricho de Sonia, quien además de superarle en años, supo también seducir su persona con su todavía atractivo cuerpo.

El doctor vivía en un piso céntrico de la ciudad de Denia aunque su procedencia era de un pueblo del interior de la provincia de Valencia. Aquel y otros domicilios fueron durante años el nido escondido de amor de ambos. Semanalmente Sonia acudía allí con distintas escusas como compras, visitas periódicas e incluso visitas a Alicante, todas ellas inexistentes que aparentemente justificaban su ausencia.

El gozo y disfrute del sexo que Sonia le ofrecía provocó que ella misma comentase en ocasiones la necesidad de ciertas cantidades de dinero en efectivo que Juan Orduña necesitaba con cierta urgencia para tal o cual pago. Esteban Iborra se ofreció a prestarle aquel dinero y un buen día Juan aceptó, con las escusas de siempre, aquella cantidad que casualmente fue destinado al pago en efectivo de una remesa de productos que durante la semana se habían descargado en el almacén de Parcent.

De esta manera Sonia vio vía libre y justificada a su romance con Iborra al ver la nula sospecha de su marido que ella había sabido manejar hasta el punto de considerarlo acertado.

Esta confianza desembocó en la familiaridad con que su mujer le hablaba del eminente doctor que tan buena amistad ofrecía auxiliándoles en momentos de apuro. Pero el volumen de negocio de Juan precisaba de cantidades mayores de préstamo y es esta ocasión el médico fue asesorado por un financiero de su confianza que fue el encargado de proporcionarle un documento redactado donde aparecían las condiciones en caso de impago de aquellas cantidades en el plazo estipulado que él mismo le aconsejó.

Esta vez la cantidad prestada alcanzaba los dos millones de pesetas que el ingenuo Orduña firmó ante la pasiva mirada de la libidinosa Sonia, escasa de escrúpulos en ocasiones.

El matrimonio y el doctor creyeron haber hecho buena inversión con aquel préstamo; Juan consolidaba la bodega y la almazara mientras Iborra creyó seguro el cobro en una u otra forma, mientras la única que quedaba indemne era la hipócrita esposa que sin firmar documento alguno había logrado complacer a sus dos amantes, sintiéndose incluso más complacida ella que ambos varones en vista del rostro de satisfacción que ambos mostraban.

Pero la realidad era diferente y los números empezaron a fallar. El representante alemán enviaba telegramas al domicilio de su proveedor Juan Orduña avisando de una inminente invasión de vino de excelente calidad exportado desde los Estados Unidos a un precio muy competitivo que haría peligrar las exportaciones españolas de dicho producto. España no era miembro de la C.E.E. y sin duda los aranceles impuestos producirían un incremento considerable que afectaría negativamente a la hora de vender nuestro producto. Pero Juan, hombre poco acostumbrado a capear con aquellos mercados, delegaba estos temas a sus hombres de confianza que sin duda adoptarían acertada decisión.

Aquella temporada fue zanjada con pérdidas considerables aunque parecía que el propietario no se inmutaba con esta inminente situación y continuaba con sus habituales tareas en espera de mejores resultados en próximos ejercicios, al igual que había hecho siempre.

—Menos mal que tenemos el apoyo de Esteban Iborra —comentaba a su mujer sentados en la mesa del comedor algunas veces—.

Sonia permanecía en silencio; aquellas noticias y la impasividad de su marido no le agradaban y empezaba a sentirse mal.

Durante aquel año los rendimientos bancarios se vieron afectados también, siendo sus resultados muy variables. La inflación en España estaba situada en límites insospechados solo unos años antes, en cambio los salarios permanecían todavía en precarias condiciones. El país se modernizaba empujado por la economía mundial y la estabilidad se tambaleaba en un pueblo en vías de desarrollo cuya locomotora envejecía y precisaba sustitución. Los trabajadores, representados por los emergentes sindicatos amenazaban con huelgas en casi todos los sectores de producción que podían mermar los productos, las cosechas o, cuanto menos, verse seriamente perjudicadas. La patronal, poco acostumbrada a este tipo de disturbios parecía enfurecida, amenazando con despidos y cierres inmediatos si se prolongaba aquella situación.

El director del Banco Exterior de España citó a Orduña y trató de alertar y poner a su cliente al día de la situación de la cual parecía eludido. Para ello fue citado en la oficina.

—Tome usted asiento, don Juan —dijo aquel, vestido impecable, camisa blanca de cuello duro, pantalón ceñido y zapatos de charol, a la vez que señalaba un sillón frente a su mesa—.

Juan en cambio vestía modestamente como siempre sin dar especial atención al protocolo que la entidad y su director presentaban.

—¿Fuma usted, don Juan? —y ambos prendían fuego a un cigarrillo que intentaba rebajar los nervios de la situación.

—¿Qué tal las bodega, don Juan?

—En su mejor momento. Queda muy poco vino del año pasado y este año, si Dios quiere, las llenaremos de nuevo y puede que no tengamos suficiente capacidad, por lo que habrá que ampliar…

Su interlocutor al oír estas palabras notó cierta indiferencia y se adelantó cortándole la conversación.

—Ha de ir con cuidado, su empresa ha crecido bastante en los últimos dos años y quizás…

—¿Qué me insinúa? —Dijo Juan sin conocer la relevancia

de la reunión propiciada por su asesor financiero—.

—Los tiempos están cambiando. Los impuestos nos están amenazando, la bolsa americana ha sufrido descensos importantes y con ella vamos todos los países emergentes a pique. Europa se está viendo seriamente afectada, los mercados también indican perdidas.

Este prosiguió hablando pero Juan tenía una fe ciega en su propósito y no era un hombre fácil de convencer.

—Las acciones de Mediterráneo valen hoy menos de la mitad que hace un año. Los depósitos Autopistas y Redes han bajado un 40% y continúan a la baja.

—Pero los intereses de los depósitos se mantienen…—dijo Juan sin verse todavía aludido—.

—Sí, la verdad es que sí. No lo entenderá pero así es, la entidad debe mantener sus condiciones obligatoriamente. Es un producto que los bancos no podemos modificar… de momento. Esperemos que por muchos años.

Juan tomó aliento en vista del panorama que le presentaba el director que, dada su juventud creyó exagerada, confiando que su experiencia superaría cualquier novedad económica.

—Don Juan, le he citado para advertir que los negocios, las exportaciones a Europa van fatal. El gobierno se ve obligado a devaluar la moneda para intentar que los exportadores como usted recuperen parte…

—¿Entonces?

—Solo quiero advertirle que controle muy bien sus gastos y se mantenga alerta con nuestros vecinos Francia, Alemania, Inglaterra y Holanda, donde su poder adquisitivo es mayor que el nuestro y son los que marcan las pautas del Mercado Común, del que no somos miembros. Solo van a procurar por sus intereses y por otra parte está el gigante americano con ansias de poder, capaz de ofrecer a mitad de precio el excedente de su producción con tal de vender. En España no estamos acostumbrados a este tipo de manipulaciones y debemos estar alerta ante este y otros contratiempos.

—¿Qué quiere usted decir?

—Solamente decirle que le considero un buen cliente que nunca ha fallado en sus vencimientos, pero tenga en cuenta que si a día de hoy decidiera convertir sus acciones y depósitos en efectivo, su capital apenas llegaría a la mitad de lo invertido. Mientras no necesite efectivo no se verá afectado. Lamento comunicarle esta noticia pero es mi obligación.

Ahora empezaba Juan a entender el riesgo que corría.

—Lo único que se me ocurre recomendarle como hombre de confianza que lo es, que cuide mucho sus gastos porque venimos de una época en la que estos eran irrelevantes y era mucha la presión hacia el brazo trabajador y escasa al empresario. Los tiempos cambian y hemos de equipararnos a Europa, de donde tarde o temprano formaremos parte y ese Mercado Común requerirá nuevos esfuerzos que la mayoría desconocemos. Juan Orduña es uno de nuestros mejores clientes y espero que por muchos años. Las rentabilidades bajan mientras los intereses de los préstamos llegan a situarse al 22%. En esta situación hay que medir bien los pasos y observar la evolución de los mercados cada día para evitar daños peores.

En este momento, Juan recordaba con cierta satisfacción la suerte de haber conocido a aquel doctor de Denia, amigo de su esposa, que gustosamente se había ofrecido a prestarle dinero sin tantos preámbulos. Le reconfortaba pensar que todo era debido a su mujer. Debía estarle agradecido y tenía suficientes premisas para perdonar y olvidar lo ocurrido en años anteriores. Este era el principio de una nueva situación y confiaba en la suerte como otras veces para salir bien parado de nuevo.

Salió del despacho del director con dos líneas convergentes: una era la pésima interpretación del futuro que le había expuesto aquel banquero y otra, la mejor, que era la idea que le reconfortaba el contar con una persona formal que le estaba ayudando económicamente en privado, aún siendo tan nefastos los tiempos como argumentaba el joven director.

Escogió la línea intermedia imaginaria entre ambos, y decidió continuar. Su edad y sus circunstancias no eran las más adecuadas para iniciar nuevas empresas ni tampoco se creía en una edad propicia para retirarse haciendo vida de jubilado.

—No, eso no. Eso es lo último —pensaba—.

Le gustaba su profesión y se sentía feliz sabiéndose querido y apoyado por su mujer y confiando plenamente con la esperanza de que tenía un heredero por quien luchar.

Pasaron algunos años y la deuda con el señor Iborra iba en aumento, aunque curiosamente nada se le reclamaba. Sin duda su benefactor don Esteban era una excelente persona, pero la realidad es que la causa de a aquella ficticia felicidad era debida al poder de seducción de Sonia que, pese a sus años, era capaz de enloquecer al médico. Este ya se había unido en matrimonio con su prometida aunque ellos continuaban viéndose en lugares diferentes para no ser descubiertos, que él se encargaba de buscar para que aquella llama que de alguna manera los mantenía, permaneciera alimentándolos y haciéndoles más llevadera su cotidiana vida.

Esteban estaba enamorado de su mujer pero el disfrute carnal que le ofrecía Sonia no lo había alcanzado con su aquella. Ambos sabían que la situación era pasajera, no podía ser eterna pero postergaban aquel final sin preocuparse más que de no ser descubiertos. Lo demás no les importaba, solo su íntima relación les liberaba mutuamente del estrés diario y lo necesitaban, aunque cada uno correspondiese aparentemente con su pareja. Su compromiso consistía en mantener el secreto de aquella relación que les aportaba el elixir de la felicidad extrañamente. Si su joven esposa se enteraba, la repercusión podría ser terrible y quizá ese miedo era lo que acrecentaba su instinto carnal, haciéndole dependiente.

A ella tampoco le interesaba de manera alguna ser descubierta nuevamente; Juan era benévolo pero estaba segura que ahora no otorgaría como lo hizo antaño. Solo tenía un aliado: el dinero prestado por su amante a pesar de que el licenciado no era imbécil y había atado bien a su prestatario.

Cristian no sabía nada de todo este entramado entre sus padres ni tampoco le interesaba demasiado. Pero irremediablemente el tiempo pasaba y la intransigencia de Juan alertaba a Sonia. Pensaba en el futuro: su hijo ya era todo un hombre, su marido estaba envejeciendo irremediablemente y ella, aunque más joven, estaba muy alerta en todo y creía adecuado enterar a su hijo de la situación familiar puesto que se preguntaba tímidamente y con templanza, qué pasaría en el hipotético caso de que a su marido le ocurriera lo peor. Cuando ese pensamiento la abordaba su rubor la hacía recapacitar. ¡Por Dios! —pensaba—. No. Y entonces se recreaba acariciando sensualmente a su marido que en ese momento estaba compartiendo su lecho y al que debía tanto: protección, estabilidad, buena posición social, y un largo etcétera que nunca agradecería lo suficiente. Mientras tanto Juan dormía plácidamente cansado y agobiado por los problemas cotidianos. Temía perderle pero sabía que por ley de vida él era mayor y contra ello nada podía hacer.

Pasó una temporada sin acudir a sus citas periódicas con Esteban y la verdad es que no sabía ciertamente el porqué. Sin duda el paso del tiempo era el verdadero motivo. Comenzaba a recomponer su situación y su cuerpo empezaba a dar señales de obedecer al sentido común.

Esto alertó sobremanera a Esteban y se puso en contacto con ella. Acordaron una cita en su consulta, como en sus primeros tiempos; hacía años que no estaba haciendo caso a su salud y era conveniente hacerse un chequeo contando con la valiosa ayuda de su amigo. Este además no olvidaba la respetable cantidad de dinero prestada al matrimonio y que en el fondo temía perderla.

Sonia acudió, esta vez acompañada de su marido, obviando que él podía requerir ayuda del familiar doctor, el cual tomó la tensión y sugirió una analítica. Notó que su corazón daba señales de fatiga y de momento le recetó unos anticoagulantes y un relajante muscular.

—Está usted estupendamente —le dijo en presencia de su esposa, aunque en un momento que aquel no les oía le alertó que debía empezar a cuidarse y relajar su actividad—.

Con Sonia se recreó durante el reconocimiento. Pasó por el aparato de RX de que disponía en la consulta y creyó ver unas manchas en su pecho que le alarmaron. A ella no podía mentirle, pero creyó conveniente esperar a los resultados de nuevas analíticas para lo que les derivó a un compañero especialista.

Poco después de la extracción de sangre y antes de personarse de nuevo en su consulta, ya estaba enterado Esteban de los resultados de ambos, vía telefónica. Solo le quedaba exponer a su amante que había que continuar explorando ante la posibilidad de que los tumores encontrados pudiesen ser malignos.

En el recién estrenado IVO de Valencia le fueron hechas las pruebas pertinentes a Sonia y resultó que debía ser tratada con urgencia.

—Tienes suerte, vas a ser de las primeras en tratarte con la innovadora terapia —le dijo a su amada tratando de animarla con un rostro que pretendía causar indiferencia sin lograrlo.

Sonia no pudo soportar más su pesar y se desplomó en un llanto que contenía el rápido pensamiento abarcando los mejores momentos de su vida, teniendo a su lado a los dos hombres, contrincantes sin saberlo por su culpa, lo que además le producía un profundo remordimiento. El mundo se le venía abajo. Esta noticia la hundía a la par que le removía la conciencia al creerse siempre en mejor estado que Juan. A su mente acudían demasiados sucesos para poderse consolar: su pasado, sus penas, su infancia, sus locuras, sus pecados. Ahora se juzgaba por primera vez y reconocía que lo cometido con otros hombres fuera del matrimonio eran pecados y hasta ella misma quedaba asombrada. Abrazó a su marido delante del doctor que acababa de dar la fatal noticia, después de haber alegrado parte de su existencia. Este abrazo era sincero pero sentía remordimiento por lo que habría ofendido, con sus lujurias y sus deseos morbosos, la intimidad de aquel hombre bondadoso: Juan Orduña. Causábale más llanto el remordimiento de haber traicionado a aquel hombre que por el pronóstico que acabara de recibir. Este también la estrechó con fuerza entre sus brazos animándole a seguir con esperanza pero el llanto de su esposa era tal que tardó en reaccionar y separarse de sus brazos. Ahora hubiera querido contagiarle del amor que le había fingido durante años, imposible de recuperar.

Sentía vergüenza por lo que pudiera pensar de ellos aquel que la había complacido y en cambio ahora había sido el que anunciaba el final de su relación y seguramente de su vida a causa de la enfermedad. Conocía incluso su economía, sus préstamos todavía impagados. ¡Si pudiera borrar de un plumazo mi pasado! ¿Sería capaz de rectificar? —estos pensamientos la dejaron inmóvil abrazada a su marido reconociéndole como el mejor de los hombres que había conocido. Él y solo él le había ofrecido todo sin pedirle nada a cambio.

Solo las palabras del facultativo la hicieron volver en sí, tras una situación incómoda en la que ambos hombres les costaba reaccionar.

—No se preocupe usted. Hoy en día el tratamiento es altamente eficaz tomado a tiempo, como es su caso, y no hay porqué atormentarse.

—Pero,… entiéndame doctor. Estoy enferma, ¿qué será de nosotros ahora? — y rompió nuevamente a llorar desconsolada—.

Poco a poco se convenció de que su enfermedad tenía curación y volvió de nuevo a recuperar el coraje y a cumplir con las terapias que le fueron ordenadas.

El matrimonio ahora permanecía más unido que nunca; era el momento de informar a Cristian de su estado y también sería conveniente intuir al joven la posibilidad de que tomara el relevo de la hacienda siendo como era su hijo único.

14

Aquel día estaban sentados a la mesa Sonia, su marido Juan y Cristian, su hijo. Era una escena poco habitual la que se ofrecía ante los ojos de un Cristian que ya tenía cicatrizada la herida sufrida siendo niño.

—¿Qué querrán mis padres ahora —pensaba—, con tanto protocolo? ¿Qué novedades pueden haber para haber propiciado un ambiente tan ceremonioso como este?

Él siempre albergaba sin miedo a equivocarse que su padre llevaba ordenadamente sus negocios y no le preocupaba la marcha de sus negocios creyéndola segura. Pero su padre no era eterno, tenía ya más de sesenta años y era consciente de que la edad no perdonaba a nadie. Esto sí que le empezaba a preocupar, aunque siempre trataba de postergarlo a un futuro. En cambio no tenía duda cuando pensaba en la salud de su madre, sabiéndola más joven.

Cristian tenía veinticuatro años y desde hacía tres estaba solicitando prórrogas tratando de eludir el servicio militar, todavía obligatorio, y del que se rumoreaba que algún día dejaría de serlo, debido a que estaba cursando una carrera y ciertamente había de empezar otra y no quería ver truncados sus estudios. Estaba tan ilusionado con ellos que no podía permitir que el servicio a la patria le apartase de ellos. Tenía intención de alistarse al finalizarlos, solicitando entonces su ingreso por la IMEC, con lo que accedería directamente, previo examen, como oficial en el ejército. Con probabilidad accedería de alférez, pero tenía que esperar el momento.

—Cristian, he preparado tu postre preferido, melocotón en almíbar —dijo su madre en tono cariñoso—. Son de nuestros campos, recién recolectados.

Él continuaba a la expectativa ante tantos elogios.

—Muchas gracias, madre.

Su padre comentaba familiarmente los resultados de la última cosecha de uva, indicándole los litros de vino que había en barrica del año, los del anterior y hasta los de los cuatro años anteriores. Pero como buen observador que era no veía la ilusión ni la alegría reflejada en el rostro de su padre, como en otras ocasiones había mostrado.

—¡Es fenomenal! —Trató de animar Cristian—.

—Si, por supuesto.

— En cambio parece que no estás demasiado convencido.

—Cristian, —dijo Juan con cara de circunstancias— los tiempos cambian igual que las personas. Estamos evolucionando y ello requiere una gran inversión. Nuestros clientes cada vez son más exigentes...

—Pero nuestro vino es ecológico, papá.

— Sí, pero la oferta del mercado es patente. Los clientes, además, ofrecen pagarés que pueden llegar a 180 días. Imagínate que después de esperar al vencimiento no haya fondos, a la par que soliciten nuevos pedidos. Esta situación era impensable hace diez años. Los impuestos suben sin cesar, el país sufre una inflación muy importante, es decir que suben más los precios que los salarios, el poder adquisitivo se reduce…habrá que reajustar los sueldos.

—Pero nuestra economía subsiste, supongo… —inquirió preocupado su hijo.

—Ciertamente hijo, nunca sabemos si estamos en positivo o en negativo a causa de la inflación, de las letras de crédito con intereses que superan el 20%, y la constante inversión que hay que adelantar.

—Papá, necesitas un economista a tu lado.

—¿Crees tú? Lo que se necesita es sabia nueva que regenere el negocio, hijo.

—Entiendo, pero… yo no he terminado los estudios y creo que sería un crimen abandonar ahora —dijo el joven queriendo alejar el tema.

—Y lo más importante es que ya no puedo dedicar el tiempo que le dedicaba…—dijo con los ojos enrojecidos que dirigían la mirada a su esposa que permanecía en la contigua cocina que presagiaba las sorpresas.

Al momento salió Sonia con los humeantes platos de puchero que había preparado afanosamente. Los colocó ocupando el primer lugar el de su marido y el de su hijo. El suyo, como siempre, era el último. Permaneció un momento situada detrás de la silla que ocupaba su marido apoyando ligeramente sus manos en los hombros de este, como incitándole a que continuase hablando. Él se dio por aludido y continuó.

—Cristian, lo peor de nuestros negocios es que no puedo atenderlos como es debido. No me queda tiempo.

—Pero. ¿Y los capataces y tus hombres de confianza?

—Existe un dicho antiguo pero verdadero: "Tu hacienda, tu amo te vea, sino que te venda"

Continuó hablando Juan.

—La vida requiere también de la parte emocional, familiar, sin la que realmente cuesta mucho seguir luchando.

—Estás enfermo —dijo convencido—.

—No. Es mamá la que lo está.

En ese momento Sonia volvió a dirigirse en busca del plato que faltaba, queriendo esquivar la mirada de compasión de los dos hombres de la casa.

—A mamá se le ha diagnosticado un cáncer de pulmón.

—Pero ¿cómo es posible? —contestó Cristian sobresaltado—.

Se levantó de la silla del comedor y fue en busca de su madre en la cocina. Besó a su madre y por un momento olvidó cuanto de contradictorio le quedaba de ella y al abrazarla notó cierta delgadez en su cuerpo que le pasaba desapercibida.

—Mamá, ¿es verdad?

—Sí. Lo siento. —Y sin poder contenerse rompió a llorar.

—Pero has de ser fuerte: Hoy en día los tratamientos pueden curar si se coge a tiempo.

—No te esfuerces, hijo, soy consciente de que me queda por delante una verdadera lucha. Los tres hablaron de la enfermedad sabiendo que con mucha probabilidad, Sonia sería intervenida para extirpar aquel tumor y esperar que la medicina actuara.

Ahora entendía a su padre y sentía compasión por él. Sabía que se desviviría por su madre, a la que adoraba. Él no sabía cómo afrontar ni como pronunciarse. Por una parte llevaba más de catorce años alejado de sus padres a los que visitaba en contadas ocasiones; su mundo era el de la ciudad, en Alicante, aunque reconocía que ellos eran sus padres y moralmente no podía abandonarles, encontrándose en una situación indecisa. Necesitaba estudiar para acabar sus carreras debidamente y también atender a sus padres mínimamente.

El joven pasó una temporada desconcertado. Las cosas no le podían ir peor: su madre enferma, la situación económica intuía que no era nada halagüeña y no podía sentirse cómodo, precisamente.

Pasadas las Navidades su madre empezó con el novedoso tratamiento mientras él volvía a Alicante. Desafortunadamente aquella situación duró poco. A principios del mes de marzo, Cristian recibió una llamada telefónica anunciándole la extrema gravedad de su madre. Tanto fue así que cuando se personó en el Hospital de Valencia, fue ingresada en la UCI donde permaneció varios días. Padre e hijo no podían permanecer ahora en el hospital más que en horas de visita, donde eran informados debidamente.

Los médicos eran claros a la hora de su información: no había otra esperanza que esperar el resultado del choque de quimioterapia administrado anteriormente y sin duda el causante de aquella reacción. La paciente era joven y podía superar la crisis, aunque todo dependía de su organismo. Logró recuperarse aunque con una muy delicada salud. Eran frecuentes los dolores así como la fiebre que la dejaba muy indispuesta.

La vida cambiaba de repente en casa de los Orduña, aunque los dos hombres intentaban retomar sus rutinas. A Cristian le parecía un sueño que su madre, todavía joven hubiera sido atrapada por este lazo castigador que es el cáncer; ella, tan llena de vida, valiente donde las hubiese y dispuesta como la que más y todavía joven.

Aconsejados por los médicos habían retirado su cama de matrimonio siendo sustituida por dos individuales para un mejor descanso de la enferma. Todas las atenciones sobraban en un cuerpo que no podía soportar los dolores ni mucho menos ser mutilado en su fuero más interno. Tranquila y dulcemente dormida, una mañana de otoño su organismo no podo más y se rindió. Sonia acababa de fallecer.

Se fue de este mundo igual que vino, desapercibida y sin hacer público a sus amistades su verdadero estado, como había sido su deseo.

—No pudo despedirse ni de mí —pensó. Y rompió a llorar en los brazos de su resignado padre—.

Para consolarse apretó con furia a su padre sobre sí y pensaba que todavía le quedaba lo que más quería.

Al desaparecer Sonia, Juan quedó huérfano de nuevo sin poder superar la idea de perderla. Conocía de sobra el comportamiento de ella, perdonándola cuando fue su momento demostrando su amor incondicional.

Padre e hijo vivieron una temporada en Callosa d´En Sarriá, todo el tiempo necesario hasta que las aguas volviesen a su cauce y de nuevo tomasen su rumbo habitual.

Durante el último trimestre Cristian volvió a la universidad, aunque apenado, pero mucho más relajado. Continuaba sus estudios con resultados excelentes y al poco tiempo empezó su parte de prácticas, alternando con las clases de la nueva carrera. Se ofreció para impartir algunas materias que convalidaban a su vez en práctica sumando puntuación en la nota final de sicología. Debo demostrar que no he perdido el tiempo durante mi ausencia en casa de mi padre —pensaba satisfecho—.

En una de estas clases, a la primera que acudió Merche es en la que se conocieron y la que propició que ella se interesase por su persona.

Ya conocemos el pasado de Merche y también su particular manera de ser que parecía haber dado un vuelco ahora que había conocido a un hombre del que se había enamorado a primera vista. Por tanto suprimimos el contenido, dando por claro que el lector lo recuerda a la perfección. A continuación conoceremos nuevos detalles de aquella y otras conversaciones.

15

Subió Merche en el ascensor en busca del apartamento de Cristian, aquel joven profesor al que deseaba conocer personalmente. Durante el corto espacio de tiempo que duró el trayecto aprovechó para mirarse en el espejo de aquel artefacto y procurar que su aspecto fuera perfecto.

Al llegar al rellano observó que la puerta que buscaba estaba abierta. Despacio y con cierta cautela se acercaba a la entrada cuando apareció de repente Cristian, con ropa informal, zapatillas y un tanto despeinado.

—Ahora está más atractivo —pensaba en sus adentros—.

—Pasa —le indicó.

Se saludaron afectuosamente y tomaron asiento. El joven "maestro" vivía en un modesto apartamento que, aunque no demasiado viejo, precisaba algunas reformas. Tenía cada rincón aprovechado al máximo, notándose sobremanera la ausencia de la mano femenina que diera el toque final al hogar que hasta hace poco era compartido por su compañero aragonés. Aparentaba limpieza aunque el ojo avizor de la muchacha intuía parte de descuido que ella encasillaba a la mayoría de varones.

—Así que cursas Filosofía —dijo él—.

Sí. Me encanta, porque es un mundo maravilloso investigar en el comportamiento de las personas, sus pensamientos, la esencia, las propiedades y los defectos de lo natural concerniente con el ser humano…—dijo ella un tanto nerviosa, tratando de romper el hielo ante aquel chico que le atrajo—.

—Efectivamente, yo diría que es el conjunto de razonamientos expuestos por un pensador, como afirmaron los griegos hace miles de años. Voy a preparar un café, ¿te apetece?

Ella asintió un tanto retraída. Quedaba absorta al ver aquel apartamento que ocupaba Cristian. Le pareció escueto, pequeño, poco ostentoso. Tanta era la idea que ella se había formado.

Al poco entraba él con una bandeja en la que había dos humeantes tazas con sus cucharillas y la azucarera.

—Soy un asiduo del café, lo reconozco.

—¿Si? , pues a mí me quita el sueño si me excedo —dijo ella sonriendo—.

Volvieron a tratar sobre la inventada causa que le había llevado hasta allí, aunque Cristian observaba cierta timidez al mirarle a los ojos pero que cuando se fijaban parecían dibujar algo diferente a lo que estaban hablando. Merche tomaba notas en una hoja sobre la carpeta que tenía dispuesta a tal efecto. Allí había algunas anotaciones que había preparado para preguntarle, aunque el interrogatorio no tardaría en acabar.

Cristian observó a Merche en algunos momentos de la entrevista pensando que era una muchacha estupenda, cordial, atenta, guapa, atractiva y además buena estudiante.

Sin darse cuenta había anochecido mientras la pareja continuaba absorta charlando amistosamente. Finalmente hablaba él mientras ella se limitaba a escuchar embelesada en aquella conversación que tan bien supo llevar Cristian.

Ella se interesó sin apenas darse cuenta, del pasado del joven profesor. Le dolió conocer el reciente final de su madre tratando de animarle con unas palabras de condolencia. Notó que su compañero estaba un tanto ofuscado, no en el terreno educativo, sino en el afectivo y trató de animarle.

—¿Puedo tutearte? —Le dijo ella al fin—.

—Debes —contestó él sonriendo.

—¿Te apetece que quedemos de nuevo? —Continuó ella un tanto nerviosa ante su repuesta y lo que pudiera pensar su amigo al escuchar tal proposición—.

El joven creyó oportuno aceptar, al fin y al cabo se daba cuenta de que últimamente apenas salía de fiesta además de agradecerle su invitación. Ella había notado, dado su carácter abierto y educado en otro entorno, que su interlocutor ofrecía dos vertientes evidentes en su carácter. En cuanto a desarrollar su teoría en los estudios podría ser inigualable, dada su juventud que prometía alcanzar logros importantes. En cambio en el terreno personal y sentimental, Merche captó una carencia afectiva que no lograba averiguar su causa y que pensó que le quedaba mucho por avanzar todavía.

—De eso me encargo yo —dijo animada a su interior, convencida de cierta timidez capaz de hacerle más atractivo aún a su recién conocido amigo—. Ella intentaba disimular su enamoramiento y hasta salió del apartamento convencida de que así era, aunque apenas evidenció el estado de excitación que Cristian tenía al ver repentinamente a una joven atractiva como ella en su casa, preguntándole más y más sobre él, dejando de lado el verdadero motivo de aquella visita. Aquellos ojos grandes y vivaces con aquel cabello oscuro con incipientes mechas rubias que contrastaban el rostro níveo y atractivo de Merche, habían propiciado una conversación agradable, y sabiendo que el instinto de la mujer supera al del hombre en muchos criterios, ella habría notado su excitación y sin duda habría sabido contenerse comportándose como personas civilizadas que eran.

Finalmente se levantaron dirigiéndose hacia la salida para despedirse. Él le ofreció su mano aunque ella le besó en ambas mejillas mientras las palabras seguían fluyendo entre ellos alargando la despedida, sorprendiéndose ambos porque ninguno ponía el punto y final definitivo.

—¿Vives en esta zona? —preguntaba él—.

—¿Qué día vuelves a impartir clase en la Facultad?

Y un sinfín de preguntas hacía que ninguno de los dos deseara concluir la entrevista. Era sábado y no tenían prisa. Ella sabía que actualmente Cristian no compartía el piso. Cristian cerró de nuevo la puerta e involuntariamente pasó a una contigua habitación que era la dedicada al estudio. Allí le enseño algunos libros que ella, encantada, hojeaba.

De vez en cuando se sorprendían mutuamente mirándose fijamente a los ojos aunque incapaces de pronunciarse. Ella se sabía atraída por Cristian puesto que le había descubierto su mirada masculina en su trasero y en su elegante perfil.

—Espero que tus apuntes sirvan de ayuda en tu trabajo.

—Pues claro que sí, aunque me temo que se me han quedado algunas pendientes que espero poder hacer.

—Merche —dijo él por fin—. Eres una estudiante excelente. Además eres encantadora. No dudes en consultarme cualquier duda que se te presente.

Y en ese momento, acercándose de nuevo hacia la salida, la acarició en la barbilla a la vez que suavemente la sujetaba dándole un beso en los labios, beso que ella esperaba ardientemente, cerrando los ojos al notar los labios de Cristian.

—¡Perdóname!

Ella hizo un leve gesto al notar que su amigo quería hablar.

Merche se ruborizó a pesar de todo. Trató de apartarse y mostrarse firme ante su recién conocido amigo. No debía pensar que era una mujer fácil.

—No hay nada que perdonar, Cristian.

Ahora ella le ofrecía un beso en cada mejilla, y como broche, antes de abrir la puerta se paró un momento y besó en los labios a Cristian. Era uno de los momentos en que las miradas ejercen más poder que las palabras.

Quedaron un tanto indecisos los dos ante aquella inesperada situación y finalmente Merche cogió la mano de su amigo diciéndole: ¡Adiós!

Y con una cómplice sonrisa, mezcla de incerteza y excitación, él le dijo: ¡Hasta pronto Merche!

Y ella abrió de nuevo la puerta del ascensor en el mismo momento que él cerraba la puerta del apartamento y quedaba apoyado en ella por la espalda. No creía aún lo sucedido esa tarde. Le había cogido de improviso y lo último que pensaba acerca de la llamada de la chica es que acabase por turbarle y causándole una sensación que pocas veces había sentido. ¿Habría caído en las redes del amor? Cerró por un momento los ojos y se dijo satisfecho a sí mismo:

—Cristian, ya tienes un nuevo motivo para alejar las penas y que te permitirá seguir adelante con alegría y esperanza.

Sí, ahora se sentía motivado. Conocedor como era del comportamiento humano creía necesario mantener siempre una ilusión, un motivo, fuera el que fuese, pero capaz de activar las neuronas del cerebro, y en especial *la serotonina (*una de las encargadas de producir el bienestar*)* y poner en funcionamiento todo el complicado mecanismo nervioso del ser humano que de esta manera es capaz de rendir beneficiosamente y de forma insospechada. No obstante, había sido presa de la belleza tanto corporal como intelectual de Merche. Se sentía tocado y embelesado por aquella visita cuyo resultado era la activación de gran parte de células que dormitaban a la espera de estímulos. A veces pensaba tal como aprendía en los libros, aplicando este razonamiento.

—¡Gracias Merche! —volvió a repetir, esta vez en voz alta y mirando hacia arriba.

En estos momentos veía incluso aquel apartamento de otro color, evidenció los desperfectos que allí tenía y enrojeció al pensar que aquella chica lo habría visto, sintiéndose molesto por la impresión que pudiese formarse el él. Inmediatamente se puso a recomponer cosas que llevaban incluso años rotas, una bombilla fundida del aseo, una baldosa que se movía, el mantel de la mesa envejecido lo envolvió para tirarlo, el polvo que se acumulaba encima de la librería se apresuraba a limpiarlo, seguramente por primera vez… y un sinfín de detalles que hasta ahora le parecían lo más normal.

Por la noche tardó en conciliar el sueño pensando que la chica se interesaba por él y su mente reaccionó pensando que solo había sentido una sensación parecida en su adolescencia cuando salió una temporada con Ester. Ahora era adulto y aquella sensación le envolvía con mayor intensidad y el pensamiento de poder ser atraído por una muchacha como Merche aliviaba todo su ser, proporcionándole una indescriptible felicidad, condicionada a la posibilidad de que aquello solo fuera una ilusión y un capricho de una tarde.

Pero no. No podía ser que aquella joven tan predispuesta, tan atractiva, tan sensual le eligiese a él. Y al pensar en ella volvía a mezclar el temor con la ilusión por si aquellos pensamientos eran infundados y fruto de su imaginación y cesó intentando salir de aquel laberinto que poco a poco se había construido en tan escaso período de tiempo.

—No puede ser cierto, demasiado bonito para ser cierto —pensaba la parte tímida que albergaba en su interior sabiendo que ahora tenía que afrontar la realidad. Dejemos que el tiempo diga su última palabra—.

En medio de este rompecabezas logro por fin conciliar el sueño.

Al día siguiente se despertó más tarde de lo que en él era habitual y a su mente no acudía el pensamiento de su padre, desconsolado y solo; en su lugar acudía Merche vestida con pantalón vaquero, guapísima y encantadora como ella era.

A estos acontecimientos siguieron otros que lograron que nuestros jóvenes continuasen aquella amistad que el flechazo de la clase de Filosofía había propiciado. Pasó la primavera y también el verano y la relación entre ambos parecía formalizada a todos los efectos.

En este período de tiempo ambos habían conocido sus respectivas familias. Merche apenas se inmutó cuando fue enterada de algunos de los turbios asuntos que había llevado a cabo la madre de su novio, y de los que él evitaba hablar. En cambio Cristian mostraba especial atención en detalles que su prometida le revelaba, como lo eran alguna historias de leyenda que le había contado su abuela Libertad. Se mostró atento sobre aquella convocatoria llevada a cabo por el Ayuntamiento de Canals sobre la "reliquia" que permaneció tantos años en custodia.

Más le encantó al escuchar de viva voz a aquella anciana contar sus historias, las de sus antepasados y curiosamente, Cristian era uno de los que contribuían a que la abuela Libertad se explayase contando lo que ellos consideraban ya una leyenda histórica. Cuando coincidían la anciana y el joven, la tertulia duraba más que con sus hijos.

— Es curioso —pensaba la anciana que en presencia de su hija elogiaba a su manera al joven que su nieta había escogido.

Juan Orduña estaba satisfecho de ver que su hijo había encontrado una mujer que le quería, lo que contribuyó favorablemente en la recuperación de una depresión que ya amenazaba por alejarle de la vida social. De vez en cuando se le enrojecían los ojos al compararlo con su juventud, en la que su mundo era el trabajo, y ya en plena madurez de su vida había conocido a Sonia, su único y gran amor.

No obstante los dos enamorados conservaban sus respectivos alojamientos en Alicante hasta que Cristian se graduara. Tenían acordado casarse en cuanto ambos finiquitasen sus estudios y tuvieran pleno acceso al mundo laboral donde obviamente se adelantaría él que también tenía pendiente el servicio militar. Por lo demás estaba por fin al corriente de casi todos los negocios de su padre.

A pesar de la delicada situación por la que atravesaba economía de la familia Orduña, Cristian soportaba optimista los ajustes que habían acordado, indispensable para estar a la altura de la competencia a la hora de ofrecer sus productos.

Merche y Cristian dialogaban a menudo sobre sus diferentes maneras de percibir algunos aspectos importantes en la vida. Los sentimientos, la forma de afrontarlos, la libertad a la hora de expresarlos, las costumbres de ambos sexos de llegar al amor, a la sensualidad, etc. Eran conversaciones dignas de personas adultas con experiencia, a pesar de su juventud.

En poco tiempo se contaron sus intimidades lo que hacía que su amor se fortificara. Después de hacer el amor satisfacían con creces todas sus teorías, entregándose ambos en la gran aventura sin fin que era aquella pasión.

Ahora solo le quedaba pendiente aquella pesadilla que había ido postergando, en cumplir con el servicio militar. A su tiempo tuvo que incorporarse al CIR nº 12 de León, de la VII Región Militar, con sede en Valladolid, permaneciendo allí como un recluta más en la compañía 18 y con el número 83 en el acuartelamiento de Ferral del Bernesga.

La jura de bandera acaeció a primeros de octubre, a la que acudieron emotivos su padre y su prometida a verle desfilar en la amplia explanada del cuartel capaz de admitir a más de dos mil soldados. Prefirió alistarse en el primer reemplazo antes que esperar a convalidar el examen, por el que obtendría el grado de alférez, para acudir a destino porque para ello debía esperar casi un año.

Tras la jura de bandera se examinó y ejerció casi nueve meses en Capitanía General de Valladolid como alférez de complemento. Su estancia se veía recompensada por las cartas que alimentaban su amor contándose los sucesos, nuevos para el militar que siempre aportaban novedades desde la capital de la fría Castilla a la primaveral Alicante. Esta estancia fue interrumpida en dos ocasiones durante unos días en Navidad y otra en su permiso oficial.

En alguna de sus cartas relataba a su amiga la proximidad del Campo Grande, el jardín más bello y extenso de la ciudad, cerrado durante la noche y sirviendo de refugio a muchas parejas de enamorados que permanecían paseando o sentados en sus nobles bancos donde se declaraban su amor con la cómplice mirada de curiosos animalitos que forman allí su hogar y que parecían disfrutar en compañía de sus arropados pasajeros que hasta bien entrada la primavera no se despojaban de la ropa de abrigo, según observaba desde la ventana de su oficina que visitaba con frecuencia. Era frecuente ver alzar el vuelo a los vistosos pavos reales sin apenas lograrlo, pero ofreciendo a cambio todo un repertorio de cortejos para conquistar a la hembra. Las astutas ardillas parecían amaestradas por el inusual movimiento que dejaba ver sus graciosas manos proporcionándose alimento o simplemente limpiándose con un gesto tan particular que parecía saludar a unos niños que atónitos las observaban bajo la protectora mirada de sus madres o abuelos, auténticos artífices de lograr que tan astutos roedores familiarizaran con los transeúntes sin inmutarse, acercándose incluso a sus manos, práctica poco habitual en otros jardines.

Los dadivosos cisnes flotaban en el estanque como verdaderos dueños del agua que manejaban con sus palmeadas patas capaces de desplazarse en ella sin causar ningún movimiento en el agua. Cuando se alejaba el frío y entraba de lleno la colorida primavera, los árboles, pobladores que inteligentes se habían despojado prestamente de su vestimenta para que el astro rey iluminara calentando el dilatado ambiente invernal, volvían a alegrar el paisaje emergiendo rápidamente con sus brotes que reaparecían a toda prisa queriendo invitar a sus moradores, preparándose para que bajo su copa reaparezcan los anónimos enamorados, los ancianos que plácidamente disfrutarán de la lectura del periódico y los alegres niños que deleitaran el ambiente en las incipientes horas de las tardes de estío.

Todo allí parecía encantado y Cristian pasaba algunas tardes allí, desde donde escribía a su amada rodeado de un ambiente que resultaba difícil de describir en el papel pero que contagiaba aquel amor en deseo de volver a estar juntos para siempre. La distancia no hacía más que reafirmar el amor que se tenían y aumentar el deseo mutuo que se hacía esperar.

Al acabar tenía más de veintiséis años y en este tiempo había superado con éxito las oposiciones. Ocuparía su puesto en un pueblo de la provincia de Zaragoza con plaza propia y se encargaría de impartir clases de apoyo a los alumnos con dificultades en el aprendizaje.

Pasaron pues unos años un tanto distanciados en los que solo se veían los fines de semana, pero era tanto el amor que se tenían que los días les parecían semanas al separarse y sus encuentros sirvieron para quererse más.

Pasado el tiempo, Merche recibió con agrado la resolución al ser aceptado su traslado a una pedanía de Elche. A partir de ese momento fue cuando acordaron unirse en matrimonio, creyendo que por fin la convivencia estaba asegurada.

Juan ofreció al matrimonio una estupenda vivienda, a parte de la que poseían al pie de la sierra Aitana, la cual consideraban apartada y solo utilizaban para los descansos vacacionales.

16

El doctor Iborra estaba enterado de los nuevos acontecimientos de la familia de Sonia y debido quizás a su exclusiva dedicación a la medicina o también a la melancolía que sentía al recordar a su querida y su repentino final, retrasaba la comunicación con la familia que sin duda intuía no prometía ser nada halagüeña. Era un hombre de prestigio y habiendo salido bien parado de aquella aventura, alargaba el inminente cambio de impresiones con Juan, quien por otra parte imponía cierto respeto.

Pero al fin se decidió; habían pasado casi diez años desde el inicio de aquella relación y no estaba dispuesto a perder el capital prestado a los Orduña. No obstante esperó resignado a que su ocasional paciente, Juan Orduña, fuera a su consulta para abordarle.

Una tarde quiso el destino que se encontrasen en la calle, cerca de la antigua consulta, cuando Juan salía de una tienda de suministros. Con aparente alegría le saludó el doctor.

—¿Qué tal se encuentra, don Juan? —Le dijo al reconocerle a la vez que le ofrecía afectuoso su mano—.

—Los años pasan y con ellos acuden las dolencias —contestaba él—.

—Hace tiempo que no sé de usted y me gustaría poder hacerle un chequeo. Conozco su ocupación y debería atender igualmente su salud. —Y logró convencer amigablemente a su antiguo parroquiano y amigo acompañándole a su consulta ofreciéndole la deferencia de atender el primero. Este no tuvo más alternativa que acceder a aquella visita.

—A ver ese corazón —le dijo el doctor tras saludarse adecuadamente como corresponde a dos antiguos amigos—.

Iborra conocía sobradamente la delicada salud de su paciente y se limitó a preguntar familiarmente por su hijo. Aquel le comentó sus asuntos y ocupaciones pero el médico insistió en querer conocerle. Sin duda ahora quería ponerle al corriente de su economía.

—Hemos de reunirnos, don Juan. Como usted recordará, su difunta esposa dejó unos asuntillos pendientes y quiero que su hijo esté al día. Pero no se preocupe, estamos entre amigos.

Y a continuación sacó del cajón de su mesa una tarjeta que le facilitó sujetándola displicentemente con los dedos índice y corazón de su mano diestra facilitándole su contacto.

Juan sabía que tenía una deuda importante con el doctor. A parte estaba enterado de otros anticipos que la difunta Sonia había obtenido por su gracia, pero entonces recapacitó que debía aclarar él primero las cuentas con el médico evitando mezclar a Cristian en asuntos del pasado con el doctor Iborra.

En ese momento, cuando humillado había colocado aquella tarjeta en su cartera, pensó que era el momento de hablar. Juan había sido demasiado permisivo pero lo que no quería era herir la felicidad de su hijo. ¡Bastante había sufrido él! Eso no. Aclararía las cosas y este era un buen momento. ¿Porqué demorar más las cosas? Su moral le hizo reaccionar.

El doctor acompañaba cordialmente a su cliente hasta la puerta y daba una ligera palmadita de ánimo en su hombro, cuando este se volvió dispuesto a tranquilizar su conciencia.

—Señor, permítame.

Y ante la admiración del médico, Juan se desabrochó los botones de su chaqueta mostrando una rara soltura, poco habitual en él. Su compañero le miraba creyéndole irreconocible.

—Estoy totalmente de acuerdo con usted. Debemos sacar cuentas. Aunque mi economía no es muy boyante, todavía tengo suficientes recursos para sanearla.

—Pero no se ofenda, Juan. —Decía el doctor tratando de calmarle—.

—Ahora hablo yo. —Dijo tajante, y aquel no tuvo más alternativa que escucharle.

—Sin duda querrá usted cobrar, y yo no deseo otra cosa que saldar esta deuda. Aunque creo que hay algo que debemos aclarar para poder finiquitarla.

—Dígame —dijo atento el doctor—.

—¿Cuánto dinero le debo yo?

—Si no recuerdo mal, dos millones y medio de pesetas, más…

—Más el tiempo que le satisfizo mi mujer. —Ahora era el médico quien humillaba.

—No. No se preocupe. No le voy a pedir detalles a estas alturas.

—Pero hay unos recibos…

—¡Sáquelos!

Y enseguida Iborra rebuscó por los cajones de la mesa de su despacho sin encontrar lo que buscaba.

—Sonia firmaba el recibo del dinero que yo le prestaba.

—¡No cobraba suficiente con su cuerpo por lo que le hacía firmar un acuse! ¡Cínico! Y no se preocupe. Sé muy bien lo que me digo. — Y continuó—.

—¿Es usted casado, verdad? —Dijo irónicamente—.

—Sí, claro.

—Y estará dispuesto a cobrar lo que le prestó a Sonia, supongo.

Tranquilamente, Juan saco del bolsillo de su chaqueta un talonario y con el bolígrafo que encontró en la mesa que los separaba se dispuso a escribir. Cuando lo firmó, rompió de la matriz el papel y lo deslizó con destreza hacia aquel.

El médico no contestaba. Estaba absorto contemplando la firmeza con que Orduña le hablaba. Nunca hubiera imaginado una escena semejante. Dudaba.

—Busque, Iborra, busque esos dichosos recibos, pero separe los de mi esposa y los que me prestó a mí personalmente. Y no le quepa la menor duda que si comenta algo con mi hijo, yo me pondré en contacto con su mujer que con seguridad no está al corriente del tema. Mi hijo —continuaba—no debe ser mezclado en este asunto, ¿entiende? Si lo hace se arrepentirá de sus "caprichos". Al fin y al cabo Sonia ha desaparecido, y con ella sus aventuras. A mí me tocó otorgar entonces para evitar el escándalo y a usted le toca ahora. Le sugiero que olvide esos legajos que solo traerán problemas y, si algún día los encuentra, rómpalos.

Ahora Esteban Iborra miraba atento a Orduña sin atreverse a hablar.

—Olvide lo que le prestó a escondidas a mi esposa y nada sabrá la suya del asunto. Yo me comprometo a pagarle el resto en el plazo que acordemos.

Ahora Iborra permanecía estupefacto. Entendía su argumento. Temía por su matrimonio si su mujer era enterada, a la vez que le preocupaba la inesperada excitación de su paciente, enfermo del corazón y una posible crisis a consecuencia del elevado tono que la conversación tomaba. Su conciencia le remordía.

—¡Maldita la hora en que la conocí! —Decía en voz baja el doctor.—

—No se recrimine nada del pasado. Miremos los dos al futuro.

Y en ese momento los dos hombres se tendieron la mano en señal de acuerdo. Ese acto poseía más valor que los documentos que no encontraba y que ya deseaba olvidar.

—Permítame Juan que sea yo quien le llame a usted en otra ocasión. Hay pacientes esperando.

—De acuerdo. Recuerde que no deseo ensuciar la felicidad de mi hijo. Soy mayor y deseo vivir en paz como siempre he deseado: no meta su sangre en este asunto.

—Dispense y cuídese, Juan.

—Lo intentaré, Iborra. Saludos a su esposa.

—Gracias. —Y los dos hombres se estrecharon nuevamente sus manos.

Juan salió con paso firme, convencido de que aquella conversación quedaría sepultada en su consulta donde sin duda había sido el escenario de placer entre el prestigioso doctor y su querida Sonia.

—Ni a su esposa ni a sus colegas de prestigio le interesará que sepan su aventura —pensaba nuestro hombre convencido, mirando de vez en cuando la finca que dejaba atrás para siempre. Subió a su automóvil y regresó a su casa. Ese mismo día visitó a Merche y a su hijo rebosante de una alegría y vitalidad que no se le recordaba.

—Padre, está usted rejuvenecido.

—Sin duda, es posible, hijo. Es la consecuencia de estar dejando los asuntos atrasados, en su sitio.

—Así me gusta: este es mi padre. Con la cara siempre alta.—Y los dos se abrazaron—.

Juan necesitaba visitar sus fincas periódicamente y sobretodo "La Bodega Orduña", sin duda su mayor logro. Allí quedaban depositadas todas sus ilusiones y esfuerzo de muchos años, quizás los mejores de su vida. La antigua bodega databa del siglo XVII, habiéndose fundado por los frailes cistercienses, muy unidos desde antaño a su familia. Ellos, en medio de su austeridad y trabajo habían excavado en las entrañas de la tierra, precisamente donde el suelo era apropiado, logrando profundizar varias alturas para que desde la superficie fuese posible el control y abastecimiento de los caldos, cautelosamente mimados casi a diario para aprovechar el momento óptimo en el que separar el mosto o alojar en diferentes barricas aquel líquido de oro que había sido cuidado en la viñas con anterioridad. Allí parecía estar todo calculado, como verdaderos topógrafos que lograron la comunicación perfecta entre las diferentes cavidades subterráneas.

Pasado un tiempo volvieron a verse Juan y el doctor y fue en esta ocasión cuando este le sorprendió al querer permutar la deuda contraída a cambio de ciertas participaciones en la compañía del empresario alicantino, a lo que rápidamente nuestro hombre presagió que podía ser el principio de nuevos contratiempos y desavenencias entre dos viejos rivales, no obstante y ante la oferta del doctor, prefirió ofrecerle una de las pequeñas parcelas de que aún disponía a cambio de finiquitar la que parecía eterna deuda.

Padre e hijo habían abordado seriamente aquella decisión: reunir propiedades y eliminar deudas, a ser posible sin aportar efectivo. Finalmente Iborra, ansioso de invertir en bienes inmuebles, aceptó como condonación de la deuda el campo de la partida "Els Poblets", cerca de Denia, aunque alejado del resto de sus fincas rústicas.

Ahora había sido Juan el que había promovido la firma del documento en el que se especificaba con detalles la anulación de cualquier crédito anterior, contraído entre ellos, a la firma de la protocolización ante notario de la transacción.

Cuando ambos hubieron estampado sus respectivas firmas en papel sellado, Juan expiró su aliento, denso y melancólico, que contenía matices de lo que su mente argumentaba:

—¡De ahora en adelante pondré mi salud en manos de otro especialista!

A su lado permanecía también su hijo y Merche que, con su mirada cómplice unía sus pensamientos, evidenciando el valor y la resignación de una gran persona, su padre, que continuaba al frente de su negocio como si el paso del tiempo nada cambiase:

—Lástima que mi padre envejezca…—parecía concluir aquella mirada entre ambos jóvenes—.

Ella, en la intimidad, trataba de consolar a su esposo:

—Así nos pasará a todos. El tiempo pasa sin cesar, irremediablemente, cariño. Es ley de vida.

Cristian había realizado un máster en Sociología pero las circunstancias habían declinado a que finalmente se estableciese por su cuenta. De este modo le fue posible atender a la par los negocios familiares que precisaban un relevo generacional.

Pasaron años y el matrimonio decidió buscar un hijo, aunque el destino parecía incomodarse y se resistía a concederles el ansiado descendiente que cualquier matrimonio desea.

Empezaron a obsesionarse en el tema y trataron de convencerse de no prestar demasiada importancia. Eran jóvenes, felices y tenían toda la vida por delante. Estos años pasaron demasiado aprisa, pensaba Cristian cuando su pensamiento retrocedía con la mirada al pasado. Eran el matrimonio perfecto: ella poseía su plaza de educadora y él, además de revisar constantemente los negocios familiares, tenía su despacho privado en Alicante y su novedoso consultorio dedicándose al asesoramiento de sus clientes de las diferentes maneras de enfocar sus negocios, estrategias de marketing o simplemente era requerido como sicólogo de sociedades. Abarcaba buen número de empresarios del sector estratégico de la ciudad, era requerido en diversas asociaciones, en la prensa (víctima de su popularidad), y en el Consistorio, lo que le restaba parte de su tiempo.

Cristian Orduña empezaba a poseer cierta relevancia en la recién instaurada clase media. Directores de centros educativos buscaban su ayuda, unos por la confianza de conocerlos desde siempre, otros porque corría la voz y contagiados querían conocer sus dotes y su eficacia. De esta manera cuando el matrimonio llegaba al hogar, saturados de días repletos de actividad, les faltaba el tiempo para comentarse el día a día y esperaban siempre ansiosos los fines de semana y las vacaciones de Merche para poder disfrutar de su tiempo libre que almacenaba demasiados quehaceres.

Ella debía visitar a sus padres y a su anciana abuela. Él siempre tenía asuntos pendientes que despachar con encargados de fincas, mecánicos que esperaban su decisión, el enólogo que necesitaba de su aprobación para tal o cual asunto, o con su propio padre que seguía mostrándose demasiado conservador en los negocios y que él intuía que era el principal motivo de que Bodegas Orduña no alcanzase el éxito merecido.

En ésta época España ya era miembro oficial de la comunidad Europea y su entusiasmo se desvanecía al comprobar idénticos resultados en sus explotaciones que en campañas anteriores. Además ahora era notorio el aumento de impuestos así como la declaración de todas sus actividades que antaño permanecían invisibles a pesar de no pagar ciertos aranceles los países miembros; en cambio el mercado era libre por lo que existía mayor oferta. Estábamos involucrados en la competitividad, algo patente en la juventud preparada y a lo que los mayores debían acostumbrarse.

El joven Orduña decidió visitar a sus principales clientes en Europa, por lo que decidió viajar a Londres, Bruselas y Múnich. Allí fue entrevistado con los principales comerciantes importadores de sus productos. Grande fue la sorpresa que le produjo el Sr. Hanns en Múnich debido a la escasa relevancia que mostró en su presencia a pesar del volumen que le compraba. Su compañero y traductor Rubén Navarro trataba de seguir el protocolo europeo utilizando ligeros guiños de ojo, evitando que aquel desbordara su furia lo que supuestamente conllevaría a romper las relaciones y para nada convenía a sus intereses.

—Hubiera preferido trabajar una semana en una de sus minas antes que volver a entrevistarme con este famoso Hanns —dijo a Rubén cuando quedaron a solas, a la vez que consideraba que a él le debía la continuidad en la exportación.

El alemán, hombre de pelo rojizo entre canoso, algunos años mayor que el alicantino, trataba de menospreciar sus productos acostumbrado al trato con altos volúmenes de mercancías, rebajadas de antemano, alegando que podía superarse la calidad teniendo en cuenta los factores climáticos y económicos de España. Esto es lo que había colmado el vaso: que un extranjero indicara la manera de proceder desde lejanas latitudes. Este argumento le atormentaba en demasía, hasta que su compañero le fue poniendo al día.

—Paciencia, Cristian. Los alemanes nos llevan años de ventaja y además se creen superiores a los españoles porque somos relativamente jóvenes en este mercado de la Eurozona. Hay que tener cuidado si queremos perseverar y ser considerados como iguales, y la primera regla es dar ejemplo y mostrar modales, buenos modales y mejores que los suyos. Hoy en día ellos son los líderes europeos en política y tienen el respaldo importante de Francia e Inglaterra.

—Entonces, mientras tanto…

—Debemos eliminar gastos, recuérdalo. Eliminar gastos y mecanización es la única manera viable de poder producir en condiciones de competencia, que es lo que exige hoy el mercado, que nuestro producto pueda llegar a la venta a un coste asequible cubriendo mínimamente los costes de producción. A partir de ese punto puede empezar a ser rentable. De nada nos sirve vender caro si vendemos poco o viceversa, vender mucho sin cubrir costes. Hay que igualar la balanza y lograr producir lo que seamos capaces de vender y de momento no estamos en condiciones de rechazar a ninguno de nuestros clientes, por muy exigentes que parezcan. Luego, en el hotel, conversaron largo y tendido sobre el tema.

—Se perfectamente—decía Orduña más relajado— que no estamos vendiendo todo el stock y año tras año hemos tenido que rebajar la oferta al mercado nacional para poder renovar la bodega.

—Hay que ajustar más —argumentaba Rubén—.

—Hemos de calcular si el rendimiento es el adecuado a la extensión agrícola que poseemos y controlar el volumen, reduciendo en todo caso el terreno ocupado tratando que se obtenga el máximo rendimiento por hectárea, basándonos en los paráme-tros que poseemos. Lo demás es hojarasca —dijo enfadado—. Así reduciremos mano de obra, impuestos que deben traducirse en reducción de costes de producción. Se trata de ajustar la demanda y la oferta, medir muy bien cada paso y almacenar lo justo y exquisito en vez del resto de existencias por que sí. Invertiremos los términos, se dedicará parte de la uva solo de las mejores cosechas a la elaboración de crianza y reserva, de manera que podamos ofrecer menos litros de verdejo y tempranillo del año, aunque seguiremos en la línea de ecológico. Con seguridad, menos oferta puede repercutir mejores precios.

Este razonamiento rondaba desde hacía tiempo en su mente y así lo presentó a su padre y a los fieles encargados a los que fue necesario reunir enésimas veces para lograr tomar los ajustes necesarios para llegar al punto de partida.

Mejor funcionaban las cosas en la producción y venta del aceite de oliva virgen. En cambio aquí era complicado implantar las reformas debido al natural envejecimiento necesario de los árboles para la obtención del aceite de calidad que estaban obteniendo. Su modificación podía dar al traste con la calidad que los clientes pagaban religiosamente. El rendimiento podía ser menor que en el vino pero suficiente. El enfoque de mercado no ofrecía tanta competencia por el momento. La explotación podía continuar algunos años previsiblemente, siempre bajo un control exhaustivo.

Juan empezaba a apartarse de los negocios en vista del interés que su hijo mostró, dejando en sus manos el tema del reajuste de balances y se limitaba a visitar las fincas movido por la afición que siempre tuvo más que por su rendimiento. Era feliz viendo cuidada su hacienda, orgulloso como se sentía de su hijo. Pero este tenía muy claro que si se repetían años pésimos como los anteriores se podían ver en quiebra y debía evitarlo a toda costa. Los tiempos no estaban para poder permitirse los menesteres que hasta ahora venían siendo habituales pasando inadvertidos.

El matrimonio solía conversar sobre los asuntos de familia y Merche era consciente del delicado momento por el que pasaba la agricultura de la zona y se refugiaba en el pensamiento de que sus padres se podían considerar privilegiados al no tener la carga de propiedades que solo podrían incrementar los dolores de cabeza. No obstante, su padre Alfredo Camarasa acompañaba a su consuegro, Juan, en algunas tareas rutinarias que cada cual ejercía y que luego comentaban sintiéndose verdaderos dueños. Alfredo se limitaba a seguir las instrucciones de su yerno y le servía de gran ayuda en momentos puntuales en los que su sola presencia bastaba para solucionar dudas que solo ellos podían decidir con los hombres de confianza.

17

Unas Navidades, al visitar Vallferrer, fueron sorprendidos por la enfermedad y el reciente ingreso de la abuela Libertad en el hospital. La anciana contaba 94 años y su salud se derrumbaba por momentos. Ahora se encontraba algo relajada en cama en espera de que pudiese recuperar la crisis cardíaca que acababa de sufrir. No obstante la anciana, con señales de lucidez dentro de su gravedad, mostraba gran alegría al ver a su nieta y a su marido al lado de su cama.

—¡Abuela! —Le dijo Merche intentando restar importancia a su estado de salud—. Venga ese abrazo. Mira el regalo que te he traído —y sacó de su bolso un pequeño paquete—.

Al ver que las fuerzas de su abuela no le permitían aquel esfuerzo prefirió abrir ella misma el regalo. Sacó un pañuelo de seda dirigiéndose hacia ella con la intención de colocárselo. Pero Libertad, sonriendo, le dijo:

—Espera querida.

Merche continuó y le mostró también un broche apropiado para su abuela y finalmente le enseñó un frasco de perfume que sabía que le encantaba. La anciana pacientemente alargó sus temblorosas manos hacia su cuello en busca de un pequeño pasador. Cuando logró colocarlo a su alcance y ante la atenta mirada de sus nietos, lo abrió y extrajo de él una diminuta medalla, "la reliquia" conseguida por ella y por Arturo gracias al aporte histórico y verídico de Libertad.

—Es mi deseo que guardes esto como recuerdo de la familia que es… Representa además el sufrimiento de dos mujeres que vivieron bajo el yugo del poder de la nobleza de este país, en una época demasiado triste para mencionarla ahora. Solo quiero que perdure el recuerdo de la lucha por la justicia y la igualdad que sus portadoras vivieron. Ellas fueron mi madre y mi hermana que como sabes se reencontraron gracias a la huella que la diminuta joya marcó. Nunca supe de su verdadera procedencia, deja que por lo menos conozca su destino —dijo sonriendo—.

La anciana, después de pronunciar estas palabras evidenciaba cierto cansancio y cesó por un momento. Luego siguió y le acercó a su nieta la pequeña joya que ahora colgaba de una novedosa cadenita.

—Gracias abuela. Si ese es tu deseo, así se cumplirá, pero puedes quedártela.

—No, prefiero que sea tuya a partir de este momento. Además… me molestará cuando vaya de nuevo al hospital —volvió a decir sonriendo—.

—Estás perfectamente abuela y… no creo que sea este el momento de hablar del hospital.

—Tienes razón, ¡ayúdame! Quiero levantarme.

Merche miró disimuladamente la autorización de su madre que asentía.

Poco a poco se incorporó y aquella y Nochebuena pudo lucir las prendas que su nieta la había regalado. Libertad contó de nuevo en presencia de Cristian el verdadero origen de aquel escapulario.

—Su primera dueña fue mi abuela Anunciada. —Y su mente atrajo de nuevo tiempos remotos cuya emoción le impidieron seguir hablando—.

— Cuéntenos, abuela, —dijo Cristian— es muy interesante.

—Anunciada tuvo dos hijos: Hugo, fruto del amor que surgió en su adolescencia, y Justina, mi madre, hija de su matrimonio con mi abuelo Ignacio (viudo con dos hijas). La medalla continuó en poder de Justina y gracias a esa pequeña joya pudo mi madre reconocer a su primera hija, fruto de un embarazo… bueno,… de una violación de parte del señorito de la casa donde vivía. Huyó de allí y lejos dio a luz a una niña.

—Usted. —Dijo adelantándose su nieto político—.

—¡No!

—Yo soy la hija del matrimonio posterior. Esa niña fue dada en adopción y nada supo de ella hasta pasados muchos, muchísimos años. Ella era ya vieja y yo me había establecido en Cacerville (Francia) donde nos fuimos poco tiempo después de la muerte de mi padre, (que fue asesinado por un viejo compañero, un descalabrado obseso que pretendía a mi madre) creyendo que la distancia borraría nuestra pena.

En el país vecino, yo, joven y hermosa como lo eres tú, me enamoré de tu abuelo y decidí vivir junto a él. Justina, mi madre, tu bisabuela, lo entendió. Yo continué con tu abuelo Vicente y allí nos casamos e hicimos nuestra vida.

—Curiosa historia —pensó Cristian a pesar de conocerla con anterioridad—.

—Mi madre —continuó la anciana— volvió a España a la que amaba confiando que tras un período de revueltas políticas, cambiaría la sociedad prosperando por fin la igualdad y la justicia y desaparecería por fin el caciquismo. Pero se equivocó.

No obstante, el hijo de su protector, al que siempre recordaba, la pidió en matrimonio pero ni si quiera entonces fue dichosa. Su segundo marido, Raimundo Gamundio, durante la revolución fue preso y murió encarcelado. Sucedía esto poco antes de la guerra civil. Ella pasó su vida huyendo —y ahora dos lágrimas resbalaban en sus fláccidas mejillas—.

—No llores abuela, no te sienta bien.

—Los años han pasado pero ella me enseñó a ser fuerte y valiente en la adversidad, como ella lo fue. Me alivia haber seguido sus consejos: ser constante en mis anhelos, defender el honor y tratar de no humillar cuando tengas razón… sobre todo.

El hijo de Raimundo —continuaba— Rodrigo, se enamoró de una joven valenciana del vecino Canals, Nieves a la que conoció durante el servicio militar. Nada parecía impedirlo y ambos se casaron. Dado su parentesco, el matrimonio seguía en contacto con mi madre y acudió en su auxilio al saberla enferma. Ella casualmente confesó que había sido madre de una niña en 1894 que fue dada en adopción y jamás volvió a ver. Contó que la marcó con esa medalla que te he dado. Y en ese momento le enseñó la medalla a Nieves afirmando que su olvidada hija debía llevar aquella marca en el pecho allá donde estuviera.

Nieves tenía una huella en su pecho. Se la enseñó y a partir de entonces ambas supieron que eran madre e hija.

Aquel matrimonio no tuvo descendencia, afortunadamente y con toda seguridad, Nieves, que guardó siempre aquella "reliquia", decidió cederla, junto a su patrimonio, al municipio tras su muerte con la condición de que su herencia solo sería ejecutada al Consistorio cuando alguien acreditase la pertenencia de aquella joya.

—Entonces tú —dijo a Merche— reavivaste la brasa que yo había creído apagada y muy meritoriamente aportaste datos suficientes para rescatarla del olvido.

—No te preocupes abuela. Seguirá bajo custodia, aunque todavía no tengo hijos a quien legarla —y sonrieron todos aquella ocurrencia que daba cierto toque alegre a una conversación que envolvía demasiados y tristes recuerdos en una noche tan especial—.

—Muy interesante —decía Cristian de nuevo a la abuela Libertad—. Pero… dígame ¿su nombre se debe sin duda a las ideologías de su madre, que ya evidenciaba justicia en el suyo?

—Por supuesto. Mi madre fue una luchadora incansable por la justicia y la igualdad usando como arma la cultura y la educación como base. Y a mí me bautizó con su ideal, lo mismo que yo hice con tu madre, Esperanza.

—Dos nombres interesantes.

Ahora Cristian quiso comentar también su ascendencia, tan diferente a la de ellos—Mi familia, como saben, desciende por línea paterna de Guadalest, en la comarca de la Marina, y los Orduña fueron considerados nobles durante siglos. Pero las épocas cambian y mis abuelos solo se consolaron con poseer el palacio y haber vivido rodeado de un mobiliario antiguo de incalculable valor, cargado de historia pero que había que conservar, al igual que incontables propiedades que vendieron sin apenas conocer. Es curioso. Hoy parece anecdótico que esto haya sido cierto.

—Si hijo mío —dijo la anciana que de repente parecía haber recuperado las fuerzas de antaño—. Este país ha vivido demasiados años bajo el yugo del poder. El pueblo ha vivido demasiados siglos soportando la voluntad de unos pocos sin atreverse a revelarse contra aquellos que los oprimían, creyéndolo justo y habitual, porque cada vez que avanzaba era contrarrestado de nuevo por los ejecutores del poder. Y de nuevo se retrocedía irremediablemente. Así es muy difícil recuperar derecho alguno ni progresar adecuadamente. Es como a un animal que siempre está atado o encerrado. Cuando se ve libre es capaz de cometer cualquier desatino porque no está preparado. Espero que ahora esto quede sepultado y los jóvenes de hoy no volváis a incurrir en aquellos delitos.

—¡Jamás toméis las armas para solucionar los problemas! —Dijo eufórica la anciana—. Aquella mentalidad debe desaparecer, hay que vivir dignamente, pensar libremente y enseñar a las generaciones venideras con libertad, no con libertinaje. Pero, ¡Vah…! No hagáis demasiado caso a las palabras de esta anciana.

—¡Por usted, abuela! —dijo Merche invitando a los comensales de la mesa a brindar con cava a la vez que desviaba la melancolía de la abuela Libertad.

Las próximas Navidades no contaron con su presencia. Hacía poco que había abandonado este mundo a la edad de 95 años. Con su muerte desaparecía también parte de la historia del último siglo. Aunque esperada, su pérdida dejó un vacío importante en la casa y en la familia que solo el paso del tiempo sería capaz de borrar.

Al cabo de unos años su nieta, conocedora de la infinidad de cuartillas que Libertad dejó escritas en su vejez, recopiló aquellos legajos y se propuso recomponerlos para editarlos en un volumen. Tenía mucha ilusión en el proyecto, pero su trabajo pospondría años la confección de aquel libro que tituló ”*Sentimientos de una mujer nunca vista*”. El tomo quedó bajo su custodia en la casa que solían visitar a los pies de la Sierra Aitana, como otra de sus reliquias.

CUARTA PARTE
EL CAMINO

18

Por fin pudieron nuestros protagonistas realizar su sueño de viajar rumbo al norte de la península. Su ilusión de andar el Camino de Santiago era un desafío, una meta, algo que ambos intuían que les haría sentir sensaciones nuevas. No se trataba solo de hacer ejercicio físico caminando. Era algo más, esa ruta estaba de moda y podía ser que con aquel cambio de rutina, recorriendo parajes inhóspitos que solían atraer a gente de todo el mundo, podía traer aire nuevo a la pareja. Querían salir de aquella monotonía, conocer gente nueva, visitar entrañables lugares con historia. Sería una descarga de tensiones y de adrenalina que por unos días les haría olvidar Alicante y su rutina.

Tradicionalmente los peregrinos que recorrían cientos e incluso miles de Kilómetros, además de haber conseguido el reto de abrazar la efigie del apóstol Santiago, cuya imagen permanece en el interior de la famosa catedral que lleva su nombre, seguían en dirección noroeste hasta alcanzar el lugar que los primeros pobladores llamaron "finis terrae", hoy cabo de Finisterre. Se consideraba que más allá de aquel apartado lugar no existía nada más que mar, era el final de la tierra conocida.

Algunos estudiosos opinan que el Camino de Santiago es también una cristianización de las antiguas peregrinaciones de origen prerromano al Ara Solis, situado en Finisterre donde los antiguos pobladores de la península adoraban al sol y al milagro de su muerte y resurrección diaria.

Andrés Pena identificó una referencia que data del siglo IV a. J.C. De este camino precristiano al Finisterre atlántico en un texto de Aristóteles mostrando como ya entonces el peregrino contaba con plena protección y seguridad penal internacional: *"dicen que hay un camino herácleo que va desde los Celtas hasta los Celtoligios e Iberia, a través del cual si peregrinase un griego o un nativo el peregrino era custodiado por los lugareños de modo que no le aconteciese ningún daño, y si se le causara obligaran a pagar un castigo a los responsables del daño"*.

Los historiadores de Aristóleles mantienen que este comentario es obra de la escuela peripatética y fruto de una observación precisa y directa. Estas observaciones eran el fruto de averiguaciones que la pareja hizo con motivo del viaje que de vez en cuando solían hojear e instruirse del manual que recientemente habían adquirido para así entrar en escena.

"Ego sun lux mundi"

Cristo es la luz del mundo, y así es considerada por la teología cristiana, es la evolución natural hacia el cristianismo de estas creencias paganas.

—En la actualidad —comentaba Merche— se considera Finisterre el final del camino, pues los creyentes realizan allí una purificación espiritual. A lo largo de los siglos se desarrollaron allí ciertos ritos de ablución.

—Ten en cuenta que hace siglos, las personas llegaban a Galicia con abundante mugre en sus cuerpos debido a las precarias condiciones de la época —contestó Cristian—.

O por realizar promesas que podían consistir en caminar incluso en verano y con las inclemencias del tiempo.

A lo largo de los siglos se desarrollaron en Finisterre —continuaba ella leyendo— ciertos ritos de purificación con mucha carga simbólica en aquel enclave, a cien kilómetros de Santiago de Compostela y antes de emprender el camino de regreso, el peregrino realizaba tres actos:

Bañarse en la playa de Langosteira.

Quemar sus ropas.

Ver la puesta de sol.

En esta costa de la muerte se realizaba el baño que representaba la purificación del cuerpo. El peregrino limpiaba así el polvo y suciedad acumulados durante el camino y, limpio, comenzaba su nueva vida redimido de pecado. El peregrino se deshace de todo lo material con el fuego purificador e intenta quemar todo aquello que no le beneficiará para comenzar su nueva vida, dejando atrás las pesadas cargas de su vida pasada.

Ver la puesta del sol simboliza la Muerte y Resurrección: La muerte del sol en el mar y su posterior resurrección al día siguiente como la resurrección del alma del peregrino indultado por Dios. En nuestros días —continuaba— Finisterre ha visto revalorizado su carácter de pueblo de fin de la Tierra y del fin del Camino y cada año son más los que se acercan a cumplir el casi obligado ritual, además de cerrar la etapa con la hermosa vista del faro; algunos peregrinos dedican allí horas a la escritura y a la meditación.

En este momento Cristian y Merche se miraron cómplices insinuando en sus sonrisas que podían aprovechar aquella meta de la manera que más les apetecía, amándose.

Algunos viajeros solían desprenderse de muchas de sus pertenencias y así, en un acto simbólico, desasirse de todo lo material y aprender a viajar ligeros en el camino de la vida.

Antes de su traslado desde Alicante habían decidido emprender el Camino desde el puerto de Somport (Huesca), por supuesto con la meta en la mismísima Catedral de Santiago, con un trayecto de 863 km. por delante. Era en Camino de Santiago francés puesto que era uno de los más frecuentados por los europeos, incorporándose cerca de la frontera.

Los lugares que aparecían en esta ruta son: Canfranc, Villanua, Castiello de Jaca, Jaca, Santa Cilia, Puente la Reina de Jaca, Arrés, Martos, Mianos, Artieda, Ruesta, Sangüesa, Monreal, Obanos, Estella, Logroño, Navarrete, Nájera, Santo Domingo de la Calzada, Belorado, Burgos, Castrojeriz, Fronista, Carrión de los Condes, Sahagún, León, Astorga, Ponferrada, Villafranca del Bierzo, Cebreiro, Triacastela, Sarriá, Portomarín, Palas de Rey, Arzúa…

En definitiva, ha sido y sigue siendo la ruta más antigua, más concurrida y más celebrada del viejo continente, sembrado de numerosas manifestaciones de fervor, de arrepentimiento, de hospitalidad, de arte y de cultura que nos hablan de manera elocuente de las raíces espirituales del viejo continente.

Santiago de Compostela empezó a ser declarada oficialmente por el Papa Alejandro VI como una de las tres grandes peregrinaciones de la Cristiandad, junto a Jerusalén y Roma.

De alguna manera y casi intuitivamente, Merche albergaba en su interior cierta esperanza de que su metabolismo sufriese alguna invisible transformación capaz de sorprenderle un día no demasiado lejano. Era su premonición, Cristian lo leía en sus ojos. Él también participaba de una cierta fe en que el camino del Apóstol invirtiese algunos parámetros acariciando por fin su propósito de ser padres.

Llegaron a Zaragoza y siguieron en dirección noroeste hasta llegar al enclave navarro de Petilla de Aragón, curiosa localidad situada en el corazón de la provincia aragonesa aunque perteneciendo a la Comunidad Foral Navarra, cuna de nuestro premio Nobel de Medicina, don Santiago Ramón y Cajal, lo que les servía de motivación.

Allí se instalaron en una casa rural donde pernoctaron dos noches. Sería la estancia más prolongada del recorrido puesto que el resto se limitaría al hospedaje necesario para el descanso diario.

Todo estaba previsto, el automóvil sería conducido por tramos intercalando la ruta. Sería la manera de hacer más llevadera aquella aventura. Algunos habitantes de las pedanías cercanas al Camino solían hacer también este tipo de encargos debido al creciente auge que lo propiciaba. Se encargaban de recoger el coche y transportarlo hasta el destino acordado, siempre superior a 80 km. del origen. El siguiente día serían ellos los encargados de conducirlo relajadamente hasta sucesivos albergues de la ruta. El cuarto día, sintiéndose integrados en el grupo de compañeros conocidos en jornadas anteriores, se disponían a recoger el vehículo que el chófer les acababa de conducir, cuando de repente Cristian oyó pronunciar su nombre y acto reflejo se volvió tratando de adivinar si era el aludido, sin lograrlo. Era temprano y su esposa permanecía aún en el hostal como la mayoría de peregrinos compañeros.

Cuando, tras despedirse muy displicente marchó el hombrecillo que había conducido su coche hasta allí, quedó solo de nuevo revisando el perfecto estado del automóvil y volvió a oír de nuevo su nombre, esta vez con mayor nitidez. La voz era de una mujer.

—¡Cristian!

Esta vez no ofrecía confusión. Se trataba de una mujer rubia, bien parecida a la que en un primer momento no reconoció a pesar de la sorpresa que aquella mostraba.

—Pero, ¿es que no me reconoces? —le dijo ésta—.

Al oírla de cerca reconoció aquella voz que no escuchaba desde hacía muchos años, sin poder precisar todavía en detalles. Por un momento quedó pensativo y por fin reconoció de quien se trataba.

—¡Ester! Pero… tú, ¿por aquí? —fueron las palabras que logró articular tras su sorpresa.

Se saludaron como dos amigos de juventud que fueron y charlaron durante un momento, dadas las circunstancias.

—Como ves, estamos haciendo el Camino dijo él.

—Pues ya somos cuatro. Ven, te presentaré a mi marido.

La mujer continuaba siendo de trato agradable, abierto y muy comunicativo.

—Luis, te presento a Cristian, un antiguo y entrañable amigo del instituto de Alicante.

—¡Vaya, que pequeño es el mundo! Encantado.

En aquel momento salía Merche con paso decidido en busca de su marido, al que vio con los nuevos amigos. Cuando esta se acercó fue presentada aunque Cristian notó cierto distanciamiento, en presencia de Ester, de parte de su mujer y que no lograba entender.

Enterada Merche de la vieja amistad que unía a Ester con su marido, aunque lejos en el tiempo, empezó a sentir unos celos que ni ella misma entendía.

Merche estaba muy enamorada de su marido y creyó por un momento que, aquella todavía atractiva mujer perturbaría la felicidad entre ambos.

Faltaban casi tres horas hasta el momento de la salida diaria que para ella se hacían eternos. Protocolariamente conversaron los cuatro, celebrando el encuentro que casualmente se había producido. Cristian trataba de mostrarse agradable aunque pensaba en la impresión que estaba causando aquella amiga de la adolescencia en su querida esposa. En cambio Ester se mostraba cómplice con Cristian, bromeando al recordar algunas anécdotas de su juventud, lo que a Merche acabó desbordando.

—Voy al aseo —dijo ésta algo nerviosa al momento, excusando su presencia. No aguantaba aquella situación tan embarazosa.

Cristian se levantó extrañado por la imprevisible reacción dirigiéndose al mostrador pero impaciente por hablar con su mujer.

—¿Crees que no me he dado cuenta? —dijo ella airadamente.

—¿Pero, qué estas pensando?

—Esta es aquella rubita que tanto te ayudó…

—No seas ingenua Merche. No me digas que estás celosa.

En ese momento, presa de una rabia inexplicable y poco

habitual en ella, afluían a su mente algunos relatos que íntimamente se contaba la pareja y recordaba que había existido cierta relación entre Cristian y Ester. Pero ella que desde siempre había sido educada con el criterio francés, con aires progresistas donde no había tabúes como en España; ella que era tolerante ante todas las tendencias y que había tenido relaciones a su alcance con pretendientes que le ofrecían todo cuando ella no estaba preparada para el inicio en el amor, y las había desechado; ella que no quería comparaciones ni exigencias a la hora de iniciar relaciones; ella que entendía sobradamente todas las vertientes que confluyen en el amor y en la pareja, ahora parecía que su cuerpo se revelaba contra ella y quería sentirse dueña de su ser más querido.

Se daba cuenta que ella no era así. Ignoraba lo que es sentirse celosa, seguramente porque nunca se le presentaron motivos. O sería que ella no los veía. Era increíble que al cabo de tantos años de relaciones con su pareja se sintiera realmente celosa y no lograse unir a aquella persona con un recuerdo, con un pasado que le había tocado vivir y experimentar a Cristian. Aún quedaba algo dentro de sí que le impedía seguir haciendo el ridículo, mostrándose de manera fría con la pareja que acababa de conocer. Pensó que sería incapaz de aguantar toda la jornada caminando y charlando con alguien que de momento se le había atragantado sin motivo justificado y actuó decidida.

—Cristian, lo siento pero me encuentro indispuesta. No he descansado bien esta noche.

Su esposo la tomó del brazo y acercándose la besó tiernamente en la boca.

—Eres preciosa, Merche. Te quiero.

Pero ella estaba tan turbada que no quería dar una imagen que no fuese la apropiada.

—Al cabo de tantos años —continuó él— , sabes que no hay nadie más que tú en mi vida. Solo tú, y lo sabes de sobra.

—No sé qué me pasa. He sentido una sensación extraña cuando te he visto intimando con esa mujer.

—¿Intimando? Pero, ¿qué dices? Solo nos hemos saludado. ¿Te encuentras bien?

—Sí, estoy perfectamente, aunque he pensado que quizás hoy podría coger el coche y esperarte al final de la jornada. Estoy un poco cansada. ¿Qué te parece?

—No lo tenemos previsto. Te noto rara.

—Creo que es lo mejor. Deja que me aclare. Será debido al cansancio de estos días.

—Si crees que es lo mejor… por mí, de acuerdo. Pero prométeme que esta noche en el próximo albergue, tu rostro será otro diferente al de ahora mismo.

Y de nuevo la estrechó entre sus brazos y se besaron. Acto seguido cogió las llaves del automóvil colocándolas en las manos de su esposa.

—Ten cuidado. Nos esperan las mejores jornadas de peregrinación —le dijo Cristian, animándola, pero al volver la espalda pensó qué podía ser aquel cambio de actitud. Él no encontraba motivos que lo justificasen. Se conocían casi veinte años y lo suyo había sido un verdadero flechazo. Se querían como el primer día.

Le falta ver su sueño cumplido: quedar embarazada —pensó— Estoy convencido de que su subconsciente se lo pide a gritos, aunque no somos capaces de lograrlo. Solo este pensamiento lograba justificar su actitud. Y un poco cariacontecido, Cristian se dirigió de nuevo hasta donde continuaban esperando Luis y Ester tomando un café.

El día anterior, procedentes de Santo Domingo de la Calzada, habían llegado hasta Atapuerca, en la provincia de Burgos, aunque quedaban dos jornadas hasta llegar a los pies de la Catedral de Burgos, visita obligadísima para todo peregrino. Quedaron pues en pernoctar en Cardeñuela Riopico, cerca de la capital.

Hicieron camino los tres conocidos con el ropaje adecuado para caminar por los vericuetos que aporta el camino, mientras que Merche esperó unas horas más con la intención de que al retrasar la salida llegara a una hora prudencial a Cardeñuela, aunque con la seguridad que se adelantaría a los viandantes.

Pensó entonces pasear por la pedanía, cercana a Atapuerca, procurando así despejar aquellas contradicciones que, injustificadamente, rondaban por su mente. No estaba acostumbrada a tomar nada de alcohol, pero ese día necesitaba algún estímulo que lo hiciese llevadero. Tomó un par de copas en una taberna y entabló conversación con unos clientes asiduos al lugar; parecía que así su ánimo mejoraba.

Preguntó sobre rutas alternativas circulando por carretera y finalmente se decidió a partir. Llegó hasta el embalse de Urquiza. Después visitó Villar de Herreros. El trazado, aunque con muchas curvas y demasiados cambios de rasante, estaba bien conservado. No podía ni debía excederse en velocidad ya que se trataba de carreteras sin apenas tránsito y con tramos que con dificultad podían cruzarse dos vehículos. Ella siempre había sido una persona muy prudente, sobre todo a la hora de conducir.

Pero ese día era diferente; se sentía insegura y no tardaron en aparecer las consecuencias. Pulsó el botón del aparato de música del vehículo y buscó una emisora que le animase durante el trayecto, pero las dificultades geográficas impidieron oír con claridad alguna emisora. Buscó entonces en la guantera y colocó un c d en el aparato. Un descuido la alertó del peligro que ofrecía la carretera, desconocida y despoblada. Tuvo miedo, pero era tal el pensamiento que la atrapaba que no quiso darle mayor importancia.

De repente entró en una curva y no le dio tiempo a reaccionar. A partir de ese momento no recordó nada más. Pero el vehículo que circulaba en sentido contrario pudo apreciar la velocidad inadecuada del coche de Merche. Cuando ella quiso reaccionar era tarde y el repentino volantazo que instintivamente se produjo fue el motivo de la precipitada caída al vacío desde la calzada al contiguo terraplén.

La rapidez con que actuó el otro conductor no fue suficiente para evitar el accidente. Quien socorrió a Merche era un campesino del lugar, vecino de Pedrosa del Príncipe que se dirigía a la capital en busca de alimento para sus animales. Era conocido como Pedro "el molinero" aunque sus apellidos eran de la Serna Marco. Pedro, conociendo la dificultad que ofrecía el terreno desde la perspectiva de la carretera, no dudó en avisar al 112 y rápidamente acudieron al lugar.

A Merche la creyeron sin vida pero actuaron en todo momento con máxima precaución a pesar de la escasa probabilidad de que aún fuera posible salvarla.

Una ambulancia corría alertada por la gravedad de la paciente en dirección a Burgos.

Llegaron al centro de salud de San Agustín, en la capital burgalesa donde la paciente quedó ingresada rápidamente en la UCI, luchando entre la vida y la muerte.

Cuando Cristian fue enterado del accidente quedó perplejo, turbado e indeciso, tratando de encontrar el motivo de aquel accidente que fácilmente podía costar la vida a su amada. Allí, frente a las frías puertas blancas que separaban la vida de la muerte, con apenas un pequeño cristal entre ambos a la altura de la vista que solo dejaba adivinar lo que allí dentro ocurría y que solo servía para ser amonestado por el personal sanitario de que en aquel lugar no podía permanecer; allí pasaba las horas Cristian esperanzado y triste, pidiendo al Todopoderoso que no se la llevase de su lado y que los médicos le aportasen una mínima esperanza de vida; ellos que con toda seguridad hacían cuanto estaba en sus manos para mantener con vida a su paciente.

No sabía ya si era de día o de noche, no tenía apetito, estaba solo y su pensamiento amenazaba con desbordarse. Se sentía culpable en cierta manera por haber tropezado esa misma mañana con otra persona que, sin duda había nublado su pensamiento, y sabía Dios qué nubarrón se le había aparecido. Requirió ayuda sicológica cuando el equipo médico le informó y preguntó por sus familiares con la intención de ponerles al día ante la gravedad de la situación.

—¡No! Prefiero esperar. Sus padres son mayores. Además están lejos, Viven en Alicante. Yo hablaré con ellos. —Sentía pánico tener que participar a sus padres lo que podía ser el fin.

Arroparon aquellos profesionales al desconsolado marido de Merche y llegaron a entresacar algunos indicios de su comportamiento aquel día trágico. Cuando Cristian logró serenarse contó a sus colegas del hospital sus conocimientos en sicología, así como los de su mujer, aunque de momento de nada servían.

Al día siguiente acudió al hospital San Agustín Ester Más, amiga de juventud y compañera de viaje del fatídico día. Pero él se mostraba frío y distante; sus sentimientos solo desembocaban en el estado de Merche que continuaba luchando entre la vida y la muerte. Todo estaba ocurriendo a una velocidad de vértigo.

Ester también estaba apenada y sufría al ver la desesperación de su amigo. El silencio se hizo entre ellos. En su rostro obtuvo la respuesta a las preguntas que no llegó a realizar. El ambiente hablaba por sí mismo. Trató de compadecerle sin éxito. Por fin habló él.

—¿No sigues el Camino?

—Me resulta imposible —dijo ella.

—Pero, tu marido…

—Ha decidido continuar ante mi insistencia. Entiende la situación. Es un buen hombre.

Cristian permanecía cabizbajo escuchando a Ester.

—Debes tomar algo —siguió esta, apoyando ligeramente su mano en el hombro de su amigo—. Esta situación puede alargarse y piensa que debes estar preparado.

—Sí, lo sé. Estoy preparado. Y rompió a llorar.

—¿Qué dicen los médicos?

—Nada claro. Tiene rotura de costillas, varias vértebras, contusiones graves en la cabeza, la médula está muy afectada; permanece con respiración asistida. Inconsciente.

—¿La has visto?

—Todavía no.

En ese momento, inconscientemente, Ester abrazó a Cristian tratando de transmitirle el ánimo que necesitaba al tiempo que le demostraba compasión y le ofrecía compañía. Ella sabía que no habían avisado a sus familiares de Alicante y quería recordarle que debía que debía planteárselo de nuevo. Tenía que prepararles para lo que pudiera ocurrir, aunque también entendía que la responsabilidad recaía sobre él. No tenía hermanos y para los padres, de edad avanzada, una noticia de aquella envergadura podría ser letal.

—Cristian, piensa que tarde o temprano han de enterarse.

—Es verdad Ester —dijo él en tono afectuoso.

Ese mismo día se puso en contacto con su padre, al que adelantó el accidente sufrido, omitiendo en parte la gravedad. Acto seguido llamó a sus suegros evitando dar la importancia que aquellos adivinaron, alertados.

La paciente había superado los primeros días de peligro, tan decisivos, y su cuerpo estaba respondiendo al tratamiento, limitándose a no empeorar aunque su estado continuaba siendo grave pero estable.

Esta delicada situación tenía a la familia pendiente siempre de los nuevos resultados de analíticas y un sinfín de pruebas médicas, mientras la paciente permanecía en un coma inducido debido a las múltiples fracturas que presentaba y al temor a que su dolido corazón no soportase la realidad, máxime cuando estaba en peligro la médula en la parte cervical, tan próxima al cerebro.

El equipo médico se reunía periódicamente con la familia y estos no tardaron en proponer el traslado de Merche hasta un hospital cercano a su residencia en Alicante.

Pasaron días sin respuesta puesto que los doctores discrepaban sobre la seguridad en el traslado debido a la gravedad. Finalmente optaron por reducir la medicación hasta asegurarse de que la paciente respondía mínimamente a los estímulos exigidos. Sin duda pasarían varias jornadas en el mejor de los casos.

19

El marido de Ester había finalizado lo que para nuestros protagonistas había sido el "truncado" Camino de Santiago. Esta se había reunido con él después de haber visitado en varias ocasiones el hospital de Burgos.

Cristian agradecía cierto consuelo en estas visitas que le servían de terapia en estos momentos tan delicados. Ella era consciente de la realidad y sentía cierto remordimiento al haberse interpuesto aquel día en su camino, al cabo de tantos años sin tener contacto alguno. Se reprochaba mil veces que su inesperada presencia trastocó los planes del matrimonio y este pensamiento la hacía sentirse mal, aunque en el fondo de su conciencia existía cierta paz que le demostraba ser inocente ante los azares del destino.

Ella, como mujer despierta que siempre fue, tenía la seguridad de que Merche había hecho la ruta en su coche intentando evitarla. Solamente habían abordado este tema muy superficialmente y Ester, observando el dolor que su amigo sentía, prefirió apartarlo de la conversación, pero se sentía en deuda con ellos. Mínimamente necesitaba convencerse de que aquella mujer no perdía la vida. Necesitaba a toda costa ver que Merche abría los ojos, que hablaba, que lo le tenía rencor alguno y, ojalá tuviera unas palabras que pudieran servir de consuelo y rebajasen el nivel de culpa que en ese momento la envolvía.

Por fin llegó el día esperado; Merche, ante la espera larguísima de sus padres y de su marido, empezó a dar síntomas de recuperación. No tardó en abrir tímidamente los ojos, volviéndolos a cerrar rápidamente, como temiendo regresar a un abismo repleto de dolor y obstáculos todavía inaccesibles. Ahora, ya consciente pero con la cortina entre sus ojos evitando la realidad y la luz ensombrecedora y turbulenta que en su subconsciente la envolvía, empezaba a recomponer imágenes que habían quedado bloqueadas durante tiempo, sin poder determinar cuánto y sin encontrar el almanaque donde colocarlas ordenadamente. En la oscuridad de su difuso pensamiento, consciente pero sin la fuerza suficiente para reconducir la energía necesaria para volver a funcionar, vio un resplandor enorme, como suponía que sería lo que en sus relatos cuando era niña escuchaba de sus mayores, y creyó que estaba pasando a una mejor vida, como aquellos le aseguraban en su feliz infancia. ¿Estaría llegando al cielo? Aquel paraíso maravilloso, espectacular, luminoso sin otra imagen que dos siluetas que se le acercaban vestidas con blancos ropajes, ¿Serían ángeles? No lo sabía, no llegaba a pensar tan a fondo.

Cesaron aquellas visiones y veía otras más reales, con luces muy potentes, oía palabras de agitación, descompuestas:

—Por aquí, ¡Rápido! Quirófano. ¡Glucosa!

¿Qué sería aquello que a pesar de su asombro le hacían recobrar cierto contacto con el mundo? Empezaba a sentir dolor, mucho dolor, un dolor inexplicable y que le impedía poder expresarlo, quejarse. Se volvió a dormir y extrañamente, ahora oía voces que empezaba a reconocer:

—Merche, ¡Merche! No estás sola, estamos contigo.

Entonces abría con dificultad los ojos, veía mucha luz y en cambio solo distinguía sombras, siluetas que se movían. No obstante el dolor, al ir tomando contacto con la realidad, empezó a ser tan agudo que su organismo deseaba volver de nuevo a su anterior estado, al silencio, a la oscuridad, para evitar este síntoma que ya empezaba a relacionar con el contacto a la realidad, a la vida.

En ese momento entró en la habitación el doctor Ramírez, neurólogo, jefe de la sección, que había sido alertado del caso, e intentó reanimarla.

—¡Mercedes! ¿Me puede oír?

Al momento la enferma, bajo los estímulos que le provocaba el médico con ligeros toques en diversas partes de su cuerpo, y al obscultarla, parecía que volvía en sí.

—Nos está costando —decía este en voz baja dirigiéndose a su marido. Cristian, esperanzado, solo tenía la mirada para esperar impaciente la de su amada, haciendo oídos sordos y alentados solo por los movimientos del rostro de Merche que empezaba a tomar de nuevo contacto con la realidad. Acababa se mover una pierna.

—Merche, soy yo, Cristian, estoy aquí a tu lado.

A continuación ella abrió con calma los ojos y aparecieron dos pupilas dilatadas hasta el extremo que, con toda seguridad, imposibilitaban la fijación en ningún rostro. La cara de la enferma contagiaba dolor, agotamiento, mucho dolor y sufrimiento.

—¡Enfermera! —Llamó el doctor Ramírez—. Nuevas dosis de Amoxicilina clorhidrato…

Y la enfermera, rápidamente inyectó por vía venosa la medicación exigida.

—Prefiero esperar. Vamos a dejar que el antibiótico haga de nuevo el efecto. Los dolores son extremos; en este estado no lo podría soportar —les dijo a la familia separándolos del lecho.

Al cabo de dos días al fin la paciente, más relajada, volvió a la realidad con menos expresión de dolor, aunque sin poder articular palabra. Se le había practicado una traqueotomía mientras duraba el estado de coma, que todavía conservaba para favorecer la respiración. Los cambios posturales, aunque frecuentes, no evitaron ciertas heridas en el dorso de su cuerpo que quedaron ilesas tras el accidente, como talones de los pies y nalgas.

—Esto es secundario —anunciaba el doctor sin ser interrogado. Lo que más me preocupa es que no responda todavía a los estímulos en los miembros inferiores.

—Entonces…

—No les puedo adelantar nada más. De momento no moverá las piernas.

Esto causó mayor efecto que lo hubiera hecho una jarra de agua fría en los tres familiares presentes en la habitación.

—De momento ha vuelto en sí. Pronto le retiraremos la respiración asistida y se le proporcionará alimento líquido. Es un paso importante; en cuanto al movimiento, hemos de ser prudentes y esperar un tiempo. La rehabilitación es un factor muy importante si pone de su parte cuando llegue su momento. Está muy débil. Yo he visto recuperaciones casi milagrosas; personas en las que pudo más su fuerza de voluntad que el apoyo médico. Por el momento han de animar mucho a Mercedes y… —el facultativo quedó un momento mirando a cada uno da los familiares, con rostro animoso, para comprobar que estaban asimilando toda la información por lo delicado de la situación, antes de añadir lo siguiente—, en cuanto a lo comentado sobre la conveniencia del traslado de la enferma a un hospital cercano a su residencia, podemos iniciar las gestiones cuando estimen oportuno. La paciente está fuera de peligro.

Y así fue. Habían transcurrido casi tres meses desde el fatal accidente y la época no era la adecuada. Estaban en pleno invierno por lo que decidieron esperar a la primavera antes de que el bochorno de Levante complicara la nueva ubicación. Allí el invierno era largo comparado con el clima seco y agradable que ofrecía Valencia a finales del mes de Marzo.

Tras la ligera recuperación de Merche, regresaron sus padres más tranquilos a Alicante con la esperanza de poder volver a cuidar pronto de su hija. Les quedaba el consuelo de no haberla perdido. Pero Cristian se negaba en rotundo a abandonarla. Había pasado casi todo este tiempo en un incómodo sillón al lado de su mujer; creyó que ese era su lugar y allí permaneció, pero ahora, incluso el equipo médico le aconsejaba que debiera descansar y optó por buscar en alquiler una habitación cercana al hospital de San Agustín.

Algo más animado, pasaba algunas horas separado de aquella habitación que había sido su morada durante meses.

Una mañana, al disponerse a desayunar en una terraza del bar cerca de la pensión que había alquilado, oyó sonar su teléfono. Era Ester.

—Cristian.

—Sí, dime.

—¿Cómo sigue Merche?

—Ha despertado. Todo ha sido muy lento y su recuperación va a ser dolorosa, —y en este momento se le hizo un nudo en la garganta que le impedía continuar la conversación. La emoción lo invadía.

—Acabo de llegar a Burgos —dijo ella—. Necesitaba saber de vosotros. Perdóname.

—No hay nada que deba perdonarte. La vida es dura a veces y no sabemos apreciar lo que tenemos hasta que…

—Cristian, necesitas mucho ánimo. Piensa que los accidentes ocurren sin más. Si les tememos no saldríamos de casa como antaño por miedo a qué pasará. Lo mismo hoy gozamos de buena salud que mañana la podemos perder. —Hubo un momento de silencio entre ambos—. Tus suegros, ¿permanecen contigo en el hospital? —Preguntó finalmente—.

—No. Marcharon ayer hacia Valencia porque el traslado allí es cuestión de días. Llevamos aquí muchos meses.

—Voy de camino al hospital.

—No Ester, yo ahora mismo no estoy allí.

Y Ester anotó en un pequeño bloc la dirección que su amigo le dictaba, quedando para tomar café en un céntrico bar.

Había sido la primera noche que se separaba de su amada y parecía que la luz del sol radiante de verano, repentinamente aportaba sensaciones casi olvidadas para Cristian. Sentía extrañeza al oír el canto de los pájaros que gozosos alegraban el ambiente, intercalando trinos y tintineos revoloteando contentos entre la espesura de las ramas de los arboles que armoniosamente adornaban los jardines de la Plaza de Castilla, lugar donde llegaba Cristian con un aire nuevo recordando animado la mejoría habida durante los días anteriores. Le parecía todo diferente; creyó ver que todos le saludaban, y así correspondía con su gesto al cruzarse con los viandantes burgaleses que monótonamente seguían su rutina. Oía sonar el claxon de los coches que le sonaban a gloria, el acelerar de los automóviles con sus constantes chirridos al frenar le producían una satisfacción inexplicable, como si hubiera estado ausente del mundo en una temporada.

Aprovechaba y caminaba pausadamente disfrutando del monótono sonido de la ciudad como un extraño que experimenta nuevas sensaciones que por un momento le hacían olvidar el presente. ¡Llevaba tantos días sin oír otra cosa que quejidos de enfermos, la megafonía del hospital llamando a familiares, carritos saturados de medicación y de utensilios médicos que se sentía un extraterrestre!

Legó a creerse embriagado del incipiente calor de la mañana. Por momentos había dejado de pensar en negativo y se centraba en las cosas ínfimas, casi olvidadas y parecía que la sangre volvía a circular por su aletargado organismo dándole nueva energía, revitalizando sentidos que tenía en letargo mucho tiempo. Solo había estado forzando la visión hasta la cama de su mujer esperando el milagro. Su oído se había agudizado esperando el mínimo resoplo que anunciase alguna reacción. Hasta sus manos se habían contagiado del olor perpetuo a desinfectante, a alcohol y a detergentes por la excesiva limpieza llevada a cabo en el cercano hospital.

Ahora su vista, extrañada al contemplar el alegre panorama de la vida, agradecía la sensación y se contagiaba la alegría que entraba por sus pupilas y el sistema nervioso repartía hasta el último extremo de su cuerpo, aquella agradable sensación. El aire purificado y limpio que respiraba servía de alimento a sus pulmones que solo inhalaban el aliento transmitido por las aperturas del artificial aire acondicionado central que mantenía a los pacientes en una temperatura desnaturalizada y constante, diferente a la del exterior.

Sin darse cuenta había llegado a la cafetería Mío Cid, lugar donde habían concertado. Tan absorto estaba en el ambiente nuestro hombre que aun habiendo llegado seguía caminando como un autómata, satisfecho y alegre. Sin duda su organismo todavía se estaba recomponiendo a la emociones. De pronto oyó su nombre y recordó que había quedado con Ester.

—¡Cristian!

Este se revolvió y sus ojos encontraron una atractiva mujer rubia, bien proporcionada, con su ropa algo ajustada que ofrecía una silueta realmente agradable. Por un momento solo se fijó en el azul claro de sus ojos que expuestos a la claridad de un día de primavera recordaban la claridad del agua marina de la playa mediterránea; el cabello ondulado y peinado con acierto, su boca carnosa y sensual con labios prominentes que ofrecían una sonrisa que se acentuaba con el hoyuelo que sus mejillas contraídas y sonrientes le ofrecían sensualmente.

—¡Ester! —respondió. E instintivamente fue a su encuentro con intención de besarla. Ella correspondió al saludo ofreciendo sus dos mejillas, pero Cristian la abrazó.

Durante todos aquellos encuentros no había sentido la mínima voluntad de abrazar a nadie, solo a Merche que era la única que no le podía corresponder.

Ester notó cierto cambio en su amigo y se mostraba sorprendida a la vez que no quería dar evidencia de ello a su amigo que tan falto de estímulos estaba.

—Estoy contentísima de la recuperación de tu mujer.

—Gracias. He pasado una temporada que no se la deseo ni al peor de mis enemigos. Muy duro, Ester, muy duro. —Ahora parecía que su repentina alegría volvía a desvanecerse.

—No digas eso. La vida nos pone a prueba y debemos de ser valientes porque a ninguno sabemos lo que nos espera ni tampoco sabemos de lo que somos capaces hasta que llega ese momento y nos vemos inmersos en él.

—Siento —dijo él— que son muchos más los momentos duros, difíciles y negativos que los felices y dichosos.

—Es posible —continuó Ester— pero no somos conscientes de ello y nos recreamos demasiado en lo negativo cuando en realidad la vida debería ser una cadena de momentos de felicidad, que no de supervivencia. No deberíamos posponer los momentos que nos producen bienestar por miedo a perderlos. Deberíamos usar nuestros mejores utensilios, nuestros mejores vestidos o nuestro mejor perfume más a menudo en vez de posponer su uso, por prevención a que acabe, cada vez que nos apetezca. Seguramente esperemos con demasiada ansia el día apropiado y este no llegue, o llegue demasiado tarde.

—Tienes razón. Siempre serás la misma; me convences con tus argumentos —dijo sonriendo recordando sin duda los momentos de su adolescencia—.

—Sí, dejemos esto. Parezco una niñata dándote consejos, cuando eres tú el que puede dadme lecciones de sociología.

Ester continuaba siendo la chica respetuosa y cariñosa que conoció Cristian en su juventud. Era algo exagerada en cumplidos, lo que contribuía a hacerla coqueta y agradable. Hablaron largo y tendido de la enfermedad de Merche y hubo momentos tensos que Ester supo distraer sutilmente, evitando entristecer a su compañero.

—Cuéntame —dijo Cristian. ¿Y tu marido?

—En Alicante. El trabajo lo absorbe; falta poco para las vacaciones de verano y es una persona que le gusta tener al día todas sus cuentas con antelación.

El marido de Ester, Aurelio, regentaba una fábrica de pinturas cerca del puerto de Santa Pola, donde no faltaba la clientela. Ella ayudaba dentro de sus posibilidades cuando el trabajo se acumulaba, que casi siempre era en primavera y al inicio del curso, en otoño. Tenían dos hijos de corta edad y su presencia en la oficina era más que deseada por su marido.

Cuando Ester contó a Cristian que tenía dos hijos, este no pudo evitar la emoción.

Ella seguía hablando, tratando de apartar los problemas que envolvían a su amigo, aunque este no pudo evitar el atrevimiento.

—¿Sabes una cosa?

—No.—Contestó ella sonriendo, esperando todo menos lo que sigue.

—Tienes dos hijos y estas… estupenda.

Ella no pudo evitar ruborizarse. Sabía que era cierto; Ester se sabía atractiva y en cierta manera se conmovió al ver el cambio tan repentino en su compañero. Suspiró aliviada al saberse motora de aquel cambio.

—Recuerdas, en el instituto —dijo él cogiéndole suavemente la mano, como antaño.

—Tienes buena memoria, ¿Cómo no voy a acordarme. Te costó romper el hielo, ¡pero lo conseguí!

—Y de qué manera. Fuiste la primera, Ester. La primera.

Ella se sintió intimidada pero le satisfacía recordar aquella relación que mantuvieron de jóvenes.

—¡Camarero! —llamó ella tratando de despistarle.

—Un café con leche y un croissant —dijo con una sonrisa incitando a que también él pidiese.

—Lo mismo —se apresuró él a decir para que les dejase nuevamente solos.

Siguieron hablando y Cristian contó con nostalgia a su compañera que no concebían hijos y aquello empezaba a causarles cierto malestar.

Cuando él hablaba, ella recordaba la fisonomía de su antiguo amor, guardándose de revelarle que todavía se sentía atraída por él. Finalmente se decidieron a salir con la intención de visitar a Merche. Pero Cristian le recordó que ese día tenía previstas algunas pruebas que seguramente requerían toda la mañana. Él tenía miedo a la reacción que la enferma pudiera presentar al verle junto a la que había sido su novia de juventud. Asimismo le comentó que había alquilado una habitación en un hostal cercano.

Paseaban por la calle Mendizábal y de pronto sintieron la tentación de sentarse en uno de los bancos que se situaba a la agradable sombra de los árboles que amortiguan el calor en verano, invirtiendo su función en el gélido invierno castellano. El clima burgalés, a diferencia del mediterráneo, ofrece temperaturas agradables aún en verano, pero apenas estaban en primavera protegidos por el acariciador sol que llegaba entre los frondosos árboles que ocupaban la alameda, accedieron a acomodarse.

Empezaron a hablar de ellos. Ester tomó primero la palabra.

—A veces pienso en la evolución que llevamos a cabo y soy consciente de que reímos demasiado poco, sin pensar que la risa alarga la vida.

Su compañero la observaba con atención, asintiendo en casi todo.

—Nos solemos enfadar rápidamente porque no sabemos controlar esos impulsos; sin darnos cuenta el estrés cotidiano nos envuelve, potenciando inconscientemente aquellos síntomas. Además gastamos sin medida en lo que realmente no precisamos.

—Sí —dijo él—. Conducimos demasiado rápido nuestra vida, tenemos a nuestro alcance más medicamentos pero menos salud. También poseemos más experiencia que antaño pero no nos exime de que también aparecen nuevos problemas y nuevas enfermedades.

Parecía que los conocimientos en sicología afluían a la mente de Cristian que ahora hablaba sin tapujos. Ella le observaba con atención y su ilusión aumentaba al ver que quería salir de aquella terrible situación por la que atravesaba.

—Nuestras casas, nuestros hogares, cada vez son más confortables, más amplios y con nuevas condiciones, en cambio las familias cada vez son más reducidas. Sus miembros no aumentan, disminuyen. Tenemos más comodidades pero menos tiempo para disfrutarlas; más licenciaturas pero menos sentido común; más conocimiento pero menos juicio.

Ahora tomó ella la palabra.

—Leemos muy poco, en cambio la televisión, la informática, requieren gran parte de nuestro tiempo, nos absorbe y apenas tenemos tiempo para reflexionar, y esto es preocupante.

Pero al decir estas palabras, ambos se miraron a los ojos con una sonrisa de complicidad. Recordaban sin duda años lejanos.

—Hemos multiplicado nuestro patrimonio, nuestras posesiones, pero se han reducido nuestros valores como seres humanos. Hablamos demasiado y mucha gente ha asimilado esto a mentir con asiduidad, como si el conversar indujera a la falsedad o la mentira. Nos hacemos soberbios. Nos han enseñado (esta sociedad, el mundo actual, el sistema capitalista imperante) a buscarnos la vida y no a vivirla.

—¿Porqué no somos capaces de hacer caso a nuestros primitivos sentimientos que sin duda nos proporcionarían mayor bienestar que la mayoría de normas y preámbulos que nos han sido inculcados? Sin darnos cuenta pasamos la vida resolviendo problemas, a la vez que necesitamos para seguir luchando con ellos.

—Por mí, de acuerdo —dijo Ester sonriendo.

—Entonces, voy a dar rienda suelta a mis sentimientos, por cierto, apagados mucho tiempo.

Se acercó al rostro de la chica, apartó con sus manos el gracioso ondulado de pelo que le ocultaba parte de la sien y quedó mirando quedamente su belleza.

Su organismo empujaba a su cuerpo a abrazarla, a besarla, a acariciarla, pero repuso su actitud. Eran dos personas casadas en medio de una desconocida ciudad. Pero ella seguía su juego de tan animada como estaba por haberle hecho cambiar su humor en un momento difícil, y lejos de apartar su rostro, le miraba con morbo. En su interior, ella también se sentía atraída y la sensación le era agradable.

Habían pasado años desde su primitiva relación pero sus cuerpos pedían a gritos su contacto. Ambos estaban hambrientos de amor. El cuerpo de Cristian, involuntariamente, consideraba a aquella mujer como suya puesto que ella, con su sensualidad y delicadeza, en su adolescencia, supo despertarlo del letargo en que vivía. Este acontecimiento tan íntimo le era imposible olvidar. Ella había logrado borrar aquel impedimento que lo atrapaba desde la infancia y que le provocaba indiferencia hacia el sexo femenino. ¡Cuán agradecido le estuvo durante años cuando lo recordaba!

Ella había provocado la ignición a un cuerpo que sentía repulsión a la hembra como tal. Aquella mujer le había mostrado los placeres originarios en la senda del amor; con ella descubrió la voluptuosidad y supo alejar el temor que él tenía incrustado en su mente y logró dar sentido a su virilidad. Eran sentimientos tan íntimos que nunca pudo llegar a valorarlos, sino que se limitó a esconderlos en ese rincón del alma donde nadie es capaz de encontrarlos por muy experto que sea y que inesperadamente habían aflorado sin proponérselo. Pero habían pasado los años y ambos tenían pareja. No era lícito. Algo les frenaba: era una de las consecuencias de la evolución del propio ser humano.

—No es justo —dijo él anticipándose a los pensamientos—.

—¿Porqué? —preguntó ella, a pesar de que adivinaba muy bien su contenido.

Quedó por un momento callado y resignado antes de atreverse a contestar. Duró poco a pesar de reprimirse cuanto pudo.

—Siento un deseo inmenso por tenerte entre mis brazos, pero… no, no debemos. Perdóname. He sido un insensato. Deberíamos marcharnos, Ester.

Ella lo miraba emocionada. Ahora era ella la que ardía emocionada al saberle excitado. Recordaba lo agradable que había sido cuando él despertó por vez primera teniéndola sentada ante sus piernas. Embriagada de deseo como estaba le sugirió que podían dar un paseo.

—Vamos —dijo él, reprimiendo lo impensable por tomarle se su mano como cuando fueron adolescentes.

Y se dirigieron a idéntico paso al que latían sus corazones en dirección al cercano hostal donde desde hacía pocos días se hospedaba. Subieron al segundo piso de una casa antigua que estaba habilitada como pensión y regentada por una señora de mediana edad acostumbrada a recibir a diferentes personajes por un módico precio. La mayoría eran trabajadores y a estas horas del día estaba entretenida en preparar la comida para algunos comensales que preferían la comida casera y aún tenían tiempo de echar una cabezadita que repusiera sus fuerzas.

Entraron en la habitación. Ester llevaba una falda holgada pero suficiente para adivinar unas caderas bien formadas, seguidas de unas nalgas y unas piernas preciosas que se resistían al paso del tiempo.

Dejó paso a Ester quedando él de espaldas a la puerta, una vez que hubieron entrado, cerrándola pausadamente queriendo pasar desapercibido a la dueña de la casa.

Ella quedó mirando la habitación que solo disponía de una cama, un armario de pared y un sillón. No tuvo tiempo de encontrar más detalles. Cristian la acarició por atrás y empezó a besar su cuello, lo que a ella le producía un enorme placer. Al unísono sus manos se dirigían hacia el extremo de su falda que suavemente remangó palpando unos suaves muslos torneados, tal como él los recordaba. Ella se revolvió. Quería tenerle de frente. Ester empezó a morder el pecho de Cristian en el espacio que dejaba el escote de su camisa.

Un momento antes, cuando estaban en el parque, había pensado que todo aquel razonamiento no tendría sentido si los dos deseaban algo natural y eran incapaces de llevarlo a cabo. Deseaba encender de nuevo la llama de la vida en su entrañable amigo. Quería verle feliz y sabía que ella era capaz de lograrlo. Él estaba invadido por la pena y la congoja durante meses y creyó que la mejor obra de caridad era hacerle gozar y que volviera a ser el hombre valeroso que siempre fue.

—Espera —dijo ella.

Y empezó a desabrochar los botones de la camisa de su amigo. Él continuaba preso del deseo y al mismo tiempo bajó las braguitas de ella, que colaboró armoniosamente levantando levemente sus pies descalzos para deshacerse de ellas. Ester le había desabrochado el botón del apretado pantalón sin lograrlo debido a la incipiente rigidez que lo impedía.

Prefirió ella quitarse la blusa que contenía unos senos tersos, erectos y sensuales que ella se afanó en ofrecerle. Quedaron los dos cuerpos unidos completamente antes de llegar a aquella cama desvencijada que parecía esperarles.

—Cristian, no sé si debemos —dijo ella al oído. En ese momento él separó su rostro mirándola fijamente de nuevo.

—Te deseo Ester. Muero de deseo.

De nuevo la sujetó de las nalgas a la vez que ella levantaba sus piernas, atrapándole con ellas su cintura y dejando vía libre al impulso que Cristian ofrecía desde el centro de su cuerpo, imperiosamente.

—¡Sí, sí! —gemía ella a la vez que presionaba más y más el cuerpo de su amante. Se sentía satisfecha viendo a su amante gozar. En lo más recóndito de su ser había una voz que le decía que esta era la mejor terapia para su pesaroso amigo.

Presentía la manera pero había olvidado que tenía marido e hijos y liberada de ese obstáculo sintió el mismo deseo que su pareja y no imaginó el enorme derroche de felicidad que podía ofrecerle. Parecían dos adolescentes que descubrían por primera vez el sexo. Cesaron por un momento cuando Cristian le dijo entre sollozos:

—¿Te gusta?

Ella no contestó. Se limitó a buscar la ventana y dejarla entreabierta mientras cogía de la mano cariñosamente a su amante y se acercó a la cama. Le invitó a sentarse y a continuación ella adoptó la posición perfecta sentándose encima de sus piernas.

Sus erectos pechos subían y bajaban alrededor de los labios de Cristian que agradecía al máximo aquel movimiento tan sensual. Sin duda la penumbra de la habitación postergó el acto. La experiencia que ambos tenían retrasaron al máximo el momento esperado, al que siguió una total relajación.

Quedaron dormidos y un ruido de claxon seguido del estrepitoso frenazo de varios vehículos que circulaban por la concurrida calle adyacente les despertó. Habían perdido la noción del tiempo. De repente ella se levantó y se disponía a vestirse cuando él, todavía excitado, la acarició impidiéndolo. Volvieron a hacer el amor a sabiendas que aquella aventura sería solo puntual, excepcional y sensacional pero con seguridad ambos guardarían en su interior todo su contenido puesto que solo a ellos satisfacía y con el mutuo acuerdo de que no suponía ninguna continuidad en el futuro.

QUINTA PARTE
REHABILITACION

20

La curación de las heridas se había producido con éxito, pero durante el período de hospitalización en Burgos fueron necesarias dos nuevas intervenciones en su columna para evitar el deterioro progresivo que presentaban las vértebras C3 y C4 y evitar daños irreparables. Fueron dos delicadas intervenciones que el equipo médico solo se decidió a realizar a medida que su estado evolucionaba satisfactoriamente. Se trataba de dos prótesis de titanio que presumiblemente resistirían el peso de la paciente, evitándole el dolor llegado el momento de poder deambular.

Pero ese momento no llegaba. Su estado emocional había tardado en afluir puesto que los primeros días que siguieron a su vuelta a la vida, su rostro permanecía todavía con vendajes. La parte trasera de la cabeza había sufrido un fuerte impacto y llegó a temerse por su vida. Pero afortunadamente recuperó la visión y respondía con leves abrir y cerrar de ojos a algunos estímulos.

Tardó en articular palabras; necesitó algunas sesiones con la logopeda pero finalmente recuperó poco a poco el habla. Su mejoría era poco esperanzadora, aunque con el paso de las semanas era evidente. Fue como enseñarla a hablar de nuevo. Tardó en articular frases pero lo logró. En cambio el problema de mayor importancia era que padecía amnesia. No recordaba quien era y se limitaba a contestar con monosílabos cuando trataban de recordarle el pasado. El doctor Ramírez no daba demasiada importancia y alegaba que era normal en su estado, después de sufrir el shock del accidente y posterior estado de coma.

Los fisioterapeutas la interrumpían a menudo sin descanso, obligándola a mover las extremidades con la ayuda de artilugios destinados a tal fin. Los primeros días supusieron a la paciente un verdadero trauma al tener que sujetarse con correas las extremidades para que la máquina moviese sus miembros. Necesitaba calmantes en dosis elevadas para poderlo soportar. Ella entendía que aunque su estado en reposo no era doloroso debía de colaborar bajo la pena de quedar parapléjica el resto de sus días.

Cristian permanecía siempre a su lado y era el encargado de hacerle entender las novedades que cada día se le habían impuesto. Él tenía que disimular su tristeza en su presencia, dándole ánimo cada día. Poco a poco, Merche llegó a entender y a recordarle, a su pasado, a la vida en Alicante y de vez en cuando no podía reprimir las ganas de llorar y la abrazaba cariñosamente aunque se encontrase anclada en los artefactos de la terapia que se encargaban de mover, poco a poco pero sin pausa, las articulaciones de su todavía joven cuerpo.

A mediados del mes de abril se llevó a cabo el esperado traslado de nuestra paciente hasta el hospital La Fe en la ciudad de Valencia. Los propios facultativos recomendaron este centro por su alto nivel tecnológico creyéndolo el más adecuado para la recuperación de la paciente, tan esperada por toda la familia.

—Prefiero que pase una temporada en Valencia hasta que su estado mejore. Estamos seguros de que allí conseguirán el máximo rendimiento en su lenta recuperación —les decía el doctor Ramírez—.

La distancia entre Valencia y Alicante permitía a la familia rehacer su vida, pudiendo desplazarse en un mismo día de una ciudad a otra sin mayores complicaciones.

Merche permanecía la mayor parte del día en cama pero ya había iniciado el proceso de rehabilitación, lo que suponía un trauma cada vez que veía aparecer a los dos celadores en su busca. Entonces pasaba unas horas verdaderamente incómodas por lo doloroso de los ejercicios, máxime sabiéndose manoseada por fuertes manos masculinas que se disponían solo a cumplir su misión. Sentía cierto pudor al encontrarse manejada por manos ajenas puesto que ella era incapaz de mover sus piernas sin su ayuda.

Merche levaba el pelo corto y su mirada y su gesto volvía a ser el de antes. Tuvieron sobrado tiempo de hablar de donde se hallaba, de su viaje y del motivo recordando que había sufrido un desvanecimiento mientras conducía y que ese había sido el motivo del accidente. Pero como ella no recordaba nada más, su marido no quería profundizar en el tema ni recordarle el porqué había decidido ella, en el último momento, recorrer sola el trayecto diario en coche. Pensaba que su evocación no haría más que empeorar su ánimo. Tiempo había para conversar cuando llegara el momento.

Cuando pudo mover los brazos con normalidad, la paciente pidió que la vistieran con su ropa habitual. No le apetecía seguir vestida tanto tiempo con el riguroso ropaje hospitalario. Se daba cuenta de su aspecto, y aunque apenas notaba sus extremidades inferiores, sentía cierto pudor verse con una bata de hospital que dejaba sus intimidades a merced de las miradas de empleados que entraban y salían de las habitaciones. Este gesto encantó a su inseparable marido que dedujo que volvían a ella las cualidades muy personales y femeninas que siempre tuvo.

Cristian no era católico practicante, pero durante aquellos difíciles y delicados días que siguieron al accidente, solía aclamarse al cielo pidiendo lo mejor para su amada.

No tenía remordimiento pero sí un inmenso dolor de espíritu; temía perderla e involuntariamente rezaba cuanto sabía, cuanto le había enseñado su madre en la infancia a la hora de acostarse y que él podía recordar. Tenía todas las horas del día y de la noche para acompañarla y que desembocaban casi siempre en solitarios llantos que emocionaban incluso a las acostumbradas enfermeras que comprendían su situación.

Una de ellas, la mayor, le sugirió que en la segunda planta había una capilla que siempre permanecía abierta. Allí pasaba las horas dejando correr su pensamiento; donde ningún ruido le molestara creía notar que sus plegarias eran escuchadas por Dios, ese Dios que él no conocía pero que ahora lo concebía necesario para poderse dirigir a él. Necesitaba creer en algo, del más allá, que no llevase bata blanca ni medicamentos en sus bandejas. Estaba saturado de ver siempre lo mismo y sentía alivio al dirigirse a alguna imagen de aquella casi improvisada capilla, que parecía mirarle y escuchar sus pensamientos. Allí, en el silencio sepulcral del oratorio, se arrodillaba en señal de humillación y confesaba sus pecados que se limitaban a casuales discusiones o a enfados cotidianos, y dudaba si había pecado en su encuentro con Ester, por lo que eximía de reconocer como pecado, sino más bien una ofensa en la relación con su esposa: una infidelidad, la que pensaba confesar solo a ella si llegaba el momento ya que solo a ellos dos incumbía.

Necesitaba ante todo tener esperanza en la recuperación de Merche. Luego lloraba al pensar que quizás muriese o, en el mejor de los casos, quedase parapléjica.

Cuando estas ideas acudían a su pensamiento, con más secreto aún le pedía a Dios que no sufriera y dejaba en su poder y sano juicio que optara por lo más conveniente si no era para la vida.

Y volvía a llorar adivinando que alguien le contestaba "que se la lleve de este mundo".

Llegando a este momento de máxima tristeza parecían que los estímulos se aunaban en la cúspide y necesariamente caían en picado, como un cochecito de una atracción que llega hasta la máxima altura y se desploma por inercia hasta llegar al punto de partida, dejando a la persona liberada de adrenalina por un momento. Cuando su pensamiento llegaba a imaginar el peor de los acontecimientos, empezaba a recordar su vida pasada, que repasaba en unos segundos como secuencias de una película que ofrece la rápida visión pero perfecta de los momentos más importantes que ha vivido. Pero curiosamente, empezaba recordando lo inmediatamente anterior y acababa recordando lo más recóndito que aún permanecía escondido en su memoria: su infancia. Recordaba momentos felices antes de su partida; entre risas veía a Merche preparando las maletas cuando él apenas prestaba atención a los mínimos detalles que son prioritarios en toda mujer. Habían sido felices desde que se conocieron. Recordaba como la miraba un transeúnte indiscreto, al que tuvo que llamar la atención porque piropeaba a su mujer. Todavía sentía celos de ella porque gustaba a los hombres.

Merche era hermosa, simpática, inteligente y coqueta, y estas cualidades unidas la hacían ser más atractiva. Era injusto que el Supremo se la llevase de este mundo demasiado pronto, cuando tanto le quedaba por vivir.

Una neblina se aparecía de vez en cuando entre ellos al ver interrumpido su deseo de ser padres. Esto tenía la parte positiva: que se amaban sin tener que compartir ese amor con nadie, pero los dos deseaban disfrutar de un retoño a quien abrazar cuando llegase a casa y que les evadiera de la carga rutinaria del trabajo. Pero ese día se resistía. Descartaban la adopción por principios morales que ellos tenían de sobra asimilados.

Recordaba a su padre, siempre tan bondadoso con todos, al que había tenido que ayudar en el rescate del patrimonio, de lo cual estaba satisfecho. Junto a su padre, Juan Orduña, aparecía ahora el rostro de su madre, Sonia, ya fallecida y a la que durante tantos años tuvo olvidada a causa de la conmoción que le produjo verla en brazos de un extraño provocando una desafección casi total.

¿Había sido justo aquella aversión que le duró años? Ahora que su padre triste y anciano quedaba solo en la casa, sin apenas la compañía necesaria; recapacitaba sobre aquella cuestión que llegó a atormentarle tanto que necesitó alejarse de ellos, marchando a Alicante con su tío Salvador. Allí empezó a cambiar su vida. Sin duda el paso de los años hacía que replantease los problemas de manera diferente a la rapidez con que tratamos de solucionarlos siendo jóvenes.

Volvía a recordar como conoció a Merche, inesperadamente. Había sido un flechazo de película. Reconocía algo que le provocaba enorme satisfacción cada vez que lo recordaba. Veía a aquella joven, morena, atractiva e inocente, de pie junto a la puerta de su apartamento, la primera vez que se fijó en ella. Ella había dado el primer paso; él nada sabía; se lo contó todo pasado un tiempo, cuando ya eran novios. Todavía sentía agradables estímulos al recordar el momento de aquella tarde en el que un hilito de su cerebro intuyó que la chica estaba enamorada de él, argumentando no sé qué trabajo de final de curso. No podía dejar de emitir una leve sonrisa al recordar.

—Lo mejor —se decía—, fue inolvidable, por lo imprevisto.

A partir de ese momento fueron el uno del otro, hasta la fecha. Aquel día había permanecido horas abstraído en el pasado y en el lamentable presente.

Se propuso que lo mejor que podía aportar a su amada era tranquilidad y esperanza; debía ofrecerse sereno y alegre. Ella estaba debatiendo todavía con su intimidad y los médicos le aconsejaban no ofrecer a la paciente escenas dramáticas ni sentimentales.

Salió decidido hacia la librería cercana y buscó y rebuscó en las estanterías de la tienda alguna lectura apropiada donde entretenerle en las largas tardes de aquel agitado verano. Se decidió por uno de los autores preferidos de Merche y con ilusión marchó de nuevo hacia el hospital. Tardó menos de dos semanas en desgranar aquel libro, interpretando cada escena, dudando si realmente le miraba y le entendía. No obstante se sentía bien hablando y traduciéndole los relatos escritos, creyendo en su interior que de alguna manera estaba estimulando los sentidos de su amada.

Luego ella despertó poco a poco y fue recobrando la ilusión porque se recuperase, a pesar de que entonces, los especialistas, nada podían asegurar.

Cuando fue instalada en "La Fe" de Valencia su cuerpo solo era capaz de permanecer sentado una hora. Cuando ella fue realmente consciente de su estado, le sobrevino una crisis de ansiedad que retardó el proceso. Hubo de ser medicada nuevamente; no quería vivir de esa manera. Habían transcurrido más de cinco meses y ella estaba convencida de que sería incapaz de recuperar la normalidad en ambas piernas.

Su estado deprimido le llevó incluso a insultar a su compañero, el cual asentía con tal de calmarla. Un día llegó a insinuarle que debía rehacer su vida, que ella nada podía ofrecerle sino problemas y obstáculos de por vida, una vida que no merecía la pena vivirla, y menos compartirla con su compañero.

Cristian no sabía qué hacer. Él descartaba esa locura, la quería y estaba dispuesto siempre a ayudarle, pero ella ya era consciente y le sobraba tiempo para pensar en lo porvenir.

Cuando recibía la visita de sus padres, él sentía cierto alivio creyendo que al menos de momento la sacarían de aquella obsesión que tenía formada.

Pero los sanitarios continuaban con los horarios de rehabilitación de la enferma, que se fueron prolongando a consecuencia de la oposición que ella les ofrecía. Tras una visita del neurólogo, Cristian salió de la habitación con él con el propósito de abordar el tema.

—Pasemos a mi despacho, si es tan amable.

—Mi esposa ¿tiene posibilidades de recuperación?

—Voy a serle sincero —le dijo—. Mercedes sufre una profunda depresión, sin duda provocada por todos los factores que la rodean. Me consta que de su parte recibe el apoyo más que suficiente. Pero permítame que le haga una sugerencia. A veces da resultado.

—Dígame doctor, soy todo oídos. —Dijo él esperanzado.

—Realmente la paciente presenta dificultades en los miembros inferiores, sin duda a cusa de la lesión de las vértebras cervicales C3 y C4, con escasa transmisión de impulsos nerviosos por la oclusión parcial de la médula. Digo parcial.

Cristian le miraba fijamente a los ojos.

—Depende de ella —continuó el médico— y de su voluntad para aprovechar al máximo el escaso conducto neuronal que todavía posee, pero que puede degenerarse si no se estimula a tiempo.

Mi conclusión es la siguiente:

El principal desencadenante en este momento, que hace que desestime esforzarse y luchar hasta lograr el movimiento, es la depresión nerviosa que la invade.

—Doctor —alegó ahora Cristian—, llega a insultarme, me sugiere que me vaya, que no vuelva a verla… Dice que jamás se recuperará y que siempre será un estorbo para todos.

—Me lo imagino, y ya está siendo tratada para ello —dijo el doctor acostumbrado a tratar sobradamente pacientes con estos y peores síntomas—. El efecto puede tardar en producirse pero trataremos de ayudarle. Le sugiero que la próxima vez que se hunda y vuelva a insistirse en que se marche, no le siga el juego, hágale caso.

—Pero…

—No se preocupe. Está en el lugar apropiado. Pase unos días sin venir a verla. Puede llamarnos a cualquier hora del día y de la noche y le informaremos. Estoy convencido de que si se ve sola sin el apoyo incondicional que usted le ofrece, reaccionará. Muchas veces prevalece la reacción en sentido inverso. Ella necesita desahogar, ver por sí misma de lo que es capaz. Esta terapia suele dar resultados. Hemos de frenar esa tendencia como sea. Esto romperá su monotonía, y en el peor de los casos no sucederá nada peor.

—¿Y si se derrumba por completo?

—En el peor de los casos saldría con la suya. Ella ahora mismo es consciente de lo que dice y por esa misma razón pienso que es también capaz de escuchar los consejos que incondicionalmente se le dan a diario, a la par que los ejercicios.

—Por cierto —continuó el doctor— la lesión medular, lejos de atrofiarse, permanece activa y su restablecimiento depende de la fuerza de voluntad que, como le he dicho antes, solo ella le puede transmitir. Ha de pasar la barrera del dolor y del miedo y querer llegar a permanecer en pie. Esa será la etapa final del proceso: si logró permanecer en pie tenemos un alto porcentaje de que vuelva a andar. Mientras tanto debe seguir fortaleciendo la musculatura sana que será la encargada se soportar la parte de su peso que los huesos no resistan.

—Gracias doctor.

Y salieron los dos hombres del despacho, cada uno en dirección opuesta al otro.

Como era de esperar, la paciente volvió de nuevo a derrumbarse y propinarle desprecio a su esposo, en vista de que a pesar de su insistencia, permanecía todavía a su lado.

—Quiero estar sola Cristian, soy consciente de que mi estado contagia al más sano individuo. Quiero que vivas la vida. Sé que no te puedo ofrecer nada de mí y que tú tanto necesitas.

—Yo necesito que mejores y solo en tus manos está la recuperación. No insistas más, voy a hacer caso a tus palabras. Tiempo habrá para valorar todo lo que estamos haciendo por ti.

Ese día salió de la habitación sin darle el beso de despedida que la tenía acostumbrada, dejándola sola en el sillón contiguo a la cama, con el chándal que ella prefería vestir.

—¡Adiós!

Y cerró la puerta algo enojado, siguiendo los consejos del especialista. Ahora verían los dos si producía el efecto deseado.

Cristian había decidido acondicionar la casa familiar de la Marina, cerca de la Sierra Aitana. Creyó que por su enclave podía ser el lugar adecuado cuando se produjera el caso de marchar definitivamente a casa. Allí se respiraba un ambiente especial; el aire puro contagiaba energía, transmitía luz y colorido a pesar de que la percepción de aquellos placeres no llegaba en época superlativa.

Pensando en acondicionar los leves desperfectos que pudiera ofrecer la vivienda, Cristian sintió esperanzas en las palabras del médico y tuvo plena convicción de que pronto aquella sería su residencia.

La noche que siguió a lo que asemejaba a una despedida, Merche trató de reconducir la situación, una situación que involuntariamente ella estaba provocando. Quería disimular el malestar que empezaba a sentir al pensar qué pasaría si no volviera a ver a su esposo.

Tuvo pensamientos de desesperación y su pensamiento cruzaba dos vertientes. Estaba convencida de que su estado parapléjico arruinaría la vida de su esposo, pero cuando llegaba al límite de aquella terrible visión, daba media vuelta a la situación y recordaba que quería a su marido. Sabía que le era fiel y lo mucho que hacía por ella, en cambio también estaba convencida de que ella no sería capaz de satisfacer sus necesidades fisiológicas y con toda seguridad, él las buscaría allá donde estuvieran.

Era media tarde y todavía no habían acudido los dos celadores encargados de acostarla, probablemente avisados por su superior.

Este pensamiento la hizo reaccionar y tratar de convencerse a sí misma del esfuerzo que podía hacer ella sola, poco a poco. Este podía ser el momento. Una especie de furia la invadió que la hizo proceder de manera diferente. Con la ayuda de los brazos buscó la barandilla de su cama, se inclinó cuanto pudo y logró acercarla al sillón donde permanecía.

Intentó levantar su cuerpo con el único apoyo de sus brazos y los de la butaca donde permanecía sentada, creyéndolos insuficiente. Pero no lo lograba. Pensó que si era capaz de levantarse del asiento, intentaría vencer su cuerpo hacia la cama, estirando los brazos que serían su única ayuda para subir luego sus adormecidas piernas.

Lo intentó varias veces y por fin logró levantarse del asiento sola. Esto le dio ánimo, se dejó caer y lo intentó nuevamente, con más empuje pero convencida de que lo lograría.

Pero no fue así y al intentar el mínimo giro de su cuerpo, necesario para llegar a la cama, cayó inevitablemente al suelo, y el ruido alertó a la enfermera de turno.

Había caído arrodillada pero sus piernas no fueron capaces de mantener el equilibrio. Notó un golpe en la cabeza que inmediatamente empezaba a sangrar, pero instantáneamente notó con la flexión involuntaria de sus piernas y caderas que algo parecido a un fuerte calambre había corrido fugaz a través de sus miembros inferiores.

La enfermera la atendió temiendo lo peor, aunque por un milagro continuaba consciente. Llamó a los celadores y siguiendo sus indicaciones, la alojaron definitivamente en su cama. Era tanta la confianza que había, que el personal sanitario era cómplice de la situación entre ella y su marido.

Merche temía ahora las reprimendas de su médico y se limitaba a pedir perdón por lo sucedido, en cambio la enfermera restaba incomprensiblemente importancia a la caída, como si fuese de lo más normal.

Cuando se tranquilizó empezó a tocarse las piernas sintiendo algo diferente. Era como si tras una larga sequía, empezara a llover en aquel desierto que era la mitad de su cuerpo. No dijo nada. Esperaba la visita diaria del especialista.

A pesar del aparatoso golpe que a todos impresionaba, ella ocultaba una sensación nueva. Había notado las manos, el tacto y la temperatura de las manos de Jesús y Ernesto los dos celadores que, como siempre, la colocaban a diario en el sillón y eran los encargados de transportarla a la sala de fisioterapia del hospital.

Se había sentido intimidada. Por primera vez en meses se sentía diferente; había sido necesario aquel golpe, aquella caída y aquel esfuerzo para volver a sentir que sus hormonas femeninas volvían a resucitar y estaban dispuestas a vivir. ¡No habían muerto!

Enterado el médico de estos íntimos sentimientos le contestó con satisfacción que podían retirarle el pañal que todavía llevaba. De esta manera haría el esfuerzo de tener que moverse para hacer sus necesidades, que intuía sentiría la paciente, aunque no tenía plena confianza en que lo lograse.

—No se preocupe. Ahí —dijo señalando el cabezal de la cama— está el pulsador. Ya sabe que en caso de necesidad no tiene más que pulsarlo y será atendida, como siempre.

El día siguiente fue a rehabilitación con mejor ánimo que los días anteriores. Estaba iniciando un reto a sí misma. Empezó a mover los pies pero no le era posible flexionar por sí sola la pierna. Con ayuda permanecía en pie y ese día quería saber si era capaz de mantenerse sin apoyo. Volvía a sentir el flujo de aquella savia que empezaba a revitalizar sus piernas, unas piernas que aunque atrofiadas, ella sabía hermosas todavía.

Por primera vez pudo al dolor. Sabía que el dolor debía quedar en segundo plano; aunque estaba presente debía centrarse en su progreso, en querer luchar, en conseguir mantenerse en pié y no eludir en el empeño de caminar. Ahora, sola, quería convencerse de que podía lograrlo y al fin entendió porqué Cristian le había dicho adiós.

Este, entretanto, era enterado a diario de los pequeños avances de Merche aunque prefería esperar en vista de que el plan estaba dando los primeros resultados.

Esa noche ella soñó con tal intensidad que cuando despertó había logrado cambiar totalmente de postura. Sin duda había sido vigilada aunque ella no se enteró; esa era la orden que tenían los auxiliares: observar si era capaz de moverse y evitar el cambio postural.

Soñó que se encontraba en un paradisíaco lugar, solos ella y su marido después de un naufragio. Lo habían perdido todo menos el amor. Su subconsciente le llevó a los mejores momentos de placer que tenía con él. Soñaba que allí había quedado embarazada y que había dado a luz a un hermoso bebé, que increíblemente podían subsistir pese a los escasos recursos de aquel desconocido lugar. En ese momento se sentía la mujer más dichosa del mundo; había sido madre y no necesitaba mayor felicidad.

En ese momento despertó, notando húmedo su último rincón y sintió una enorme satisfacción al pensar que podía estar equivocada en la manera de hablarle a su marido. Él no era culpable y tenía su apoyo incondicional. No estaba siendo justa con él. Quería premiarle aunque no tenía la completa seguridad de lograrlo. Decidió que intensificaría unos días los ejercicios hasta lograr valerse y se propuso que a partir de entonces podía ser el momento de plantearse de nuevo salir del hospital e intentar hacer vida normal en su domicilio.

—¿Cristian estará realmente enfadado? —Se preguntaba—.

No tenía la certeza de que volviera con solo una llamada de teléfono. Le había ofendido demasiado exigiéndole que se marchara porque su vida estaría acabada con ella, que no podría ser más que un estorbo de por vida. Era normal que estuviera dolido. Pero le quería y quería contarle sus avances ahora que los había.

—Hoy me esforzaré más. Olvidaré el dolor, lucharé contra él y pensaré solo en el sueño de esa noche —pensaba obstinadamente una y otra vez— hasta que se presenten los celadores en la sala de fisioterapia.

21

Hacía más de un año que Cristian no visitaba la casa familiar. Juan, su padre, había sufrido en este tiempo cierto decaimiento desde que fue enterado del accidente sufrido por su nuera, sintiéndose impotente en su auxilio.

El paso de los años había acrecentado en Juan los valores que desde siempre tuvo: el amor y el afecto a la familia y a todo lo suyo; sus campos eran su ilusión aunque era consciente de que el paso de los años menguaba irremediablemente sus fuerzas.

Aprovecharon padre e hijo la ocasión para viajar a Guadalest, donde retomaron el camino hasta la "Masía Orduña", a los pies de la Sierra Aitana, entre Monrabal y Benifato.

—¡Como necesita la mano de una mujer esta casa! —dijo Juan antes de adentrarse en la vivienda, adivinando el abandono que habría en el interior.

—Padre, he dado orden a los operarios para que acondicionen el jardín y en unos días el aspecto será otro. La señora Jacinta y Silvia la de Miguel serán las encargadas de dejar el interior impoluto, como siempre estuvo —dijo animando a su padre que aparecía apático aquel día.

Su hijo le había contado que probablemente en corto plazo abandonarían el hospital y daría la sorpresa a Merche de instalarse allí. Sabía que a ella siempre le había encantado aquel lugar, donde el aire limpio que allí se respiraba olía a libertad. El siseo del viento armonizaba con la penumbra de los atardeceres provocados por el sol altanero que de repente moría pesaroso, alumbrando desde su cercano ocaso en las perfumadas montañas, hasta que encontraba definitivamente su lugar, ocultándose definitivamente en las alejadas tierras situadas en la vertiente opuesta, a las que premiaba alargando su resplandor por algunos momentos.

Era un enclave pintoresco. En verano la suave brisa del sudoeste enfilaba desde el Mediterráneo, por la hendidura del valle, al sur de Benidorm buscando la invisible vaguada, dirigiendo la frescura de su brisa hasta la cima de Aitana, revoloteando por los cercanos pueblos de la Vall de Guadadalest y Callosa, merodeando hasta acercarse a Penáguila y Alcolecha, en la parte oeste de la sierra.

Sus dos manantiales principales, el de Partagás en Benifato y el acuífero de Aitana, relativamente cerca de la casa refrescaban un ambiente ya de por sí límpido y sin contaminación dando vida a un sinfín de plantas aromáticas aprovechadas genuinamente en la elaboración de un aromático licor muy apreciado en toda la comarca. Los más viejos del lugar aseguraban que se utilizaba como elixir contra la falta de apetito y algunas enfermedades relacionadas con la nutrición.

Cristian parecía que absorbía vitalidad al respirar de aquel ambiente virginal que tantos recuerdos le reportaba.

Juan quedó alrededor de la casa observando con nostalgia cuantos desperfectos habría que comunicar a las dos mujeres vecinas, encargadas de su cuidado. Su hijo prefirió caminar. Pensó si había dejado las llaves del todoterreno puestas pero notó su contacto en el bolsillo.

—Papá, dejo las llaves puestas. Voy a subir al monte. Su padre le miró y asintió con compasión; sabía la falta de libertad y del afán de supervivencia que padecía su hijo.

Caminó por un sendero que conducía a un rellano donde solían aparcar los escasos vehículos que conseguían llegar. Después la ascensión era dificultosa pero muy reconfortante. Era cerca de mediodía y el sol lucía con todo su esplendor. Atrás quedaron los pinos y carrascales que aportaban alivio al caminante con su sombra agradable. En cambio parecía que la altitud lograda animaba a combatir el penetrante sol que combatía con la brisa mediterránea.

Había llegado a la cima pocas veces. Conocía el alto del Carrascal, que había dejado atrás; la Peña del Mulero quedaba a su derecha y verdaderamente las vistas desde allí eran fabulosas. Siguió en su empeño y llegó a la conocida como Peña Alta con una altura considerable que rebasaba los 1500 metros.

—Increíble —dijo en voz alta. Necesitaba liberarse y sacudir adrenalina—.

Allí el tórrido sol que tan solo a unos pocos Kilómetros podía ser sofocante a aquellas horas, era relevado por un viento tan limpio como sonoro. Buscó orientación y la mirada tropezó con el mar, un mar azul intenso y nítido que propiciaba ver a larga distancia.

Enseguida vio tierra sumergida en su interior. Era la isla de Ibiza, perfectamente reconocible, separada de otra más alejada y difícil de distinguir, Mallorca.

—¡Increíble, fascinante! —dijo libre y convencido de su soledad.

Mirando en el infinito, en aquel horizonte que dibujaba a lo lejos las siluetas de las dos islas, salpicada por algún navío que recorría la costa ofreciendo ligeros toques de timón a un abismo precioso que invitaba a pensar, a imaginar, a soñar. Allí retomó el pensamiento en su amada. Se sentía fracasado, solo, sin un descendiente por quien seguir luchando. Pero desistió del pensamiento y veía la silueta de Merche, dibujada en el centro de aquel abismo que representaba el mar azul. Vio su rostro, su pelo negro, su atractiva sonrisa, sus ojos que parecían incitarle.

Parpadeó y retomó la mirada. Empezó a ver su silueta elegante, sensual, femenina, callada y sintió nostalgia y ganas de llorar. La comparó con la actual, deprimida, obsesiva y malhumorada. Las lágrimas caían por sus mejillas provocando cierto alivio al brotar de sus ojos. Se sentía reconfortado al haber expresado su sentimiento. El horizonte le había proporcionado una visión perfecta y no le apetecía alejarse de aquel lugar. Se encontraba muy a gusto porque nada ni nadie le molestaba en aquel estado hipnótico.

Pasó así un buen rato hasta que su equilibrio necesitaba movimiento. Un leve gesto con el pie le hizo tropezar con una piedra que le hizo volver a recolocarse para soportar la velocidad del viento a aquella altura. Miró al suelo y en la pequeña planicie rodeada de peñascos, atrajo su mirada extasiada unas cuantas plantas resecas que bordeaban una piedra caliza que había sido la causante de su desequilibrio.

Una vez recompuesto no pudo evitar mirar de nuevo lo que tenía delante. Esta vez miraba abstraído al suelo y aquellas plantas marchitas que adornaban a la roca le parecieron descubrir el perfil humano y le representaban el rostro de una figura femenina; era Ester. Quedó mirándolo fijamente y estaba convencido de haber visto en el aglomerado rocoso del suelo, la cara de su amiga. De repente acudía a su recuerdo lo sucedido en Burgos en los últimos días de estancia. Quería retirar la mirada de ella pero sus ojos sensuales le atraían demasiado.

—No, no puede ser —dijo en voz alta.

Volvió en sí nuevamente notando que el sol había cambiado levemente de posición desde que había llegado.

Se sentía querido por dos mujeres y esto le provocaba una sobreexcitación y a la vez una contradicción a la que no estaba acostumbrado. La voluptuosidad le ofrecía una manera diferente de ver el mundo. Le apetecía amar, y al momento reparó preocupado en si sería capaz de conquistar a su mujer como siempre, como dos amantes. Tenía incertidumbre cuando su pensamiento, involuntariamente, le conducía allí.

¿Volverían a ser felices como antaño? ¿Sería ella capaz de conseguir aquellos sentimientos? No lo sabía y esta duda le llenaba de congoja y remordimiento.

Esperaba con ansia el resultado de su reacción ante su ausencia. Sabía ya que ella había reaccionado positivamente pero era consciente de que quedaba mucho por andar, y ese camino debía de producirse en su casa, lejos de hospitales y de personal sanitario que apenas dejaban tiempo a su intimidad.

Volvió la espalda al azul marino y caminó poco a poco hasta la Masía Orduña donde le esperaba su padre. Este, compasivo, se guardó de preguntar a su hijo al verle llegar. Hacía más de tres horas que había subido, en cambio su semblante parecía otro, más alegre y cordial.

—¡Vamos! Se nos ha hecho muy tarde. Comeremos en la Venta de Benifato —dijo a su padre que le miraba intrigado—.

A principios del mes de septiembre llegó el matrimonio Orduña a la masía, acompañados de Juan y de Silvia, la de Miguel que ya permanecía unos días esperándoles. Silvia sería ahora la enfermera de Merche. Sus ancianos padres se alojaron un tiempo en la casa, siendo de ayuda moral al matrimonio que trataba de hacer vida normal.

La paciente había logrado con ayuda, levantarse de la cama, vestirse y algunos días caminar. Los avances continuaban siendo muy lentos y costosos. Tras unos días, habían retirado la cama ortopédica y el matrimonio yacía en su cama de matrimonio.

Cristian no podía atender demasiado bien los negocios de su padre, por lo que los encargados enteraban al propietario del estado de las fincas; de la almazara y de la bodega podía encargarse personalmente. Ahora lo primordial era la recuperación de su esposa. Lo demás quedaba relegado a un segundo o tercer plano.

La edificación de aquella casa permitía vivir desahogadamente a la familia, incluso cuando permanecían allí algunos huéspedes, como ahora lo estaban los padres de Merche. La casa, orientada a Levante, estaba a resguardo del frío viento del norte por las cercanas cumbres, puntualmente gélido algunos días de invierno; las paredes eran de piedra, antiguas y recias como su construcción, aislando perfectamente de las bruscas oscilaciones de la temperatura. Su considerable altitud, además de favorecerla con unas vistas especiales provocaba un microclima que alegraba inconscientemente a los visitantes. Su terraza, adosada a la entrada y repleta de vegetación, proporcionaban una deliciosa sombra en las calurosas tardes de verano, reflejando en su pavimento el grisáceo resplandor de las plantas con el fondo turquesa que no quería perder cobijo bajo la techumbre paralela al cielo.

Las comidas las podía realizar sola, pero su meta era ser autosuficiente. Para lograrlo seguía con la terapia ordenada y con constantes visitas del médico al domicilio. Cada mes, la paciente se sometía a una analítica que era esperada con ansia, porque se comparaban los índices básicos de las anteriores que eran determinantes en la positiva evolución. Las muestras eran recogidas en su domicilio y analizadas en el centro de salud de Callosa. Al cabo de unos días, el doctor que la visitaba comparaba en su ordenador los resultados, a la vez que era enterado de los posibles imprevistos.

Aquel día esperaba el matrimonio en su amplio salón los resultados. Merche había sufrido un ligero desvanecimiento durante la semana que creyeron justificado por el intenso esfuerzo que seguía practicando durante los ejercicios de la mañana.

Oyeron el motor del coche que se acercaba al caserío y que cesó tras unas maniobras de estacionamiento en el exterior que ya conocía.

—Buenos días —dijo el médico al saludar a Silvia, que había sido la encargada de recibirle en la puerta principal—. Estaban en pleno otoño y aquel día había amanecido gris, con viento del norte que aconsejaba abrigarse ante la situación que ofrecía aquel paraje, desigual al del eterno clima subtropical que se vivía a penas treinta kilómetros al este.

El doctor se quitó el sombrero que junto a la chaqueta dejó en manos de la doméstica, y se dirigió al conocido lugar en que se encontraba el matrimonio.

—¡Enhorabuena! —dijo en tono amigable a aquellos. Esta palabra animó a la pareja que no encontraba el motivo exacto de esa alegría repentina.

—Su evolución es notoria en todos los aspectos y los resultados siguen siendo satisfactorios. En ese momento Merche le contó que había sufrido un ligero desvanecimiento, en espera de la opinión del especialista.

—No tiene de qué preocuparse. Todo ha salido bien.

—Entonces, ¿los mareos que referimos? —preguntó Cristian.

—Están perfectamente justificados —dijo dirigiéndose a Merche: Está usted embarazada.

Quedó el galeno mirando fijamente a la pareja, un tanto perplejo ya que suponía que podían esperar la noticia. El primero en responder fue Cristian mientras que ella ofrecía semblante animoso acompañado de un incipiente rubor que no le impedía mostrarse erguida.

—Pero… ¿está seguro de lo que dice? Mi esposa no está recuperada. Esto sería una locura —dijo repentinamente, desconcertado ante la imprevista noticia—.

Se levantó en vista de que el médico se reservaba su opinión. En ese mismo momento, Merche cogió tímidamente el brazo del médico y le dio las gracias. Su marido no sabía cómo reaccionar a una noticia que no esperaba y que le había caído como una ducha de agua fría.

Una vez repuesto reparó en que el doctor había hablado con contundencia y para nada obedecía a una reprimenda.

—¡Merche! ¿Te das cuenta?

Ella le miraba orgullosa. El cambio de actitud agradó a Merche.

Es lo que más deseaba, un hijo. ¡Vamos a tener un hijo por fin!

La alegría fue en aumento cuando Cristian se acercó a la silla donde ella permanecía sentada, y cogiéndola en brazos, la levantó y besándola a los labios dio dos giros en el aire mostrándole su alegría, premiando el acontecimiento de la concepción del futuro bebé, llenándola de besos, tratando de borrar su primer arrebato. Era momento de celebración y estaba dispuesto a no mostrarse pesimista.

Silvia entretuvo al médico que satisfecho miraba la escena, invitándole a tomar un café con leche que sirvió para dejar a la pareja en intimidad.

En un principio se temió por la salud de Merche que no era precisamente la más adecuada para llevar a cabo el nuevo estado de buena esperanza, pero conforme pasaba el tiempo se convirtió en esperado el feliz desenlace con avidez y esperanza. Ella confesó a su marido que el mejor estímulo que pudo sentir es sentirse nuevamente mujer, capaz de poder realizar lo que siempre soñaron: ser padres. Gracias a ese reto pudo seguir con la dura recuperación que estaba a punto de derrotarla.

El tiempo pasaba tan aprisa que les impedía disfrutar de la ilusión que embriagaba sus cuerpos. Sabían que ahora los cuidados eran mayores y por ese motivo mermaría en parte su total recuperación.

Con la llegada de la primavera decidieron trasladarse a la ciudad de Alicante, donde tenían medios más a su alcance en caso de que surgiese cualquier imprevisto.

Merche lucía siempre vestidos de pre mamá, aunque como hubiese sido su deseo, no podía exhibirlos como cualquier primeriza, orgullosa del feliz estado.

En la soledad interior, Cristian pensaba que aquel parto podía poner en peligro la vida de su amada y esto le infundía un tremendo malestar que trataba de disimular en su presencia.

La veía tan feliz sintiendo en sus entrañas un ser que había sido concebido en un estado precario, cuando apenas había superado un trauma que casi le había costado la vida, y le costaba esconder cierto temor. Estaba a punto de ser padre, de que su esposa le diera un heredero, un vástago por quien seguir viviendo, esforzarse y diera sentido a la vida futura. Pero solo la tenía a ella y temía perderla. Su conciencia le decía que ese hijo era el fruto del amor que se tenían. No había que culpabilizarse por haberlo conseguido sino todo lo contrario. El destino no estaba escrito y forma parte del ser humano, de sobra lo sabían ellos.

Durante el séptimo mes de embarazo la joven empezó a sentirse mal y fue ingresada en el Hospital General de Alicante. Allí pudieron retrasar el feliz alumbramiento, que aunque algo prematuro, precisó de cesárea.

Merche dio a luz a una preciosa niña que requirió cuidados prematuros durante algún tiempo, a la vez que recibía todo el amor y entusiasmo de sus padres y abuelos. En cambio ella sufría los efectos de aquel penoso pero ansiado embarazo.

Tenía fiebre y su delicado estado requería atención continuada que solo era llevadera por el orgullo de haber logrado su sueño y su mayor deseo. Esto eclipsaba todo lo demás.

No podía amamantar a su hijita como hubiera sido su deseo, pero se sentía tan dichosa de ser madre que incluso ignoraba que su estado general había decaído. Podía más el instinto de ser madre que su pasado reciente.

22

Todo estaba sucediendo a una velocidad tan fugaz que apenas tenía tiempo nuestro hombre de meditar todo lo que en poco tiempo había ocurrido y estaba sucediendo en su vida. Él que tan eficiente había sido en sus estudios; extremadamente correcto en su comportamiento con todo el mundo, al que todos querían, que junto a su esposa llegaron a lo excelso, a la felicidad en tal grado que les faltaba tiempo para cumplimentarse; que ansiaban tomarse unas merecidas vacaciones…

— ¡Malditas vacaciones! —pensaba ahora para sí. Ambos habían dejado apartado su mundo laboral, en la cumbre de sus vidas, en la flor de su existencia.

De vez en cuando sentía placer en aislarse en plena naturaleza, huir del barullo de la ciudad, que últimamente solo producía aumento de estrés. Cuando hallaba esa calma y su mente buscaba el refugio de aquella soledad, capaz de hacerle ver su realidad de manera pausada y consciente, sin interferencias externas, sentía en su interior ciertas contradicciones. Pero curiosamente solo se sentía capaz de ordenar sus ideas allí, lejos del habitual entorno. El día a día, para él, era excesiva rutina. Él, que siempre había cuestionado el comportamiento humano y social, asociado a la racionalidad del ser humano, que a todo encontraba significado y motivos sobrados… Sus estudios y su amor a la filosofía no impedían que de un tiempo a esta parte, sin proponérselo, amaba a dos mujeres. ¿Sería el destino? ¿Sería cierta debilidad asociada a las circunstancias? ¡No!

Y llegado a este punto se convencía de que se había dejado llevar por los acontecimientos y por su sentimiento.

Adentrando en su interior profundo, a sabiendas de que nada ni nadie turbaban aquel pensamiento, quiso afrontarlo, preguntándose qué pasaba en realidad.

Sin apercibirse había caminado más de un kilometro desde donde aparcó el vehículo, ni si quiera se fijó un rumbo y se encontraba en un sendero de plena montaña. Hacía calor. La primavera había sido generosa y la vegetación prestaba atractivos colores que le embriagaron de placer. De vez en cuando, sin querer, rozaba con sus zapatillas algunas plantas aromáticas: estaba en las estribaciones de la Sierra Aitana y aquel perfume se entremezclaba con el incipiente olor del pino blanco que el viento se encargaba de esparcir.

Los pájaros revoloteaban contentos buscando la altura de los arbustos donde posarse y atraer con sus trinos a su pareja, que no tardaba en revolotear alegremente.

Los jilgueros emitían fabulosos gorgoritos desde la copa de un árbol cercano, cuyo ramaje le impedía contemplar. Sintió deseos de descansar. Colocó algunas piedras a la sombra formando un peculiar asiento donde continuar con sus meditaciones.

— He de recomponer esta situación —pensaba.

Las decisiones importantes de la asesoría estaban en manos de su empleado de confianza que, cansado de preguntarle siempre su decisión por teléfono, habían acordado que solo le comentara los casos importantes. Cristian sabía que esa decisión no era la correcta, pero tantas eran sus ocupaciones, que había tenido que delegar atribuciones. No obstante, en el peor de los casos, seria él a quien requerían, por ser el titular. No se encontraba a gusto con aquella situación.

Las fincas rústicas, ahora en plena producción, necesitaban más que nunca su revisión periódica; debía estar al día y comparar las opiniones de los encargados con la suya propia, después de supervisarlo a su manera, como siempre había hecho y como su padre le había enseñado. El viejo Juan Orduña (su padre) y su consuegro visitaban asiduamente las parcelas, pero el carácter gruñón de su padre, acusando los años, y el consejo demasiado benévolo de su suegro, que se limitaba a evitar choques entre patrón y encargado, solo podían aportar como consecuencia, cierto retraso en tareas que sin duda traerían como resultado la merma de la producción.

Él era prudente. Conocía demasiado bien el carácter distante y un tanto rancio que iba acumulando su progenitor. Le preocupaba y era consciente de que cualquier día, el viejo estaría indispuesto para controlar sus posesiones.

Estos dos temas los tenía agrupados en una parte de su cerebro, pero otros más delicados, le atraían ahora de lleno. Eran los relacionados al amor, a su conciencia, a su bienestar, a lo que su corazón deseaba. Había que encontrar el equilibrio en lo sentimental, en lo que no puede medirse ni contarse. En lo material la solución era palpable, en cambio en bienestar y deseo, no era capaz de encontrar la vara de medir para cortar o añadir hasta satisfacer a su persona. Pero estaba empeñado en aclarar aquello, y allí, a pesar del tormento que suponía tener en su mente a dos bellas mujeres, se atrevía a cuestionarlo y a estar en paz consigo mismo.

Amaba a Merche, su mujer, como siempre. En cambio sentía además compasión por ella ahora que le había dado una hija. Se sentía realizado. Tenían una hija ¡por fin! Aquella amada hija.

Sin poder remediarlo acudía a su mente Ester. Su amiga desde la infancia. Habían pasado años sin verse, pero bastaron unos días para que resurgiese el deseo entre ambos. En este pensamiento le excitaba. No podía evitarlo. ¿Sería solo deseo lo que sentía hacia ella?

Fuera lo que fuese, sentía enorme placer al recordar su cuerpo. Con los años, Ester había mejorado su silueta. Su cuerpo femenino había sido capaz de hacer resurgir cuanto de varón tenía. ¿Sería que al ser fruta prohibida era más sabrosa?

¿Prohibida? Aquello parecía que no le pertenecía. Ella era de otro hombre. Era casada, pero ¿cómo era posible que siendo prohibido, él que tanto entendiera de sociología y lógica le apeteciera tanto? ¿Quien había establecido que no le pertenecía? Era de otro. ¿Aquel, la había comprado para ser su dueño? ¿Es lógico? Seguramente sí.

La lógica. Su cuestionada y estudiada lógica. Ahora pensaba a viceversa. Merche, ahora, inválida después del accidente, desgraciadamente no sería deseada por varón alguno. Entre otras cosas, nadie la veía, ¡pobre Merche!

De pronto escuchó un lejano y escondido silbido del ave cantora por excelencia: el canto del ruiseñor. Sus repiqueteos le extasiaban. Era un arte el de aquel pájaro cantor inigualable. En ese momento cesó su canto. Pensó que quizás sería el mejor pájaro que pudiese adornar con su canto, los jardines o casas de los labriegos, o de cualquier amante de la naturaleza. Pero no había sido capaz el ser humano de poder adiestrar y adquirir tan preciada pieza. El astuto animal si se le captura, no solamente deja de cantar, también de comer y la tristeza acaba rápidamente con él.

¡Ese sería el motivo de que su peculiar canto era maravilloso, inigualable! Quizás al pensar que es imposible poseerle en tus dominios, provoca que te deleites oyéndole en libertad, en un ambiente en plena naturaleza. Así quedaba ahora él, en plena naturaleza.

El misterioso e invisible pajarillo empezó a trinar cerca de donde él estaba. Parecía que le desafiaba. El animal se sabía invisible, inalcanzable y parecía transmitir con su sonido cierto mensaje: "te deleito, óyeme. Disfruta con mi presencia. Ven cuando quieras, pero no se te ocurra hacerme prisionero, necesito libertad. Ella es mi vida. Las cárceles, los dueños, no están hechos para mí".

— Ester es mi ruiseñor —pensó. Con ella siento placer, un placer que aumenta al saber que pronto marchará, ella a sus quehaceres y yo a los míos. Pero no la olvido, me gusta, no pasa el tiempo cuando estoy con ella. Ella me complace, se le ve feliz conmigo. Ese placer es difícil de ocultar, es mi cómplice. Disfruta con mis caricias. Jamás nos propusimos compromiso. ¿será ese el motivo de esa felicidad? Esa no existencia de obligaciones, esa libertad entre nosotros, la ausencia de planes… ¿será la que provoque más fruición entre nosotros?

Sentía ganas de levantarse para que el movimiento corporal ahuyentase el pensamiento en el que se había embebido. Pero puso fuerza de voluntad y prefirió seguir absorbiendo todo lo que sus sentidos le proporcionaban. Rodeado de naturaleza se sentía arropado y seguro; capaz de reflexionar adecuadamente. Esta sensación la había descubierto hacía relativamente poco tiempo y la aprovechaba para poner paz en su conciencia y desenredar la madeja de hilos que rondaba inquieta por su cabeza.

El viento siseaba con las hojas de pino produciendo alternancias entre él y el follaje. El ambiente puro entremezclaba aromas de romero, tomillo y salvia, los cuales atraían a numerosos animales silvestres. De vez en cuando, a pesar de lo avanzado del verano, contemplaba a las laboriosas abejas revoloteando por las mil flores todavía emergentes en el pintoresco paraje. El ruiseñor, escondido, cambiaba de ubicación a juzgar por la claridad de su canto, cada vez más cercano y nítido. Raramente se le veía revolotear entre la maleza y Cristian sentía cierta decepción al ver que tan diminuto animal provocase tan estridentes sonidos.

Los verdecillos alegraban con su murmullo en las centrales horas del día, pero quedando mudos tan pronto continuaba el ruiseñor con su solitario y elocuente canto, más sonoro cuando el sol va perdiendo posición dando paso a la oscuridad del amanecer o de la tarde. Parecía que eligiera el lugar adecuado para que su canto produjese cierto eco, dando relevancia a aquel sonido. Parecía el rey de los cantores silvestres.

Volvió a centrase en la similitud que le había proporcionado su pensamiento entre Ester y el ruiseñor. Los sentimientos hay que dejarlos fluir. No debemos reprimirlos. La represión es invención de generaciones pasadas. Es impensable la desnudez del ser humano. Sentimos algo que llamamos pudor. Ese pudor es fruto de la evolución, solo del ser humano, su origen fue que nuestro raciocinio hizo que nos cubriésemos nuestro cuerpo en invierno evitando el frio y, por qué no, el contacto con la maleza del territorio habitado de nuestros antepasados.

La evolución, sin duda es la única fuente capaz de explicarlo. Pero pensemos por un momento, las personas, al igual que el resto de animales, desnudos, cada uno dedicado a la tarea que le ha sido asignada según la especie. Incompatible con la realidad.

Cristian puso el rostro entre sus manos. Había acudido a su mente la desvalida Merche, cuyo cuerpo, joven aun, no podía ofrecer lo que en otro momento fue. En este momento se reprochó ser un egoísta: "ahora que mi cuerpo no es atractivo has buscado otra fuente de placer, otro cuerpo voluptuoso, movible, capaz de proporcionarte el placer que antaño te di".

Era la voz de Merche que se le aparecía con esas palabras que él asumió como verdaderas. Se sentía culpable, no tenía perdón. Sí, así era. Su deseo encontró complemento. Esa falta de desahogo, natural, había desembocado en su antiguo amor de juventud. Aquel cuerpecito había sido donde se encendió la llama del deseo en plena pubertad, una época que en Cristian venía con demora, pero que brotó como una semilla que tras un largo y frío invierno espera la primavera, para que la temperatura y la humedad irrumpan con fuerza, germinando la simiente hambrienta de luz y calor.

¿Era delito? No. Un no rotundo. Entonces, ¿por qué esconder o culpabilizar si aquella simiente, ya crecida y enraizada, ha sido injertada ahora, después de años, de la misma sabia? Ese era el dilema.

Cristian no encontraba otra razón que los prejuicios humanos, las obligaciones y promesas que nos hacemos los más susceptibles.

Ahora, ¿No quería ya a Merche? Esta pregunta lo turbaba. Seguía queriéndola. Sinceramente la amaba más si cabe. Le tenía compasión por su estado. Pero sentía remordimiento al estar con Ester, al yacer con ella estaba convencido de que no había actuado bien; en cambio su cuerpo parecía decirle que era inevitable. Ella era la autora de ese gozo. Si ella no hubiese propiciado la situación jamás hubiese sucedido. Ester gozaba, y a juzgar por los hechos, quería a su marido y a sus hijos. Una cosa no quita la otra.

La tarde caía y con ella cesaban en su arrullo la mayoría de aves de la sierra, en busca, sin duda, de alojamiento donde pernoctar según el tiempo. Cuando cesó el rey cantor, el sol amarilleaba el horizonte por el ocaso, propiciando una espectacular visión desde donde nuestro protagonista permanecía relajado. No fumaba y de vez en cuando solía cortar un brote de hinojo silvestre y, después de desmenuzar las aromáticas simientes que aureoladas rodeaban el tallo, cogía parte de la base y después de pelar su particular corteza, lo colocaba en su boca simulando un singular cigarrillo, más saludable que cualquier cigarro.

Casi rutinariamente, Cristian había cogido algunas matas de esparto que tan a mano tenía e intuitivamente trenzaba con ellos una cuerda de tres cabos que, si darse cuenta, ya tocaba el suelo, conforme añadía nuevas hojas de aquel especial hilo que el monte nos ofrece. Esta rudimentaria ocupación la aprendió de niño en sus estancias en el pueblo, donde la mayoría de mujeres mayores siempre tenían el manojo de esparto a mano, por costumbre ancestral y en sus horas libres producían infinidad de productos derivados, desde cuerdas, alpargatas o espuertas. La mayoría de los lectores, habituados a pasear por el monte, alguna vez se habrá contagiado con el esparto, llegando a componer una singular cuerda que antaño servía para numerosas utilidades, aunque hoy en deshuso.

Escuchó el arrullo que producían las palomas silvestres; ellas también buscaban su nido. Juan Orduña, su padre, le había contado hacía muchos años que las palomas tienen su peculiar tendencia en cuanto a la pareja. Ellas, libremente se aparean, pero son fieles a su primera pareja, con las que forman el nido que después se encargan de incubar los huevos entre ambos progenitores.

A partir de ese momento, el macho, sabiendo que aquel es su nido, no duda en copular con otras hembras que se le insinúan, aprovechando que su pareja se emplea en la incubación. Aquellas, complacientes le aceptan y luego, esa nueva reproducción corre a cargo de aquella segunda hembra, exclusivamente. El macho permanecerá fiel a su nido mientras viva su pareja. En cambio, su primera paloma no será cubierta por otro macho, mientras el suyo esté dispuesto.

— ¿Es eso lo que me pasa a mí? ¿es mi caso? Ellas dan por entendido que su organismo ha de reproducirse, pero la primera es la que prevalece, sabiendo las dos hembras que el mismo macho puede aparearse con otras, cuando la suya permanece en incubación. Este pensamiento le ruborizó.

Se fijó por un momento en el cortejo que ofrecía el palomo a su propia pareja antes de anochecer. Este cambiaba constantemente de sitio, ofreciendo toda clase de posiciones altaneras a su hembra, que parecía hacerse la remolona. Él era el encargado de hacer el cortejo a la paloma hasta hacerle humillar en el apareamiento, precedido de besos en sus picos, similares a los humanos.

— ¡Bah!— pensaba —.Nuestra época de provocaciones pasó hace años.

Su pensamiento no pudo evitar una sonrisa en la comisura de sus labios.

— Sin duda la naturaleza nos muestra que una especie actúa sin escrúpulos ni leyes, similar a los humanos. ¿No sería este el camino de la felicidad, en lugar de ponernos leyes y tabúes?

Se sonrojó al compararse con aquellos animales. ¿Era absurdo pensar así? Ellos eran cultos en sociología, y nada tenía que ver aquel comportamiento con el nuestro civilizado. Instintivamente miró el reloj. Era tarde. Llevaba horas en el monte. Decidió finiquitar aquella trenza que tenía entre manos a la par que acababa el manojo de esparto verde que sostenía bajo el brazo izquierdo. Lo cerró con un nudo y relajado miró un poco extrañado su obra. No quiso deshacerse de ella, como otras veces y optó por atársela a la cintura. Recordaba en ese momento la tradición de los mayores que utilizaban muchos recursos naturales para aliviar ciertas enfermedades. Recordaba que su padre recogía la piel de serpiente, cuando tras la muda, quedaba enganchada a cualquier aliaga. Estaba convencido de que aquella curaba el resfriado y algunas inflamaciones, siendo ingerida y debidamente picada. El hígado de zorro era un elemento de contrabando para la curación de las amígdalas y rebajar la fiebre.

— Curioso, el monte ofrece soluciones para casi todo. Debo encontrar también la salida a los problemas que me acontecen. Hablaré…

Paró enseguida, se sentía incapaz de continuar. Merche acudía a su mente y la sabia incapaz de soportar la verdad. Ni ella estaba en condiciones, ni él se atrevía.

Se levantó de aquel improvisado asiento que aunque imperfecto, le había hecho reflexionar. Su análisis de lógica, dejaba parte de sus premisas resueltas. La libertad justifica que el ruiseñor sea el cantor del bosque. Quizás esa libertad aumente su estima, su valor, su respeto. Todos saben que es inviolable para su subsistencia. En cambio las personas luchamos por la libertad, que se basa en la expresión y respeto, prácticamente.

¿No es la misma libertad? Para nosotros la libertad no es hacer lo que queramos. Ellos solo luchan por subsistir. Nosotros seríamos capaces de descomponer todo lo involucrado si fuésemos realmente libres. Es impensable.

Pero por amar, por desear, por ser feliz ¿se incurre en delincuencia? Esa era la cuestión. No.

En ese momento caminó en dirección a la carretera; parecía que una voz quería aclarar la situación:

"Cristian, tienes una hija, una mujer enferma, un hogar y una hacienda que depende de ti". Miró al cielo y solo vio el cuarto menguante que la luna dibujaba en el estrellado cielo que el anochecer empezaba a proyectar.

Se había retrasado demasiado. Normalmente a esta hora siempre permanecía junto a Merche y a su pequeña. Subió al automóvil y emprendió el regreso a la ciudad. Por un momento, su instinto había intentado desviar el vehículo en el cruce de Callosa en dirección Guadalest. Cuando se acercaba a la ciudad, el resplandor del alumbrado le devolvió a la realidad. Nada había solucionado. Casi de repente, divisó una figura en el arcén de la carretera, que por un momento le alertó. Pasó despacio a su altura y pudo ver un joven con la mochila a cuestas haciendo auto—stop.

Indeciso frenó a algunos metros. Miró por el retrovisor y decidió ayudar al joven. Aquel se dirigía ya hacia su vehículo. Se asomó a la ventanilla que permanecía bajada y vio que se trataba de una muchacha.

— ¿Va usted a Alicante?

Por un momento maldijo su suerte y se reprochó haber frenado. Tenía miedo a la tentación. Además creía abolido el uso del auto—stop. Optó por variar su rumbo para acercar a su destino a la joven.

— Sube —dijo afirmativamente.

— Gracias. Me llamo Jesica, vengo desde Alcoy y la verdad, no he calculado bien. Se me ha hecho tarde para llegar a Altea.

La muchacha vestía informal. Deportivas adecuadas, vaqueros ajustados, suéter ceñido y el pelo rubio recogido en una cola. Ella se sabía atractiva y disimuladamente colocó su mochila encima de sus rodillas, a la vez que se ponía en orden el suéter amarillo que llevaba.

Faltaban casi treinta kilómetros de recorrido y la joven no entablaba conversación.

— ¿Viajas sola? —dijo él por fin.

— Si, acudo a una casa de una amiga. Vive en Muchamel, a lo mejor lo conoces.

— Si esta cerca de Calpe, dirección Benidorm. ¿De vacaciones?

— Bueno. Digamos forzadas. He discutido con mis padres y necesito estar lejos unos días —dijo con un tono apático.

Mientras hablaban, Cristian se autoevaluaba. Cuando vio a la joven sola…creyó que sentiría deseos. Pero no. Se admiraba. Respetaba a la joven que en ningún momento insinuó nada informal.

Cuando llegaron a la rotonda principal de la entrada de Altea, Jesica indicó que quería bajarse, no queriendo interferir la dirección de su benefactor. La joven saludó a su taxista y este le cedió la mano, recibiendo dos besos en las mejillas en señal de agradecimiento.

No era solo deseo lo que sentía hacia Ester. El contacto femenino, al que Cristian llegaba a temer, no había producido efecto alguno en su cuerpo.

La llegada al hogar cerró la ventana que aquella tarde le había contagiado de efluvios, de naturaleza, de razonamientos que ahora desaparecían, abriendo de par en par la puerta a la rutina, solamente alterada por el llanto de su hijita que repetía día y noche reclamando la leche materna que su madre, impedida, no le ofrecía.

Silvia atendía el hogar y era también la encargada de amamantar a la criatura que, inconsciente a su entorno, agradecía el tibio alimento que el recipiente cristalino, atrapado con el gelatinoso biberón le ofrecía, y la pequeña Lucrecia succionaba encarecidamente hasta agotar el contenido, ante la atenta mirada de su orgulloso padre que enseguida acogía en brazos aquella flor que casi milagrosamente había llegado a este mundo, proporcionando tanta alegría su llegada como temor ante la delicada salud de Merche.

23

Durante aquellos días el matrimonio permanecía distanciado, resignado con el destino que les mantenía unidos.

Merche que se había aferrado a la ilusión de que aquel embarazo podía ser el milagro que la sacaría de aquel estado de postración, de cavilaciones ante su incapacidad de movimientos, unido a la confianza de que su cuerpo había sido capaz de gestar vida en un cuerpo semiatrofiado, esperaba que tal vez su organismo fuese también capaz de realizar un cambio en su metabolismo y, por qué no, reajustar sus hormonas en el post—parto y en cierta medida lograr lo que ella creía adivinar incluso en boca de su médico: ser autosuficiente, poder tener a su hijita en brazos, poder alimentarla y, poco a poco, salir de la convalecencia e incluso volver a ser la joven y entusiasta que había sido.

Sus esperanzas se fueron truncando a medida que pasaban días y meses notando como su organismo seguía sin superarlo, bloqueando todas sus esperanzas. En un principio no le fue posible amamantar a la pequeña Lucrecia a consecuencia de su debilidad, cosa más que razonable y que entraba en los baremos de lactantes y no suponía anormalidad alguna. Solamente el ánimo de los padres y el de Cristian lograron evitar el desespero de la paciente, que ya empezaba a ver truncadas sus ilusiones.

A diario continuaba visitándole el prestigioso sicólogo d. Serafín Valverde, que procuraba que el matrimonio superase aquella crisis del mejor modo posible. No obstante, el joven padre se veía inmerso entre dos aguas. Tardó en encauzar la situación que momentáneamente solo lo conseguía la pequeña Lucrecia, idolatrada por todos. Merche volvía de nuevo al hogar, recluida en una silla de ruedas, todavía resentida de dolor y dosificada de tranquilizantes que ofrecían a su rostro un aspecto mórbido, con algunas dificultades en el habla, que ya había aprendido a disimular haciendo pausas y rebajando el tono de voz muy en contra de lo que hubiera deseado, y con pocas esperanzas de la deseada recuperación.

Los mimos de Cristian no lograban que Merche recuperase una mínima ilusión, la más leve sonrisa, hundiéndose más y más en una lenta depresión. Había empleado su último cartucho: ser madre.

Una tarde de primavera, mientras Silvia paseaba a la pequeña Lucrecia, llegó el marido a casa y, como siempre, se dirigió hasta donde permanecía su mujer reclinada en el sofá. La besó en los labios como de costumbre, pero él notó cierta amargura en los suyos, lo que le alertó; haciendo caso omiso a las circunstancias trató de evadir.

—Este año tenemos una buena cosecha. Las viñas se han recuperado muy bien. Después de las heladas tardías, el moscatel muestra sus incipientes racimos.

—Recuperado… —dijo ella absorta como estaba en su pensamiento.

Cristian, ruborizado, comprendió que no debería haber usado esa palabra.

—Quiero decir…

—De sobra se yo lo que quieres decir, y tu también a lo que yo me refiero —inquirió ella—.

Ella trató de incorporarse, por lo que él se le acercó, evitándole el sobreesfuerzo.

—No debes esforzarte, cariño.

—Cristian quiero que hablemos.

En ese momento quedó ella fijamente mirándole con unos ojos tan abiertos que sin duda parecían anunciar algún enfrentamiento, por cierto, nada recomendable.

Ella cogía el brazo de su marido, queriendo sujetarlo y evitar su huída mientras él, con el otro le acariciaba sus mejillas como siempre lo hacía, relajándose en el suave tacto de su piel sonrosada y tersa todavía, con la mirada que siempre le causó encanto y con el pulgar silueteó su boca sensual, quizás queriendo evitar que de ella saliesen frases no deseadas por ambos, pero que iban siendo sin duda cada vez más frecuentes.

—Dime amor mío —dijo él por fin, temiendo que sospechase algo referente a las últimas citas con Ester, o que quizás hubiese soñado en voz alta sin darse cuenta—. Por fin tenemos una niña…

—Sí, —y él la besó de nuevo furtivamente en los labios premiándola y tratando de endulzar un espíritu que notaba desabrido.

—Puedes estar satisfecha —añadió—. Hemos sido padres al cabo de tanto tiempo. Nada hay imposible, ¿Ves?

—Sí. Claro que lo veo: tiempo tengo de sobra para ver, pensar, llorar, esperar,…en fin, la evidencia.

—Sabes que siempre me tendrás a tu lado Merche…

No le dejó terminar, al fin tenía encauzado el asunto.

—Cristian, yo quise concebir un hijo, a sabiendas del peligro que corría, aunque algunos doctos quisieron alentarme, vanamente, de que en mi estado el alumbramiento podía ayudar en mi recuperación. No les creí, pero pensé que valía la pena intentarlo con tal de poder darte un hijo y,… sobre todo por lo mucho que te quiero. Nada reprocho, simplemente contaba con el beneplácito de los sabios que me hicieron recapacitar y entender que nada perdía en intentarlo.

En ese momento carraspeó su garganta debido al esfuerzo realizado. Con su dedo índice situado en los labios, indicaba a su amado que le escuchara. Continuó.

—Ya ves que por mucho que lo intento no dejo de ser una inválida.

—No digas eso, ¿de acuerdo?

Pero ella hacía caso omiso a sus palabras; parecía tener las ideas muy claras.—Empezaré por el principio —dijo ella—. Sabes demasiado bien como fui educada desde niña. Conoces de sobra mis ideales, sobre los que me basé y continué estudiando simplemente porque siempre me encantó saber y enseñar; disfrutar siempre de los placeres que nos ofrece la vida. Mis creencias están basadas en la realidad, en atender al semejante, pero sobre todo en escuchar a la conciencia y en actuar fiel a mis principios, que no son otros que el enfrentarnos a la realidad: fui enseñada a pensar, a decidir, y no a aceptar los dogmas que la ética y la sociedad imponen por rutina (quedando con frecuencia obsoletos).

Pero dejemos esto ahora —continuó—.

Hizo una pausa para ordenar sus ideas y recobrar aliento ante la atenta mirada de su amado, asombrado y emocionado.

—He sido muy feliz desde que te conocí. Hemos sido felices.

—Pero ahora más, —dijo él—. Tenemos a Lucrecia, fruto de nuestro amor y es motivo más que suficiente para continuar luchando.

—Ahora más en parte, solo en parte. Lo tengo muy bien meditado: yo solo soy un estorbo. Lo tengo asumido.

Él no pudo contener la emoción y las lágrimas afloraron a sus mejillas, que quiso esconder abrazándola.

—Debemos ser reales, Cristian. Quiero ser fiel a mi misma y para ello quiero contar contigo.

Estas últimas palabras se las pronunció al oído, puesto que permanecía abrazado todavía a ella.

—¿De qué me sirve tener una niña preciosa si no puedo mecerla entre mis brazos, si no voy a disfrutar de ella? O mejor dicho ¿De qué le sirve a ella saber que tiene una madre que en nada le podrá ayudar y que solo es una carga?

Cristian permanecía pegado al cuerpo de su mujer sin poder contener el llanto que le producían sus palabras; en cambio ella no se inmutaba. Ni una sola lágrima podía acudir a sus ojos. Tanto era el dolor interno que albergaba que la secreción lacrimal parecía habérsele secado.

—¿Por qué dices eso, Merche? Tenemos medios suficientes para poder atenderte. Nada ha de faltarte.

—Si Cristian, sí que me falta. Me falta vida, esa vida, esa energía que mueve el mundo. Yo solo absorbo de esa energía vuestra y no soy capaz de producirla, solo consumirla. Y eso no es justo. Además estaremos luchando contra algo que no tiene curación. No es justo. Creo que merezco un final diferente, ser digna de poder elegir mi salida de este mundo, porque está más que probado que mi estado a nadie beneficia, ni siquiera a mí, y por el amor que te tengo debo…

Y mientras ella continuaba justificándose, él expresó:

—¡Maldita excursión!

—¡No! No maldigas nada, es el destino lo que se ha impuesto; ten la conciencia tranquila y nada te recrimines. Es lo primero que acordé: de mi estado soy solo yo la causante. Las cosas ocurren Cristian; de nada nos sirve reprocharnos para tratar de justificar los hechos. No hay el porqué, lo hecho, hecho está. Además, eres muy bueno y por eso me enamoré de ti, por tu bonhomía. Fue lo primero que me sedujo de ti. Bueno, —dijo con una leve sonrisa— y también tu aspecto físico y tu manera de hablar. Su pensamiento al trasladarse a esa época tan feliz, reproducía inconscientemente en su rostro una alegría que ella no deseaba aparentar.

En ese momento ella acarició a su amado, separándole levemente, para observarle nuevamente a los ojos.

—Todavía estamos enamorados,—dijo ella— y por eso los enamorados se complementan, ¿verdad?

Él asintió esperando algo más que tardaba en oír.

—Tú eres mi complemento.

—Claro que sí, Merche…

—Por esa misma razón debes ayudarme en lo que vamos a hacer.

Él continuaba mirándola perplejo.

En aquel momento oyeron el crujir de la puerta de la habitación. Era Silvia que entraba tras el paseo en la estancia, con Lucrecia en brazos. Una ráfaga de alegría invadió la habitación renovando incluso el pensamiento de nuestros dos protagonistas.

En el porche solían dejar el cochecito del bebé que tan adecuadamente hacía el papel durante las agradables tardes como aquella de la naciente primavera. La tentación de tomar en brazos a su hija pudo más que aquella conversación, y orgulloso el padre invadía el tierno cutis de terciopelo de su hija, dejando en el ambiente sonoros besos en sus gelatinosas mejillas. Ahora se respiraba un ambiente nuevo en la casa. Sin duda la entrada de la reina de la casa modificaba la esencia de los mayores, que sumidos en sus problemas agotaban sus reservas sin ser conscientes que dejaban escapar con sus pensamientos, parte de la esencia de la vida.

Aquella niña ahora era lo más importante en sus vidas —pensaba en su interior—. Su presencia apartaba los demás sinsabores de su rutinaria existencia. En medio de aquellos sonoros besos, que acompañó de caricias a las que la pequeña ya correspondía, acercó a su hijita al lugar donde estaba su madre.

Esta la besaba y, como podía, la mecía entre sus brazos bajo la atenta supervisión de su padre, orgulloso como el que más, observando el fruto de su amor.

Momentáneamente quedó aplazada la conversación que los dos esposos habían tenido; no obstante, el resignado papá sabía que más pronto que tarde, volvería a abordarse el tema.

—La conozco demasiado —pensaba—. Si no es hoy, será la próxima, pero no podré retener su pensamiento. Es una persona muy coherente que no deja nunca las cosas a medio hacer. ¿Qué habrá decidido esta vez? Me sorprenderá con algún deseo premeditado, como todo lo suyo…

Le asaltaban muchas dudas. Así no podemos vivir eternamente, lo leo en sus ojos. Estos me desvelan un desenlace análogo. ¿Se habrá cansado de esperar esa… recuperación?

Quiere que le ayude, pero, ¿a qué?, a vivir o… ¡No! No quiero seguir pensando.

Las siguientes jornadas Cristian aprovechó para salir temprano de la casa y retrasar al máximo su llegada, la evitaba esperando una decisión desagradable. Y no se equivocaba.

El abuelo Juan Orduña, afectado como el que más, acudía a diario al lado de su hija política a la que adoraba. A su lado afluía la melancolía propia de los mayores que suelen consolar las peores situaciones actuales recordando sus vivencias, que por lo antiguas suelen conmover a cualquiera. Ella notaba cierto alivio en algunas confesiones que el abuelo contaba en exclusiva, a la vez que el anciano aligeraba el peso de su conciencia que tan repleta estaba de sufrimientos. Solía acompañar a su nuera, incluso más de lo esperado; llegaba a ser su cómplice. Juan empezaba a ser el abuelo receptivo, bondadoso, comprensivo, el que intentaba recomponer la situación en momentos delicados como el actual.

Merche evitaba expresar sus verdaderos deseos a sus padres, esperando su desaprobación y pensó que Juan, su suegro, era el indicado, el que más la escuchaba y con quien más tiempo pasaba.

Desde que había quedado encinta fue recomendable evitar esfuerzos, por lo que quedó casi olvidado todo lo referente a los ejercicios de rehabilitación que, aunque dolorosos y muy poco a poco, iba consiguiendo cierta movilidad en las piernas y en su organismo en general. A decir verdad, hacía casi dos años que había desistido de los ejercicios físicos que eran el único remedio a la condición de semiparaplejia en que estaba al llegar a casa y que sin duda, la maternidad no había hecho más que enquistar su actividad renunciando a ella.

—Tienes que ayudarme, Juan —solía decirle, y él, evitando confesiones dolorosas e indiscretas, solía cambiar de tema, dejando a su nuera entretenida al menos por el momento.

—Tu hijo —volvía de nuevo— es un ser especial y no debo ser yo su estorbo que le impida vivir su vida.

Su suegro la entendía perfectamente y por fin, un día después de tantos haciendo oídos sordos a la misma frase, creyó que no era humano seguir ignorándole. Se acercó a su aposento dispuesto a escucharle.

—Merche, ¿tú crees que yo puedo ayudarte?

—Llevo tiempo pensando sobre el futuro de Lucrecia y también en el de tu hijo, mi marido. Soy un estorbo Juan. No es digno este estado en el que me encuentro. La medicina no puede hacer más por mí, sino que menguar poco a poco las arcas de la familia, que no resuelven este panorama. Debo marcharme, Juan.

—A dónde vas a ir en tu estado —insinuó este como si ignorase el verdadero significado.

—Sabes de sobra a qué me refiero. —Juan asentía—.

—Pero yo, soy mayor… He pasado por situaciones muy difíciles para la convivencia en familia y siempre logramos sobrevivir a ellas.

—Sí, lo sé, no te esfuerces; sé de sobra que eres un hombre fuerte porque has logrado vencer situaciones extremas, muy delicadas y por eso creo que eres el indicado. Tu fortaleza te ha dado vigor para soportar años y años una carga que pocos hubiesen soportado.

—Ahora soy viejo, Merche —le dijo con los ojos humedecidos—. Te lo suplico, no me pidas imposibles. ¿A dónde quieres ir?

—A ninguna parte, solo desaparecer. Cristian me rehúye porque me conoce y sabe como pienso; le perdono y hasta le comprendo.

—Y yo, un pobre anciano, ¿Qué puedo hacer yo por ti?

—Ayudarme —dijo tajante—.

—¿Cómo?

Ahora Merche hacía intención de abrazar a su padre político, el cual accedió superado por la emoción.

El anciano no era capaz de consentir con el plan que ella tenía pensado durante mucho tiempo, aunque era consciente que desde que se le metió en su cabeza de idea del suicidio, solo vivía para ello. Él observaba que era obsesión lo que Merche tramaba e intentó ausentarse unos días. Pero el remordimiento era demasiado grande para abandonarla ahora. Habló con ella y le pidió incluso de rodillas que abandonara aquella descabellada idea; su consecuencia sería peor que la actual situación.

—Mi hijo no merece esto. Deja que todo siga su curso, estoy convencido de que esta mala racha pasará.

—No, Juan, no. Sé que es la mejor opción.

—Merche —dijo el abuelo con lágrimas en los ojos—, hoy he estado a punto de contar todo a mi hijo. No le puedo traicionar. ¿Me entiendes?

Ella asintió con la cabeza entendiendo el malestar de su suegro.

—No le cuentes nada. Lo entenderá. Además todavía tengo dos manos de las que me puedo valer.

—¡No lo hagas! Te lo ruego.

—No te culpabilices de nada. Eres una gran persona y no me iría contenta si te mezclases con un asunto turbio a estas alturas. No lo mereces. Venga ese abrazo Juan.

Y ambos quedaron sumidos en un tierno abrazo que sin duda era de despedida.

A los pocos días, cerca del mediodía, acudía Cristian a su hogar alertado por el desmesurado llanto de su pequeña. Entró y se encontró a Silvia llorando desorientada.

—¡Una desgracia, señor! —fue lo único que pudo salir de los labios de tan asustada como estaba la doméstica que permanecía en shock. Esta, como pudo, indicó a su señor la habitación del matrimonio.

Él fue presto hacia allí y vio a su esposa tumbada en la cama, inconsciente, con los ojos desmesuradamente abiertos. Intentó reanimarla pero todo esfuerzo fue en vano. Estaba muerta. No tardó Cristian en reconocer que su esposa había adquirido una excesiva dosis de fármacos, causándole la muerte casi instantánea.

El suelo era testigo de los restos y envoltorios de varios medicamentos que sin duda la paciente se encargó de administrar. Se supo que era un verdadero cóctel de alucinógenos, antidepresivos y tranquilizantes que, aunque guardados para puntuales ocasiones, la paciente supo descubrir. Los acontecimientos habían sobrevolado y pasaban aceleradamente.

Llamó enseguida al 112 y rápidamente fueron atendidos. El facultativo que se presentó en el domicilio solo pudo certificar el fallecimiento de Merche.

Llamó a sus suegros, que desconsolados le escuchaban en el lado opuesto de la línea telefónica.

La pequeña Lucrecia permanecía entretenida en su pequeño parque, ajena a cuantas circunstancias sucedían en aquella casa. La mente de nuestro protagonista no encontraba un halo de tranquilidad por muchas vueltas que le diera; solamente le consolaba la convicción con que su esposa había afrontado la última voluntad, tanto tiempo premeditado, aunque en cierta manera intuía un desenlace que nunca quiso asimilar. Este hecho le hacía llevadero el triste desenlace ocurrido, pensando que ella había meditado todo, sin él ser capaz de hacerle desistir.

Solo el destino había querido que le llegasen al domicilio Esperanza y Alfredo, sus suegros, con quienes compartió su dolor en medio de tanta congoja e incertidumbre, antes de recibir una nueva llamada telefónica:

"En plena ciudad de Alicante ha sido atropellado un señor de unos setenta años cuyas señas obedecen a Juan Orduña, vecino de….". Su desencajado rostro, alarmado y angustiado parecía volverse loco.

Cristian no pudo seguir escuchando y se puso en busca de las llaves de su automóvil, pero reaccionó de inmediato.

—¡Eran cómplices! Ella le ha insistido tanto y no ha podido más.

¡Qué desgracia, Dios mío!

EPILOGO

Los días que sucedieron a estos hechos son de tal magnitud que prefiero que el lector los encauce según su criterio e imaginación.

Mucha era la formación de mi padre y que sin duda contribuyó a la no desesperación; solo me tenía a mí, con apenas un año.

Cierta vez me contó, casi en secreto, que empezaba a integrar algunas premisas en sicología que no las había estudiado en libro alguno, pero que en cambio si se habían reproducido a lo largo de la película de su vida:

Orduña, mi abuelo, fue una persona sencilla, humilde, buena, que conoció la riqueza siendo niño en el hogar de sus padres y que creció viendo como mermaba su fortuna. Sus padres murieron jóvenes por lo que tuvo que aprender a vivir solo; cuando lo hubo logrado pasados los años, se cruzó Sonia en su camino, de la que se enamoró perdidamente, hasta el punto de ser capaz de perdonarle todas sus infidelidades.

Su mujer, mi abuela, solo tenía una debilidad: la carne. Necesitaba tomar un buen aperitivo que sofocase el calor sexual de un organismo hambriento para poder sobrevivir armoniosamente al lado de su resignado esposo.

¿Fue él el culpable por no tomar decisiones oportunas? ¿Quizá la quería demasiado?

¿Era eso un pecado? Para la mayoría sí, pero fue tan grande su pasión por ella, que transigía. Pudo más el amor y la dependencia que sentía que todas las conversaciones que los vecinos murmuraban contra ellos.

¿Qué era más poderoso, el pecado que ella cometía por sus instintos (o quizás por su precaria educación), o la indulgencia que él le supo conceder?

¿Qué era más meritorio? Sin duda el perdón; un Perdón en mayúscula arropado por el amor que entre ellos existía.

Yo me crié con mis abuelos Esperanza y Alfredo, ya mayores y con mi padre que jamás quiso abandonarme. Pero me faltó el amor de madre, tan importante, sobre todo en la infancia. Él supo lo que era vivir sin el contacto de sus padres, sobre todo el de su madre y no quiso que yo atravesara sola ese camino.

Mis abuelos, a consecuencia de la gran pérdida que Merche les provocó, envejecieron prematuramente. De nada sirvieron las cuartillas que ella les dejó manuscritas de su puño y letra, aclarando todo, dejando sobradamente justificada su actuación, sino para atormentarles más si cabe. Ellos hubieran preferido que omitiese su explícita situación. Sencillamente no estaban preparados para atender los razonamientos convincentes, ni sus causas, como ella siempre lo estuvo.

El paso de los años, elixir que amortigua suavemente el dolor, logró que superasen aquella sensación de amargura, solapada de recuerdos. De esta manera accedieron a comprender y solamente les aliviaba saber que Merche volvía a decidir su destino, su final. Este pensamiento logró mermar sus inagotables lágrimas.

Cuando yo contaba doce años, sus cuerpos quedaron para siempre en la memoria de los vecinos de Vallferrer, el que consideraron natal, después de regresar de Aviñón, (Francia).

Mi abuela Esperanza fue la última en abandonarnos a mi padre y a mí, y solo me queda contaros que llegaron a ser unos verdaderos padres, tanto para mí como para mi progenitor.

Durante estos años solíamos visitar durante el verano la ciudad de Alicante. ¡Qué delicia!, poder disfrutar de la playa del Postiguet. Me encanta la ciudad, su gente y su ambiente.

—Algún día viviremos aquí —me alentaba mi padre—. Porque allí teníamos nuestra morada, que durante el resto del año permanecía vacía. Solamente era visitada por la encargada de la limpieza, reparando algún desperfecto si lo había, cumpliendo órdenes de su patrón. Este no deseaba que la vivienda se abandonase en absoluto con vistas de volverla a ocupar.

Así fue, en 2008 dejamos definitivamente el pueblo y nuestro domicilió empezó a ser Avenida de La Rambla 27, donde mi padre volvía a ejercer su profesión en el mismo edificio que regentó hacía muchos años; en el segundo piso nos alojábamos desahogadamente. En estos años habíamos adquirido también el primero que todavía permanecía vacío.

Para mí, la situación no era novedosa, pero Cristian (como a él le gusta que le llame) siempre me educó empleando argumentos repletos de sentido común, me enseñó a pensar; nunca lo olvidaré, será la base más importante de mi vida.

Me hizo ver y reflexionar desde niña, por ejemplo, las necesidades fisiológicas de las personas; los valores que nos hacen dignos de ser humanos, aprender y enseñar; luchar por nuestros ideales sin llegar nunca a enfrentamientos, valorando con anterioridad lo que merece la pena. Así aprendí a ser yo misma.

Por eso entendí perfectamente la falta de una compañera a su lado. Nunca me escondió que sentía algo especial en presencia de su amiga Ester. Yo me familiaricé con ella, antes de conocerle, con esa ingenuidad que poseen los niños al imaginar un paraíso cuando la historia contada sale de los labios de quien más quieres y en los momentos más dulces de tu infancia. Llegué a querer a Ester, sencillamente por las historias que mi padre me contaba.

Cuando llegó el día de conocerla, me llevaron de paseo por la playa, al atardecer de un precioso día de verano. Noté las caricias y el tacto de aquella mujer como algo novedoso para mí, casi adolescente. Yo siempre caminaba de la mano de mi padre, y la otra mano… ahora la presionaba otra mujer, una mujer que quería a mi padre.

Después fuimos a su casa, donde Ester nos presentó a su hijo Ángel, un año mayor que yo. Casualidades: Ángel tampoco tenía padre. Había desaparecido de su casa, abandonándolos, hacía años, no quise averiguar el motivo. Bastantes obstáculos se presentan en la vida, para querer entrometerse en los ajenos. De sus dos hermanos, el mayor, Hernando vivía en pareja y Rafael lo hacía con su padre y les visitaba de vez en cuando.

Me sentía feliz y notaba a mi padre satisfecho. Yo era una mujercita y no necesitaba que Cristian me contase con pelos y señales su relación con Ester. Era una mujer guapa, elegante que trataba de ser cariñosa, empatizante y… tenía un hijo, mi nuevo amigo. Aparentemente no estaba mal.

Pero aún en vida de mis abuelos, mi padre me confesó que debía tener a Ángel como un amigo. Un buen amigo —pensé—.

Cuando vivíamos en Alicante, ellos se quedaban a dormir en nuestra casa y a veces, éramos nosotros los que lo hacíamos en la suya. Solo tuve una decepción; mi cuerpo ya era adulto y empecé a notar cierta atracción por Ángel, de lo que mi padre se alertó. Sentía una sensación nueva de miedo indefinido por si realmente se estaba gestando algo infortunado.

Cuando estuvimos solos, mi padre quiso alertarme de un nuevo peligro. Pensé que sería debido a un anormal comportamiento escolar por algunos insuficientes del último trimestre, pero me equivoqué.

Llegamos a cursar estudios en el mismo instituto los años de Bachiller. Ángel era muy buen estudiante y no le faltaban las pegadizas compañeras que ya empezaron a molestarme. Éramos amigos y nos protegíamos mutuamente. Yo, —quizás por ser mujer, no lo sé a ciencia cierta— me sentía mayor que él. Sentía celos de las otras chicas que intentaban coquetear con Ángel en mi presencia, a pesar de que él hacía caso omiso. Yo le quería, pero había un límite del que no debía rebasar. Sabía lo que Cristian me contaba sobre su madre, hacía años, de aquel Camino de Santiago, del inicio de su adolescencia con ella; sabía casi todo, y por esa misma regla de tres, debía despejar la última incógnita.

¿Podía seguir con él?, o había algún impedimento que de nuevo lo trastocase todo.

¡Ay! el mundo de los adultos, ¡que complicado es!

Esta vez era yo quien decidí hablar con mi padre. Sin duda él me veía tan contenta, tan emocionada y tan interesada que no imaginaba mi interrogante.

—Papá, tengo dieciséis años.

—Claro preciosa —y acariciándome el cabello me beso la frente—.

—En el instituto, algún avispado nos dice que Ángel y yo somos como dos gotas de agua. Yo…

—Si Lucrecia, no sigas. Hace tiempo te conté algo referente al pasado en común con Ester. Ella fue la que despertó en mí la insensible existencia que mi adolescencia se resistía a abandonar. Quien despertó en mí el sexto sentido, el del amor. Luego pasaron años y conocí a mamá; nos enamoramos perdidamente. Voy a ocultar los años de angustia en los que fuiste concebida, cariño mío, con una esperanza desmedida que no tuvo el final esperado.

En esa época fue concebido Ángel aunque yo lo supe años después.

Mi padre, cargado de emoción, necesitaba tomarse un respiro antes de continuar.

—Cuando murió mamá —dijo con pesar— solo cuando ella no estaba en este mundo, Ester me enteró. Sí, Lucrecia, sí, Ángel es tu hermano, mi otro hijo ilegítimo pero natural. Fruto del destino —dijo con lágrimas en los ojos, pero continuó—. Fruto de una infidelidad, yo entonces no era nadie, un ser invadido por el dolor, ausente, que no era consciente de mis actos.

Yo creí derrumbarme al oír unas palabras que bombardearon mis adentros con fuerza desmedida, aunque me recompuse como pude ante la emoción que el profundo relato de mi padre me producía.

—Tú fuiste la mayor ilusión de Merche, de mamá y mío. Y Ángel el mejor regalo caído del cielo en un matrimonio a la deriva, en busca de reconciliación.

Fui fiel a mi "paloma" mientras la tuve. No pude cambiar el destino, ni siquiera lo pretendí, aunque sí procedí y asumo responsable lo que me siento: un hombre, Lucrecia, un hombre normal y corriente. No siento arrepentimiento de nada; he actuado fiel a mi conciencia.

Yo me sentí vacía al no entender el significado de aquella "paloma", que luego comprendí sin temor a equivocarme.

—Recuerda —continué escuchándole muy a mi pesar— que tenemos deberes y derechos en este mundo. Tenemos el *derecho* y el *deber* de vivir, con todo lo que ello comporta. No podía negarme a la chispa de la vida que me volvía a ofrecer Ester por segunda vez, y ahora como adultos, en los momentos más delicados de mi vida.

—No sigas, papá. —Y abracé a mi padre que, emocionado como estaba, se derrumbaba ante el abrazo de su hija, su preferida—.

Levanté la vista y miré de soslayo un retrato de Merche que colgaba en la pared. La mirada de esta parecía estar observándonos, otorgando a las circunstancias.

—En sus ojos puedo leer la aprobación, desde arriba nos está animando. No me cabe duda. Papá, ¡Cuánto te quiero! Eres el hombre de mi vida.

Era joven y me sentí lo suficiente valiente aunque supe controlar la situación y educada como estaba a resolver los problemas meditando, razonando, aparté levemente el rostro del de mi progenitor para enfocar su mirada.

—Sé —dije con aplomo— que el marido de Ester les abandonó, seguramente por este motivo hace muchos años, y nada supieron de él. Pudo más el odio que el amor.

—Al contrario que el abuelo Juan, ¿recuerdas? —Me contestó Cristian—.

—Veo la clave de esta situación, papá. ¿Por qué no vivimos los cuatro juntos, de una vez? Aunque nos cueste —dije sonriendo sin saber cómo lo logré —.

Mi padre no contestaba, parecía meditabundo.

Finalmente quede sola en el sofá, donde había tenido lugar la conversación. Él caminó unos pasos hacia el balcón exterior. Subió la persiana y un sol radiante iluminó al momento la estancia. La tibia brisa le envolvió de nuevo con el aroma que tiñe la ciudad, la de la eterna primavera, Alicante, llena de vida, fuente de amor, sosiego de visitantes, rebosante de pasión y de juventud.

Recuperó el aliento al tomar contacto con la realidad y respirar el aire húmedo del Mediterráneo. Aspiró la esencia pura de energía, esa misma energía que quería penetrar en aquel hogar falto de una mano femenina que endulzase el vacío que existía desde que la retratada marchó para siempre.

Cristian volvió la mirada hacia el interior y se dirigió hasta la silueta de su mujer pintada al óleo hacía años y que parecía que persistía en mirarle, esperando todavía la respuesta.

—¿Qué te parece la opinión de nuestra hija? —Dijo en voz alta mirando a la que fue su amada—.

En ese preciso instante contestó Lucrecia:

—He visto su sonrisa de aprobación. ¡La he visto! ¡Ha dicho Sí! —y volvió a abrazar a su padre, esta vez emocionada—.

A partir de ese día su vida cambió.

Ester y Cristian se plantearon vivir juntos definitivamente. Ella no cabía en sí de gozo. Por fin sería suya, sin tapujos, disimulos ni ficciones. Realmente había sido el hombre de su vida. Ambos habían tenido etapas de su vida muy duras y, por ese impulso, trataban ahora de aprovechar el momento y el día a día al máximo. Eran felices.

Paseando solos por la playa un atardecer, solo se reprochaban el haber interrumpido el germen del amor que empezaba a crecer en sus respectivos hijos.

"Dejemos que su razón actúe. Son conscientes de su parentesco y es indudable su atracción; dejemos que ellos decidan su futuro. ¿Por qué les hemos de separar si ellos no lo desean? ¿Qué daño hacen en estimarse a su manera? Hoy día hay al alcance numerosos medios eficaces para evitar un incipiente brote que la naturaleza descarta. Vivimos en familia, son jóvenes y vamos a darles nuestro voto de confianza, con la certeza de que actuarán en consecuencia"

Ha pasado tiempo y nuestros padres permanecen cada día más unidos. Ángel y yo tuvimos la curiosidad de saber descubrir unas caricias y unos besos de cordialidad, que nos producían placer, pero que no han desembocado en la lujuria. Hemos aprendido a respetarnos como hermanos y a querernos sin tapujos, escuchando nuestra voz interior, la que difícilmente suele equivocarse.

Ángel mantiene una relación con Irene, una de las "admiradoras" de su clase y con la que ahora me une una gran amistad.

Yo estoy acabando la carrera de periodismo, y aspiro a ganar el concurso para poder pasar unas vacaciones en París, la ciudad de la luz. Allí, sola, libre y sin presiones, me gustaría que su luminiscencia me aportase la suficiente claridad para decidirme, sin temor a equivocarme, ante uno de los dos nuevos pretendientes por los que empiezo a sentir con nitidez, seducción y verdadera pasión.

FIN

Gavarda 28—6—2019

Tienes en tus manos el resultado del esfuerzo que ha supuesto situar la trama de la obra en época reciente y en el mundo universitario, lleno de ilusiones, esperanzas y propósitos de los protagonistas. He querido con ello recompensar el empeño de tantos jóvenes que llegan a esta etapa de sus vidas, sobre todo a los que perseveran con verdadero coraje, conscientes de las dificultades que a veces padece su familia para sufragar sus gastos, luchando por labrarse su porvenir, un futuro que, desgraciadamente, no siempre satisface sus propósitos. También merecen gratitud sus catedráticos, que son los que verdaderamente logran integrarles en sus materias haciendo agradable el aprendizaje y sacando lo mejor de cada individuo. Desde estas palabras y en la distancia, evoco a algunos de los que fueron mis profesores y que de una u otra manera hicieron que divisara claramente mi porvenir cuando fue oportuno. La mayoría obviamente no están entre nosotros, solo con algunos mantengo contacto, otros fueron carne de cañón para saciar el ansia de parodia que posee el alumnado adolescente, aunque el trato entre estudiante y maestro distaba mucho del actual. No obstante todos los educadores aportaron en mayor o menor cuantía su cultura, esa educación que luego cada uno hemos empleado a nuestro modo.

Quiero aclarar que he cambiado la nomenclatura de algunos lugares relevantes en la obra, procurando que el lector se involucre y adivine que evidentemente Monrabal se refiere a Benimantell y Vallferrer es el sustantivo con que he bautizado a la localidad de Montaverner. Para curiosidad de mis lectores adelanto que seguramente así aparecerán nuevamente en futuras historias noveladas.

En mi anterior novela EL ÚLTIMO CACIQUE quise encumbrar hechos que me impactaron al descubrirlos precisamente en mi etapa de alumno: absolutismo, injusticia y sumisión. Ahora veo llegado el momento de mostraros otros parámetros que lo complementan: el punto de vista de quienes lo analizan, lo reflexionan y se preocupan sinceramente por lo que se les enseña.

De ahí que esta obra sea una prolongación de aquella, aunque sin duda puede leerse indistintamente. Los que me conocéis sabéis mi particular modo de relatar y es por ello que me centro en los pormenores que entiendo más interesantes para no cansar al lector, además tengo que confesar que siempre trato de escribir de idéntica manera a como me gustaría a mí leer.

Desde estas páginas quiero agradecer a mi amiga Teresa Más, por su incansable ayuda y enseñarme a dar el toque adecuado a la escritura, por sus consejos lingüísticos y por el ánimo que siempre me aporta desinteresadamente.

Gracias también a vosotr@s, lectores incondicionales, por haber sabido esperar hasta que esta obra vea la luz, nada ha sido más gratificante que me hayáis animado a seguir publicando.

Deseo que el esfuerzo haya merecido la pena. Espero que hayáis disfrutado tanto con esta lectura como yo lo hice al escribirla.

Francisco Bellver Pavía

INDICE

PRELIMINAR 9

PRIMERA PARTE:
ADOLESCENCIA Y JUVENTUD 15
1. 17
2. 31
3. 41
4. 63
5. 73
6. 83
7. 95

SEGUNDA PARTE:
MERCHE 111
8. 113
9. 125
10. 135
11. 147

12 155

TERCERA PARTE
JUAN Y SONIA 159
13 161
14 173
15 179
16 189
17 201

CUARTA PARTE
EL CAMINO 209
18 211
19 223

QUINTA PARTE
REHABILITACION 239
20 241
21 255
22 265
23 277

EPILOGO 289